Martin Diederich

Reden als Ritualkunst
Grundlagen für Hochzeits- und Trauerredner*innen

Mit 9 Abbildungen

Vandenhoeck & Ruprecht

Bibliografische Information der Deutschen Nationalbibliothek:
Die Deutsche Nationalbibliothek verzeichnet diese Publikation in der
Deutschen Nationalbibliografie; detaillierte bibliografische Daten sind
im Internet über https://dnb.de abrufbar.

© 2021, Vandenhoeck & Ruprecht GmbH & Co. KG,
Theaterstraße 13, D-37073 Göttingen
Alle Rechte vorbehalten. Das Werk und seine Teile sind urheberrechtlich
geschützt. Jede Verwertung in anderen als den gesetzlich zugelassenen Fällen
bedarf der vorherigen schriftlichen Einwilligung des Verlages.

Umschlagabbildung: © freshidea

Satz: SchwabScantechnik, Göttingen
Druck und Bindung: CPI books GmbH, Leck
Printed in the EU

Vandenhoeck & Ruprecht Verlage | www.vandenhoeck-ruprecht-verlage.com
E-Mail: info@v-r.de

ISBN 978-3-525-62448-7

Inhalt

Einleitung in dieses Buch: Worum geht es? 7

Teil I   Die Redner*innenlandschaft – ein Blick von oben . . . 12

1 Einstieg: Sind freie Redner*innen Künstler*innen?
Und wenn nicht, was dann? 12
2 Eine kurze kultursoziologische Einordnung 15
3 Die neue Aufgabe: der berufsfachliche Weg
des Ritualdesigns 36

Teil II   Grundlagen lebensbegleitender Ritualkunst 41

A Freie Reden als Rituale 41
1 Was ist ein Ritual? 42
2 Lebensübergangsrituale und Schwellenrituale 45
3 Bedürfnisse, die ein Lebensschwellenritual beantwortet 47
4 Der Fokus auf dem unbewussten Erleben 68
5 Die zentrale Bedeutung des Beziehungsgeschehens 72

B Identität und Beziehung 78
1 Das individuelle System im sozialen 80
2 Wie unser Gehirn tickt 84
3 Liebe und Beziehung 90
4 Beziehung und Identität, wenn eine*r stirbt 97
5 Die Bedeutung der Erinnerung 104
6 Lebensdeutung als Konstruktion eines Narratives 114
7 Freie Reden als Veröffentlichung von Lebensdeutung . . . 118

C Die Ritualrede als Kunstform 123
1 Notwendige und hinreichende Bedingungen für Kunst 124
2 Ritualkunst als inszenierter Gestaltungsraum von
Lebensdeutung 136
3 Besonderheiten der Kunstform von Ritualfeiern 142

Teil III	Perspektiven des Ritualdesigns	149

A **Die Person der Rednerin*des Redners** 149
    1 Der*Die Redner*in im Vorgespräch 150
    2 Der*Die Redner*in in der Performance 163

B **Perspektivenradar für das Ritualdesign** 165
    1 Die Gestaltung eines emotionalen Weges 165
    2 Perspektiven und Ebenen des Designs im Radar 168
    3 Die freie Trauung 170
    4 Die Trauerfeier 184

Zum Schluss 206

Anmerkungen 208

Literatur und weiterführende Literatur 213

Einleitung in dieses Buch: Worum geht es?

Seit vielen Jahren haben sich freie Redner*innen als Hochzeitsredner*innen oder Trauerredner*innen in Deutschland etabliert. Ein ständig steigender Anteil der Paare, die ihre Hochzeit mit einer Trauung feiern wollen, wählt eine freie Trauung. Und ebenso entscheidet sich ein steigender Prozentsatz der Trauernden, die in einer Trauerfeier von ihren Angehörigen Abschied nehmen möchten, für eine freie Trauerfeier. Es hat sich ein Markt entwickelt, der diese Bedürfnisse beantwortet. Und mit ihm hat sich ein Beruf entwickelt: der*die freie Redner*in.

So klar dies für freie Redner*innen ist, so unklar ist, was darin eigentlich die spezifische fachliche *Profession* ist. Diese Frage ist nicht so banal, wie sie scheint. Machen freie Redner*innen dasselbe, was auch Angehörige und Freund*innen tun, wenn sie für eine*n Verstorbene*n eine Trauerrede halten? Oder sind sie vergleichbar mit Trauzeug*innen und Brautvätern, die eine Hochzeitsrede für ein Brautpaar halten – nur eben als Dienstleistung und Beruf? Oder sind sie gar (wie manche meinen) so etwas wie postmoderne Pastor*innen, die dieselbe Arbeit machen wie die Kirchen – nur ohne religiöse Bindung? Und wenn das alles nicht so ist: Worin liegt dann eigentlich die fachliche Qualität, der Mehrwert der Profession und die besondere berufliche Kompetenz freier Redner*innen? Auch wenn jede*r als freie*r Redner*in eine persönliche Antwort auf diese Frage hat: Eine allgemeingültige Antwort gibt es noch nicht. Der Beruf »freie*r Redner*in« ist inhaltlich bislang kaum definiert. Vielmehr entwickelt er sich erst auf ein fachliches Berufsbild hin.

Hintergrund ist eine steigende Nachfrage auf dem Dienstleistungsmarkt, die von einer wachsenden Zahl freier Redner*innen gestillt wird, welche freie Reden und Rituale als Geschäftsidee für eine eigene berufliche Selbstständigkeit entdecken. Dabei findet jede*r, die*der die Nachfrage mit einem Angebot beantworten möchte, einen individuellen Weg, dies zu tun. Anerkannte Berufsverbände, die Qualität, fachgerechte Ausbildung und einen Schutz der Berufsbezeichnung verbürgen, gibt es nicht. Kurz gesagt: Jede*r kann sich »freie*r Redner*in« nennen. Und jede*r macht unter dieser Bezeichnung, was er*sie angemessen und sinnvoll findet, was genug Freude macht, um die Eigenmotivation zu einer

Selbstständigkeit aufzubringen, und was wirtschaftlich funktioniert. Nun ist das eine völlig normale Situation in einem Beruf, der noch auf dem Weg ist, sich zu etablieren. Zunächst gibt es eine Nachfrage, dann Angebote. Erst mit der Zeit kristallisieren sich fachliche Standards heraus, zertifizierte Ausbildungen werden angeboten. Als Endstufe der Entwicklung bilden sich dann für die verschiedenen Richtungen und Sichtweisen des Berufes unterschiedliche Berufsverbände.

Freie Redner*innen sind da relativ am Anfang. Wollen sie im Beruf weiterkommen, sich fortbilden, Qualität definieren und sichern, Nachwuchs ausbilden und sich vernetzen, dann steht eine Menge Arbeit an. Ein Stück dieser Arbeit ist dieses Buch. Es setzt sich zur Aufgabe, freien Redner*innen eine fachliche Grundlage zu geben und Perspektiven zu erarbeiten, wie auf dieser Grundlage eine fachlich professionelle Arbeit als Redner*in aufgebaut werden kann. Es geht um die *inhaltlichen* Fragen, um die Grundlagen für einen Fachberuf und eine entsprechend qualitative Arbeit.

Der erste fachliche Themenkreis, um den es (nach einem Überblick in Teil I) dabei geht, ist das Thema *Ritual* (Kapitel II.A). Freie Redner*innen gestalten Lebensübergangsrituale. Oder auch: Lebensschwellenrituale. Solche Rituale gab es, insbesondere anlässlich von Hochzeiten und Grablegungen, schon immer. Sie werden nun von freien Redner*innen unter den Bedingungen einer postmodernen Gesellschaft neu gestaltet. Das Thema »Ritual« betrifft dabei sowohl die Reden, die anlässlich von Trauung und Trauerfeier gehalten werden, als auch das Gesamte der Feier mit allen Elementen. Ritual ist nicht nur ein Teil der Veranstaltung, sondern die Trauung oder Trauerfeier bildet mitsamt jedem Wort der Rede ein Ritual, das den Übergang über eine wichtige Schwelle des Lebens gestaltet. Indem freie Redner*innen diese Rituale gestalten, sind sie *Ritualdesigner*innen*. Dieses Wort ist für viele Leser*innen vermutlich neu. Es bezeichnet den fachlichen Auftrag des Berufes (wobei das Ritualdesign die Performance unlöslich miteinschließt).

Da Übergangsrituale immer lebensbegleitend sind, gehören zur fachlichen Gestaltung soziologische und psychologische Grundlagen. Sie bilden den zweiten Themenkreis (Kapitel II.B). Im Zentrum der Arbeit von freien Redner*innen steht die *Lebensdeutung* ihrer Kund*innen. Wenn sie Trauungen, Trauerfeiern oder Lebensfeiern vorbereiten, dann erzählen ihnen Menschen, wie sie ihr Leben verstehen, was ihnen wichtig ist, welche Wünsche, Träume, Enttäuschungen und Krisen sie haben und wie sie damit umgehen möchten. Immer geht es dabei um Beziehung, genauer gesagt um die *Beziehungsdeutung* der Kund*innen in den Beziehungen, die ihr Leben prägen. Bei Brautpaaren ist es die Beziehung zum*zur Partner*in. Bei Trauernden ist es die Beziehung zu einer*einem verstorbenen Angehörigen. Und in einem weiteren Kreis geht es darum, wie Menschen ihre Beziehungen erleben im größeren Kreis der Familie, der Freund*innen oder dem sozialen Umfeld. Um die Lebens- und Beziehungsdeutungen von Menschen auf fachlicher Grundlage zu verstehen (und nicht nur aus dem eigenen Bauchgefühl oder der eigenen Lebenserfahrung heraus zu arbeiten), braucht es Kenntnisse. Ihnen wendet sich der zweite Themenkreis zu.

Der dritte Themenkreis unternimmt es, die Performance einer freien Trauung oder Trauerfeier fachlich einzuordnen (Kapitel II.C). Was ist ein auf fachlichem Niveau zelebriertes Lebensübergangsritual eigentlich? Die Antwort, die dieses Buch gibt, lautet: Es handelt sich um *Kunst*. Um Kunst, die Lebens- und Beziehungsdeutung symbolisiert, auslöst, ausdrückt, initiiert, verankert und in einem kreativen Prozess feiert. Entsprechend steht freien Redner*innen der Status von Künstler*innen zu – zumindest sofern sie die fachlichen Anforderungen dazu umsetzen.

Um diese Umsetzung zu beschreiben, bedarf es neben den praktischen, den ritualtheoretischen und den psychologischen Fragestellungen vor allem einer soziologischen Einordnung. Denn in jeder Trauung und Trauerfeier sind persönliche, soziale und gesellschaftliche Lebensdeutungen, Prägungen und Traditionen relevant. Und jedes Mal geht es um Beziehung auf individueller Ebene, um ein Sozialgeschehen der Feier und um die neue Gestaltung von gesellschaftlich geprägten Lebensübergängen. Die Reflexion der Arbeit von Redner*innen auf diesen drei Ebenen ermöglicht, die verschiedenen fachlichen Bezüge von Schwellenritualen strukturiert zu verstehen. In dem »Perspektivenradar für das Ritualdesign« am Ende des Buches sind sie ein wesentliches Element (Kapitel III.B).

Die Praxis der Gestaltung von Trauungs- und Trauerfeiern zieht sich als roter Faden durch alle Teile dieses Buches hindurch. Damit die Relevanz von Grundüberlegungen transparent wird, werden immer wieder Brücken geschlagen zu einer möglichen Anwendung. Da viele Redner*innen nur in einem der beiden Bereiche unterwegs sind, also nur Trauungen oder nur Trauerfeiern gestalten, zieht das Buch immer wieder Linien in diese Bereiche. Sie sind dann mit den Hinweisen: # Trauerfeier oder ♥ Trauung gekennzeichnet. Weil es sich bei beiden um Lebensschwellenrituale handelt, die mit zwischenmenschlicher Beziehung zu tun haben, sind die Grundlagen allerdings die gleichen. So gibt es erst am Ende des Buches getrennte Kapitel für die jeweiligen Anwendungsbereich. Die Hinweise für die Praxis sind indes selten konkrete Anleitungen nach dem Motto: »So musst du's machen«. Auch wenn die fachlichen Grundlagen überall gelten, ist doch die konkrete Umsetzung in hohem Maße abhängig von der individuellen Gestaltungskraft, Begabung, Kreativität und Erfahrung jeder*jedes einzelnen Rednerin*Redners. Und sie schließt auch die Persönlichkeit und die stimmlichen, inszenatorischen und darstellenden Fähigkeiten einer Performance ein. Kunst kann ebenso wenig wie Design aus handwerklichen Anleitungen entstehen. Hier ist eine Gestaltungshöhe erforderlich, die nicht aus einem Buch gelernt, sondern durch Erfahrung, Workshops, Übung und fachliches Coaching ausgebildet werden muss. Die Person der Rednerin*des Redners spielt eine entscheidende Rolle (Kapitel III.A). So ist die Praxis dieses Buches kein »How to do«, sondern lädt ein zu einer fachlich und künstlerisch reflektierten Haltung, welche die konkrete Arbeit befruchten soll.

Mit dem allen schlägt dieses Buch einen neuen und (soweit ich das als Autor überblicke) erstmals überhaupt einen fachlichen Weg vor, die Arbeit von freien Redner*innen zu beschreiben und grundzulegen. Dieser Weg ist durchaus gemeint als Angebot, ihn umzusetzen und gemeinsam an der Berufsqualität fachlich zu arbeiten. Dabei ist aber nichts, was in diesem Buch steht, in Stein gemeißelt. Der Beruf wird sich immer weiter verändern. Der gesellschaftliche Rahmen seiner Ausübung ist ebenso im Wandel wie die wissenschaftliche Einordnung seiner fachlichen Reflexion. Und die Entwicklung von Standards eines Fachberufes steht erst am Anfang. Dieses Buch wird zwar einen wichtigen Beitrag zur Sache liefern, ist aber sicher nicht die einzige Perspektive, die man einnehmen kann. Wenn manche Kolleg*innen dieses Buch deshalb zur Seite legen sollten, weil sie eine andere Perspektive auf die Fachlichkeit einnehmen möchten, dann darf das natürlich so sein. Auch eine begründete andere Sichtweise ist ein wichtiger Fortschritt auf dem Weg.

So soll dieses Buch zum einen ein Angebot darstellen und zum anderen eine Aufforderung zur fachlichen Reflexion. Geschrieben ist es insbesondere für freie Redner*innen. Es ist geschrieben, um ihr fachliches Fortbildungsbedürfnis zu befriedigen. Es ist geschrieben, um Anregungen zu geben, wie man Ritualdesign reflektieren und umsetzen kann. Es ist geschrieben, damit Redner*innen ihre Professionalität entwickeln und begründen können. Und es ist geschrieben, um dem relativ neuen Beruf ein zukunftsweisendes Selbstverständnis zu verleihen – nämlich dem von professionellen Ritualdesigner*innen. In allem soll das Buch Mut machen, die vielfältigen Perspektiven und Herausforderungen der Arbeit als Redner*in zu entdecken.

Teil I
Die Redner*innenlandschaft – ein Blick von oben

1 Einstieg: Sind freie Redner*innen Künstler*innen? Und wenn nicht, was dann?

Es war an einem Tag Ende 2015. Zufällig gehe ich an einem Zeitungsständer vorbei, nehme aus alter Verbundenheit (ich hatte früher ein paar Jahre in München gelebt) die Süddeutsche Zeitung in die Hand – und bleibe wie angewurzelt stehen: Ein Artikel über freie Redner*innen ist auf der ersten Seite. Eine kleine Sensation! Mir war sofort klar: Der Nischenberuf freier Redner*innen ist medial endlich in der Gesellschaft angekommen.

Dies bestätigte sich, als der Artikel darüber informierte, dass es um eine höchstrichterliche Entscheidung ging, die das Berufsbild von freien Redner*innen nachhaltig beeinflussen wird. Der Fall lag so: Ein Kollege hatte lange Jahre für seine Dienstleistung 7 % Umsatzsteuer abgeführt, weil er der Meinung ist, seine Arbeit sei Kunst. Das Finanzamt war da anderer Meinung: Redner*innen seien keine Künstler*innen, deshalb seien 19 % fällig. Der Redner klagte vor dem Finanzgericht – und verlor. Aber weil das Rechtssystem die Möglichkeit hat, eine Gerichtsentscheidung überprüfen zu lassen, war die Sache noch nicht vorbei. Der Kollege ging in Berufung beim Bundesfinanzhof. Und zum ersten Mal in der Geschichte der Bundesrepublik war die Arbeit eines freien Redners Gegenstand der Verhandlung in einer höheren Gerichtsinstanz. Dabei ging es vordergründig lediglich um die konkrete Entscheidung des Finanzgerichts. Ist dessen Entscheidung gegen den Redner richtig – oder ist die Arbeit *dieses* Redners möglicherweise steuerrechtlich doch als Kunst zu bewerten? Und wenn ja – unter welchen Bedingungen? Zugleich ging es aber auch um eine grundsätzliche rechtliche Maßgabe für einen ganzen Berufsstand.

Um es vorweg zu nehmen: Letztlich hat es keine für alle Redner*innen belastbare Entscheidung gewesen. Es wurde zwar anerkannt, dass ein Redner grundsätzlich durchaus ein »ausübender

Künstler« sein *kann*.[1] Pauschal und von vornherein ablehnen kann das Finanzgericht ein solches Anliegen nicht. Allerdings wurde entschieden, dass die künstlerische Qualität von der Arbeit jedes*jeder einzelnen Redners*Rednerin abhängt, sodass ein Finanzamt oder Finanzgericht die Aufgabe haben wird, die künstlerische Gestaltungshöhe der konkreten Arbeit von Redner*innen in jedem Einzelfall zu bewerten. Ich werde später in diesem Buch noch zu den Interpretationen und Folgen dieses Urteils Stellung nehmen. Immerhin ist diese Frage für freie Redner*innen durchaus erheblich – es geht um 12 % mehr oder weniger Einkünfte. An dieser Stelle zu Beginn des Buches geht es zunächst aber um etwas anderes. Es geht darum, dass zum ersten Mal an hervorgehobener Stelle die Frage gestellt wurde:
- Was machen Redner*innen eigentlich?
- Wie ist ihre Arbeit im Vergleich zu der anderer (künstlerischer) Berufe zu bewerten?

Allein schon die Fragestellung ist ein Zeichen einer Wende im Verständnis des Berufes. Was ein*e Redner*in macht, war zuvor eine Frage, die sich jede*r selbst stellte – und beantwortete. Nun wird es eine *gesellschaftlich relevante* Frage. Ganz gleich, ob sie am Ende als Künstler*innen dastehen oder als Dienstleister*innen: Die Arbeit von Redner*innen kommt heraus aus ihrem Nischendasein und erhält fachliche Aufmerksamkeit.

Wie wenig das Bewusstsein einer eigenen Fachlichkeit von freien Redner*innen verbreitet war, zeigt die Argumentation, die das Finanzgericht beim Bundesfinanzhof vortrug. Es war nämlich der Ansicht, ein »Trauerredner ersetze lediglich die überkommene Tätigkeit eines Pfarrers bei Verstorbenen, die keiner Glaubensgemeinschaft angehörten«. Und eben diese Tätigkeit sei »als Pflege des Brauchtums keiner Tätigkeit eines Musikers oder Schauspielers vergleichbar«.[2] Nun werden die wenigsten Redner*innen ihre Arbeit als Brauchtumspflege einordnen. Und auch die Betitelung als Pfarrer*innenersatz ist ebenfalls kaum etwas, das freie Redner*innen bejahen würden. Was aber ist es dann?

Der klagende Kollege (der sich als Künstler anerkannt sehen wollte) sah seine Arbeit als eine jedes Mal vollkommen individuelle und kreative Tätigkeit. Er fungiere »gleichzeitig als ›Event Pfarrer‹ und ›Zeremonienmeister‹ in der Darbietung eines Gesamtkunstwerkes«[3]. Allein dieser Satz zeigt schon das schwierige Ringen darum, den Kern des Berufes zu greifen. Eine individuelle und kreative Arbeit als Gesamtkunstwerk zu fordern, ist aus der Sicht von Redner*innen nachvollziehbar und sinnvoll. Aber wie soll man sie beschreiben, sodass auch andere sie verstehen? »Zeremonienmeister« ist ein Versuch, die Ritualqualität in die Berufsbeschreibung einzubeziehen, hat sich aber aus guten Gründen (s. u. Kapitel 2.3) nicht gegen die Bezeichnung als »freie*r Redner*in« durchgesetzt. Und mit »Event-Pfarrerin« ist es nicht besser. Es mag zwar sein, dass sich einige freiberuflich arbeitende Theolog*innen so verstehen möchten. Aber im Blick auf ein tragfähiges Verständnis des Berufes kommt man mit diesem eher hilflosen Begriff nicht weiter. Im Grunde zeigt die ganze Diskussion vor Gericht, dass eben nicht klar ist, was Redner*innen tun, welche konkreten Aufgaben sie wahrnehmen und welche gesellschaftliche Bedeutung sie haben. Also nehmen wir die verschiedenen Argumentationen einmal zum Anlass vertiefter einzusteigen. Grundsätzliche Fragen sind gestellt:

- Sind freie Reden und Rituale kreative Kunst mit ästhetischer Gestaltungshöhe? Und wenn ja – an welchen Kriterien kann man das festmachen?
- Sind freie Reden und Rituale eine kulturelle Leistung wie etwa die Brauchtumspflege? Und wenn nicht – wo liegt der Unterschied?
- Sind freie Reden eine rituelle Ersatzdienstleistung für diejenigen Menschen, die in der Kirche keine*n Ansprechpartner*in finden? Gehören sie damit womöglich in den Bereich der Seelsorge?
- Oder sind freie Reden und Rituale Events – und freie Redner*innen eine besondere Form von Eventmanager*innen?
- Sind freie Reden oder Rituale möglicherweise auch etwas von alledem – und die Unterscheidung zwischen den Alternativen greift zu kurz?
- Oder sind freie Reden und Rituale noch etwas anderes, Neues? Eine Arbeit, die erst noch ihre Definition, Anerkennung und Begründung finden muss?

Die Antwort auf diese Fragen sollte nicht nur aus einer je persönlichen Sichtweise kommen. Natürlich ist es gut und wichtig, wenn sich jede*r Redner*in fragt: Wie sehe denn *ich* diese Arbeit? Ohne eine klare Haltung zu unserem Beruf kann man ihn nicht professionell ausüben. Aber diese Haltung sollte sich orientieren können an einem sachorientieren Blick auf das Ganze des Berufsstandes und dabei auch die Seiten mitberücksichtigen, auf denen sich ein*e einzelne*r Redner*in persönlich eher nicht verorten würde.

2 Eine kurze kultursoziologische Einordnung

Um diesen weiteren Horizont zu erhalten, lohnt ein Blick auf die kulturellen Hintergründe, aus denen sich freie Redner*innen entwickeln. Dieser ist nötig, weil freie Redner*innen Trauer- und Hochzeitsrituale nicht erfunden haben. Eher umgekehrt: Das Bedürfnis nach neuen Ritualen hat freie Redner*innen hervorgebracht. Der erste Schritt, diesen Beruf zu verstehen, ist, sich klarzumachen, dass sie Produkt einer Entwicklung sind. Sie haben Anteil an einer äußerst langen Tradition (denn im Grunde gibt es Hochzeits- und Trauerrituale, solange es Menschen gibt). Und zugleich sind sie Teil eines Wandels, den es ohne sie nicht gäbe und den sie entscheidend mitgestalten.

Also fange ich einmal damit an, die verschieden Richtungen der Ritualgestaltung zu sortieren. Am besten in kurzen Worten und wenigen Strichen, um mich nicht in der Kulturgeschichte zu verirren. Es geht um eine kurze soziokulturelle Einordung. Sie gibt die tatsächliche Redner*innenlandschaft so wenig wieder, wie eine Landkarte zeigt, ob auf einer grünen Fläche Bäume stehen oder Kühe grasen. Aber sie zeigt die Straßen, auf denen man fahren kann. Dabei geben die in der Einleitung genannten drei Handlungsebenen eine sinnvolle Struktur vor:
- die gesellschaftliche Ebene – mit ihren Traditionen und Deutungen von Trauung und Trauerfeier;
- die Ebene der engeren Sozialgemeinschaft – also die Beziehungsebene zwischen den Protagonist*innen und Gästen einer Trauung und Hochzeit, mit den in ihr liegenden Traditionen und Deutungen;
- die persönliche Ebene – also die individuelle Beziehungsebene, etwa zu einem*einer Verstorbenen oder zwischen Paaren, die heiraten.

Diese Ebenen kann man metaphorisch als die Landschaft verstehen, in der sich eine Trauung oder ein Ritual abspielt. Da gibt es auf jeder Ebene Höhen und Tiefen, spannungsreiche oder schwierige Wege, schöne Ausblicke, Gebirgslandschaften, fruchtbare Felder und Wüsten. Das Entscheidende für die Ritualgestaltung ist immer der Weg, den ein Ritual geht. Und dieser hat sich verändert.

2.1 Die traditionelle Einbahnstraße

Der traditionelle Weg, der seit jeher Hochzeits- und Trauerrituale in unserer Kultur prägt, ist ein Weg von oben nach unten. Die gesellschaftliche Ebene gibt Traditionen und Deutungen vor, die von der Sozialgemeinschaft gefordert und im Ritual der individuellen Ebene vermittelt werden. Oder grafisch:

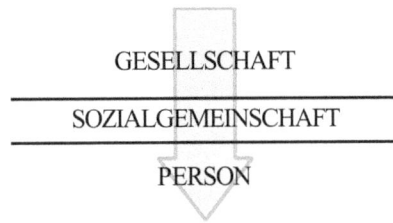

Diese Einbahnstraße gibt es, solange es Hochzeits- und Trauerrituale gibt. Man hat zwar erst mit dem Aufkommen der Sozialwissenschaften die Begriffe dafür gefunden, die drei Ebenen überhaupt zu benennen und zu unterscheiden. Aber die traditionelle Einbahnstraße gab es immer; und es gibt sie noch immer, etwa auf Standesämtern oder in Gegenden mit traditioneller Bestattungskultur. Sie geht von oben nach unten, von der übergeordneten Gesellschaft zur einzelnen Person.

Der Hintergrund dieser Traditionsrichtung ist, dass es eine individuelle Bedeutung von lebensbegleitenden Ritualen noch gar nicht so lange gibt. Es scheint uns zwar heute selbstverständlich, von der Bedeutung auszugehen, die individuell Trauernde oder Liebende einer Trauerfeier oder Trauung beimessen. Aber kulturgeschichtlich ist das etwas sehr Neues. Was eine Trauung bedeutet und was eine Beerdigung bedeutet, bestimmte bis in die zweite Hälfte des letzten

Jahrhunderts hinein nicht der einzelne Mensch. Es war vorgegeben – und das ist es zum Teil noch heute.
- Es ging im Falle der Hochzeit vor allem um einen Statuswechsel der Partner*innen (vor allem der Frau, die in die Familie des Mannes überwechselte und ihm unterstand). Es ging um die Erlaubnis zur und Legitimierung von Sexualität. Es ging um die Gründung der Ehe als einer gesellschaftlichen Institution. Es ging um die rechtliche Absicherung der Partner*innen. Und es ging um die Gründung von Familie.
- Im Falle der Trauerfeier ging es ebenfalls um einen Statuswechsel der lebenden Partner*innen (besonders für die Frau, die in den Witwenstand wechselte). Es ging um den Statuswechsel der Verstorbenen, die nun zu den Ahnen gehörten. Und es ging um die Verabschiedung und Loslösung eines Familienmitglieds aus der Familie bzw. eines Bürgers aus dem Sozialgefüge.

Es entschied also nicht ein Paar oder ein trauerndes einzelnes Familienmitglied darüber, was eine Trauungs- oder Trauerfeier ist und wie ihr Rahmen gestaltet wird. Die Sozialgemeinschaft der Familie (oder des Dorfes) übertrug ihre gemeinschaftliche Deutung auf die Einzelpersonen. Die Sozialgemeinschaft bestimmte ihr Verständnis von Trauer, Trauerfeier, Hochzeit und Eheschließung wiederum nicht selbst, sondern übernahm die Formen und Inhalte eines Rituals aus den Deutungsvorgaben der Gesellschaft in der jeweiligen Zeit und Region. So wurde im einzelnen Ritual vor allem manifest, was Trauer und Eheschließung überhaupt, das heißt überindividuell und kulturell, bedeutet. Und das ist tatsächlich auch heute noch relevant.

♥ Trauung   Die Ehe ist nach wie vor nicht die Erfindung eines Paares, sondern eine gesellschaftliche Institution mit einem geregelten rechtlichen Rahmen. Wer heiratet, verhält sich auf irgendeine Weise zustimmend zu den kulturellen Deutungen, die mit der Eheschließung zusammenhängen: der lebenslang angelegten Verbindung, der gesellschaftlichen Erwartung ehelicher Treue, der Option eines gemeinsamen Namens, der rechtlichen Absicherung bis hin zur Altersvorsorge und dem Erbe usw. Eheschließung ist in dieser Hinsicht keine individuelle Deutung, sondern ein Paar stimmt ein in einen ihm gesellschaftlich vorgegebenen und von seinem sozialen

Umfeld mitgetragenen Rahmen. Dies wird schon darin deutlich, dass nicht ein Paar selbst, sondern der Staat die Ehe verbürgt. Entsprechend sind die Standesämter mit ihren Trauungen die klassischen Beispiele traditioneller Rituale. Auch wenn sich viele Standesbeamt*innen bemühen, der Trauung ein persönliches Gepräge zu geben, so bleibt die Sache im Kern ein personenstandsrechtlicher Akt, der ein Brautpaar in die gesellschaftlichen und gesetzlichen Rahmenbedingungen der Ehe aufnimmt.

Natürlich ist diese traditionelle Deutungsrichtung in freien Ritualen keine Einbahnstraße mehr – dazu werden ich noch kommen. Aber sie ist nach wie vor eine relevante Dimension. Freie Trauungen gehen zwar gestalterisch weit über standesamtliche hinaus. Sie vollziehen auch keinen personenstandsrechtlichen Verwaltungsakt, sondern versuchen, die persönlichen Bedürfnisse von Paaren zu erfüllen. Aber sie erfüllen diese in dem vorgegebenen Rahmen der gesellschaftlichen Deutung. Daher sollte es nicht verwundern, dass manche Beobachter*innen von außen freie Redner*innen vor allem in dieser Perspektive sehen.

Trauerfeier Noch deutlicher ist der gesellschaftliche Bezug beim Thema der Trauerfeier. Auch freie Trauerfeiern bewegen sich in einem rechtlichen Rahmen, den die Bestattungsgesetze der Länder vorgeben. Auch sie gestalten ein von institutionellen und kulturellen Rahmenbedingungen geprägtes Ritual. Nach wie vor ist die Beisetzung eines*einer Verstorbenen (mit ganz wenigen Ausnahmen) an einen Friedhof gebunden. Man darf weder im eigenen Garten bestatten noch die Asche an einem Lieblingsort verstreuen oder der Urne einen schönen Platz zu Hause geben. Jede Trauerfeier, so individuell sie auch gestaltet sein mag, richtet sich an diesen Vorgaben aus. Hinzu kommen kollektive Vorstellungen von Abschied, Trauer und Würde des Rituals. Diese sind, auch wenn sie im Einzelfall durchbrochen werden, immer präsent und ein Teil der Bedeutungen, die ein freies Trauerritual berücksichtigt und umsetzt. Es sollte nicht wundern, wenn manche Beobachter*innen freie Reden vor diesem Hintergrund in der »Pflege des Brauchtums« verorten wollen.[4] Das ist zwar ein falscher Begriff, aber tatsächlich leisten Redner*innen *auch* einen Beitrag zur Bestattungskultur, der die Tradition aufnimmt und darin bestätigt.

Insgesamt bleibt der traditionelle Weg also eine relevante Dimension. Er ist in freien Ritualfeiern zwar keine Hauptsache mehr, und erst recht ist die Blickrichtung von der Gesellschaft auf den Einzelnen keine Einbahnstraße mehr. Aber sie kommt vor.

2.2 Die alte religiöse Hauptstraße

Bis vor wenigen Jahrzehnten war klar: Wer eine Trauung oder eine Trauerfeier wünscht, hat als Ansprechpartnerin dafür die Kirche. Das war so – vor allem in den alten Bundesländern. Für viele ist das auch heute noch so. Und das hat einen Grund: Vor der Entwicklung, die wir Säkularisierung nennen und die zur Trennung von Staat und Kirche führte, übernahmen die Kirchen die Aufgabe, die gesellschaftlichen Bedeutungen von Leben und Tod, von Liebe und von Geburt in die Gesellschaft hinein zu vermitteln. Sie hatten dabei eine herausragende ethische und moralische Funktion und waren (teilweise ist das auch heute noch so) anerkannt als selbstverständliche Trägerinnen der übergeordneten weltanschaulichen und ethischen Lebensdeutungen. Die Umsetzung dieser Bedeutungen, also die Einbindung von Paaren und von Trauernden in diesen vorgegebenen Rahmen, geschah (und geschieht) durch kirchliche Rituale.

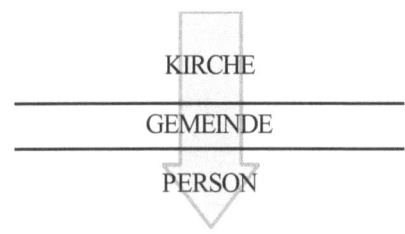

Der Grund dafür, dass die Kirchen dies tun konnten und auch sollten, ist klar: Die christliche Religion war ein unhinterfragter Lebenshorizont der Mehrheit der Menschen. Und die Kirchen waren allseits akzeptierte Institutionen der Religion. Auch hier haben wir eine Hauptrichtung der Straße von der Gesellschaft (in diesem Fall der religiösen Gesellschaft) zum*zur Einzelnen.

Man merkt kirchlichen Ritualen diese Richtung bis heute an. Sie sind alle – ausnahmslos – Gottesdienste. Sie haben als Fokus also nicht die*den Einzelne*n, sondern die übergeordnete Vorstellung (heute würde man sagen: Konstruktion) des Absoluten. Das Paar oder die Trauernden sitzen dem Altar zugewandt, der als Ort der Präsenz des Göttlichen gilt. Und die Sozialgemeinschaft wird als »Gemeinde« angesprochen. Es geht darum, die Trauernden oder Liebenden in diesem Rahmen anzusprechen und ihnen darin ihren Ort zu geben: Kirchliche Trauer- und Hochzeitsrituale geben schwerpunktmäßig dem christlichen Glauben, der kirchlichen Moral und der religiösen Deutung von Leben und Tod, von Liebe und von ehelicher Gemeinschaft Ausdruck.

Mit der Zeit – genauer gesagt mit der Entwicklung eines zunehmenden Bedürfnisses nach Individualität in den letzten Jahrzehnten – hat auch in den Kirchen mancherorts eine individuelle Gestaltung Einzug gehalten. Je nach Willen und Begabung eines Geistlichen wurden die Rituale mehr oder weniger persönlich gestaltet. Es bleibt dabei aber bei der religiösen Grundrichtung von oben nach unten. Die persönlichen Deutungen von Paaren und Trauernden werden in den kirchlichen Rahmen integriert, und die vorgegebenen Deutungen werden durch Lesungen, biblische Trausprüche und Beerdigungssprüche, durch die Predigt und durch die Liturgie *über* die individuellen Deutungen gelegt. Dies ist, nach dem Selbstverständnis der Kirchen, durchaus als Unterstützung der einzelnen Personen gemeint, die vergewissert werden sollen, in ihrer persönlich empfundenen Liebe ebenso wie in ihrer Trauer im Glauben getragen und von Gott gesegnet zu sein.

Dieser identischen Bedeutungsgebung entspricht, dass das Design des kirchlichen Rituals von vornherein feststeht. Es ist durch die Liturgie des Rituals vorgeschrieben. Da gibt es zwar Raum für Gestaltung und Anpassung, und dieser wird – je nach Kirche und Offenheit eines Geistlichen – auch teilweise genutzt. Aber das ändert nichts daran, dass das kirchliche Ritual kein freier, sondern ein geprägter Rahmen ist. Dieser Rahmen wird von religiösen Menschen vielfach als haltgebend und angemessen, oft auch als sehr feierlich erlebt. Und noch immer wird das kirchliche Ritual in Deutschland von einem hohen Prozentsatz akzeptiert und in Anspruch genommen.[5]

Freie Trauerfeiern und Trauungen bieten gegenüber den kirchlichen Ritualen freie Alternativen an. Allerdings ist es nicht so, dass die kirchliche Tradition in freien Trauungen und Trauerfeiern überall überwunden wäre und freie Redner*innen die alte kirchliche Hauptstraße vollständig hinter sich gelassen hätten. So gibt es auch in freien Trauungen und Trauerfeiern Kund*innen, die sich einen religiösen Bezug wünschen. Nicht selten wird in freie Trauerfeiern ein religiöses Lied, ein Vaterunser oder ein Segen integriert. Besonders die Theolog*innen unter den freien Redner*innen, die sich der christlichen Tradition verbunden sehen, bieten so etwas an. Sie beantworten damit ein Bedürfnis vieler Kund*innen. Denn oft kommt es vor, dass ein Teil der Trauernden kirchlich verwurzelt ist und religiöse Symbole als hilfreich, stützend und einfach als »schön« erlebt (oder ein verstorbener Mensch war kirchlich verbunden und hat sich einen solchen Bezug für seine Trauerfeier gewünscht). Auch bei Paaren kann es geschehen, dass eine*r der Brautleute christliche Elemente in der Feier wünscht und die freie Trauung nur gewählt hat, weil der*die bewusst nichtreligiöse Partner*in nicht in die Kirche gehen möchte. In diesem Fall sind es zwar die Kund*innenwünsche, die dazu führen, Elemente der kirchlichen Formen- und Symbolsprache in ein freies Ritual einzupassen, aber damit ist auch festzustellen: Die kirchliche Tradition liegt bei etlichen freien Trauungen und Trauerfeiern durchaus im Horizont. Sie gehört in die Landkarte hinein.

2.3 Der weltanschaulich freie Ersatzweg

Obwohl die kirchlichen Rituale früher meist unhinterfragt akzeptiert wurden, gab es schon immer Probleme, alle individuellen Bedürfnisse der Menschen zu beantworten. Dies betraf vor allem den beschränkten Zugang zu den Ritualen. Er schloss immer einige Menschen aus. Damit sind nicht nur diejenigen gemeint, die aus der Kirche austraten. Auch schon zu den Zeiten, als noch fast alle Menschen Kirchenmitglieder waren, wurden Menschen von der kirchlichen Trauung oder Bestattung ausgeschlossen. So wurde eine kirchliche Trauerfeier bis in das 20. Jahrhundert hinein Menschen verwehrt, die sich selbst das Leben genommen hatten. Auch für ungeborene Kinder oder ungetaufte Säuglinge gab es keine kirchliche Trauerfeier. Ausgeschlossen von kirchlicher Bestattung und Trauung waren natürlich auch ungetaufte Erwachsene. Während es für gemischt-konfessionelle Paare seit 1971 immerhin möglich wurde, eine »gemeinsame Feier der kirchlichen Trauung« zu erleben[6], sind bis heute gemischt-religiöse Paare ausgeschlossen, bei denen eine*r der Partner*innen einer anderen Religion angehört. Besondere Schwierigkeiten hatten und haben gleichgeschlechtliche Paare – auch hier gibt es in der katholischen Kirche noch keine Möglichkeit einer kirchlichen Trauung. Und ebenso verhält es sich dort bei geschiedenen Menschen, die wiederverheiratet werden möchten. In der katholischen Kirche gibt es hier nur die Möglichkeit, die erste Ehe unter bestimmten Bedingungen annullieren zu lassen. Selbst in den evangelischen Kirchen ist eine Wiederheirat genehmigungspflichtig und kann verwehrt werden, wenn sie kirchlicher Moral widerspricht.

Was aber ist (und war) mit diesen Menschen? Früher blieben sie von den Ritualen ausgeschlossen – und damit von der gesellschaftlichen Anerkennung ihrer Lebenssituation. Sie wurden ausgegrenzt und erlebten sich auch so. Hin und wieder hat sich ein Geistlicher erbarmt, aus Humanität Rituale anzubieten. Wo das nicht geschah, wurde im Falle der Hochzeit auf die Trauung schlicht verzichtet. Es wurde einfach nicht kirchlich geheiratet, weil das nicht sein durfte; man beließ es beim Standesamt. Im Falle der Bestattung hielten manchmal Angehörige eine Trauerrede – was aber als zweitrangige Bestattung galt, der die gesellschaftliche Anerkennung versagt blieb.

Um diese Menschen nicht alleinzulassen, entwickelten sich etwa ab Mitte des 20. Jahrhunderts erste nicht konfessionsgebundene Trauerredner*innen. Oft waren es humanistische Vereine, die freie Trauerreden für die Menschen anboten, die keinen kirchlichen Zugang hatten. Es ging dabei um Humanität, also um den Respekt vor der Würde eines Menschen, die unabhängig von Glaubens- und Kirchenorientierung dem Gedenken jeder*jedes Verstorbenen gebührt. In der ehemaligen DDR, in der die Kirchen nur eine geringe Bedeutung hatten, entwickelten sich die Redner*innen aus der freigeistigen Bewegung. Sie hatten schon zu DDR-Zeiten eine große Bedeutung für die Beerdigung im sozialistischen Staat und waren die ersten etablierten Trauerredner*innen.[7]

Diese Redner*innen des letzten Jahrhunderts waren noch nicht die Redner*innen von heute, die ein eigenes Berufsbild anstreben. Es waren auch nicht freie Hochzeits-, sondern fast ausschließlich Trauerredner*innen. Zunächst einmal waren sie *Ersatzredner*innen*, die die fehlende Möglichkeit kirchlicher Rituale für die ersetzten, die keinen kirchlichen Zugang hatten oder wollten. Und dies ist genau das, was das Finanzgericht in der anfangs genannten Verhandlung vorbrachte: Ein »Trauerredner ersetze lediglich die überkommene Tätigkeit eines Pfarrers bei Verstorbenen, die keiner Glaubensgemeinschaft angehörten«.[8] Nun kann man dem Finanzgericht vorwerfen, es habe seinerseits eine überkommene Vorstellung vorgetragen, die nicht mehr gilt. Aber so einfach kann man es sich nicht machen. Tatsächlich ist der Ersatz für kirchliche Rituale die Herkunft des Berufes freier Redner*innen. Es ist eine Herkunft, die immer dann spürbar ist, wenn freie Redner*innen in ihrer Werbung Rituale anbieten »für Menschen, die keiner Kirche angehören« (das findet man so oder ähnlich häufig auf den Internetseiten freier Redner*innen). Erst mit der größeren Etablierung von freien Redner*innen wurden aus dem Ersetzen kirchlicher Rituale durch weltanschaulich freie Ritualfeiern eine echte und eigenständige Alternative. Darum ging es am Anfang aber noch nicht.

Bis heute sind viele freie Trauerfeiern auch inhaltlich von diesem Ersatzgedanken beeinflusst. Dies ist besonders dann spürbar, wenn freie Zeremonien in ihrem Gepräge nicht etwas völlig Neues schaffen, sondern an kirchlichen Ritualen orientiert bleiben – besonders an denen der evangelischen Kirche. So haben freie Reden bis heute nicht immer ein eigenes fachliches Konzept, sondern verzichten lediglich auf Gebete und Segnungen und ersetzen diese durch literarische Texte zu Tod und Trauer, durch Sinnsprüche aus der Dichtung oder auch durch Symbolgeschichten zum Thema »Tod und Leben«. Tatsächlich ging es freien Trauerredner*innen zunächst auch noch nicht um die moderne Neuerfindung von Ritualen, sondern um eine Möglichkeit, Trauerrituale für diejenigen anzubieten, die keinen kirchlichen Zugang hatten. Verständlicherweise orientierte man sich dabei daran, was die Kirchen machten. Schließlich waren das Ritualverständnis und die Ritualerwartung der Menschen kulturell von der Kirche geprägt. Um nichtkirchlichen Menschen eine Trauerzeremonie anzubieten, ging es darum, ihr Gefühl eines würdigen Rituals zur beantworten. Was das hieß, hatte immer noch mit der (meist von der Kirche geprägten) gesellschaftlichen Ritualkultur zu tun. Lediglich die religiösen Inhalte wurden durch andere ersetzt.

Was blieb – nach Abzug von religiösen Ritualen und Gebeten – war die Form der Predigt. Ohne den religiösen Inhalt wurde sie zur *weltlichen Zeremonialrede*. Und das ist sie noch heute. Tatsächlich liegt hier der Grund dafür, dass freie Redner*innen heute *Redner*innen* sind. Der Beruf ist entstanden aus der Säkularisierung der kirchlichen Predigt! Dieser Gedanke mag heutigen Hochzeits- oder Trauerredner*innen schmecken oder nicht: Dass sie heute »Redner*innen« heißen, hat mit einer langen kirchlichen Tradition zu tun. Es ist die seit der Reformation von der evangelischen Kirche ausgehende Tradition, Rituale vor allem durch eine verständliche, in der Landessprache gehaltene Rede zu gestalten. Bevor sich die Predigt in Gottesdiensten durchsetzte, war eine kirchliche Feier liturgisch-rituell und für die Menschen weitgehend unverständlich (es sei denn, sie konnten Latein). Erst ausgehend von dem Anliegen der Reformation, den Glauben verständlich zu machen, setzte sich durch, dass Rituale wesentlich durch eine Predigt gestaltet werden. Das hat letztlich das Ritual- und Zeremonialverständnis einer ganzen Kultur verändert. Rituale waren nun eben nicht mehr bloß zeremonielle Handlungen und immer gleiche rituelle Worte, sondern sie waren verständliche Sprache und eine an die Zuhörer*innen gerichtete *Rede*. Eben dieses zentrale Element haben die ersten freien Redner*innen dem kirchlichen Ritual entnommen. Das ist der Grund, warum freie Redner*innen heute nicht »Zeremonienmeister*innen« heißen, sondern eben »Redner*innen«. Sie sind damit Teil einer langen Geschichte der Ritualkultur in Westeuropa.

Was aber machte die freie Rede *inhaltlich* aus? Wie schon gesagt, lehnte sich die Zeremonialrede in ihrer Form der Rede an die Predigt an, ersetzte aber den religiösen Inhalt, und zwar durch zweierlei.

– Einerseits wurde die kirchliche Gedankenwelt durch eine weltliche ersetzt. In der Trauerrede wurden humanistische, philosophische oder literarische Gedanken über den Tod und über das Leben vorgetragen. Und darin wurde der Abschied einer*eines Verstorbenen eingeordnet.
– Andererseits war der Lebenslauf des Menschen Inhalt der Rede; die Beschreibung seines Lebens in der menschlichen Gemeinschaft, sein Beruf, seine Leistungen, sein Vermächtnis.

Beides zeigt, dass die freie Trauerfeier ursprünglich noch der »traditionellen gesellschaftlichen Einbahnstraße« verhaftet war. Es ging um die würdige Verabschiedung eines Menschen aus der von Humanität geprägten Gemeinschaft. Allerdings gab es einen entscheidenden

Unterschied: Erstmals wurde der einzelne Mensch selbst individuell gewürdigt. Sein Lebenslauf, seine Lebensleistung und seine persönliche Weltanschauung wurden ein Teil des Trauerrituals. Und so deutete sich eine Gegenrichtung zu den bisherigen Zugangswegen an. Die »Fahrtrichtung« von der kollektiven Lebensdeutung zur einzelnen war keine Einbahnstraße mehr, sondern bekam eine Gegenrichtung:

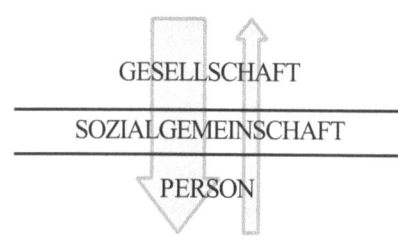

Allerdings blieb der gesellschaftliche Weg prägend. Es handelte sich noch nicht um eine individuelle Dienstleistung im engeren Sinne. Der einzelne Mensch blieb im Grunde ein Beispiel für die übergeordnete Bedeutungsgebung des Todes und der Trauer. Auch wenn diese nicht mehr mit kirchlichen Texten, sondern mit philosophischen oder literarischen unterlegt wurde. Diese Bedeutung des Individuums als *Beispiel* wurde besonders darin deutlich, dass sich die Inhalte der Reden immer wiederholten. Teilweise arbeiteten Redner*innen mit Versatzstücken und Redeschablonen, hatten einen Baukasten aus verschiedenen Grundreden, die sie auf die jeweilige Situation anpassten und mit persönlichen Informationen auffüllten. Das war noch nicht das Redner*innen-Niveau, das heute möglich ist. Aber es war ein Anfang. Es ermöglichte Redner*innen, eine Alternative zur Kirche anzubieten, die als persönlicher wahrgenommen wurde. Und es ermöglichte, mit relativ einfachen Voraussetzungen als Redner*in einzusteigen.

Eine Grundlage war gelegt. Nach und nach entwickelte sich nun aus dem Ersatzweg für kirchliche Rituale eine neue, alternative Hauptstraße des Rituals. Aufgrund der Geschwindigkeit und der Breite ihrer Formen kommt sie in unserer Straßenmetapher am ehesten als Autobahn in den Blick: die *Dienstleistungsautobahn*. Dafür sollten wir uns allerdings klar machen: Mit der Dienstleistungsautobahn ist der Ersatzweg der freien Reden und Rituale weder überwunden noch abgeschafft. Auch wenn freie Redner*innen sich heute nur in wenigen Fällen der Motivation verbunden fühlen, lediglich einen Ersatz für den kirchlichen Zugang schaffen zu wollen: Ein eher förmliches Design und ein schablonenhafter Inhalt bleiben auch heute noch bei einer Vielzahl von freien Reden prägend.

2.4 Die Dienstleistungsautobahn

Allein schon das Wort »Dienstleistung« zeigt eine Wende in der Sichtweise von Trauungs- und Trauerritualen. Früher waren sie ein Angebot, das von den kirchlichen Institutionen zur Verfügung gestellt wurde. Sie waren keine Dienstleistung, die jemand ebenso buchen kann wie eine Steuerberaterin, einen DJ oder eine Visagistin. Bei allen Dienstleister*innen ist entscheidend, dass sie sich den Bedürfnissen, Interessen und Wünschen der Personen verschreiben, die sie buchen. Auch wenn viele Dienstleister*innen mit institutionellen Vorgaben arbeiten (etwa als Berater*innen in rechtlichen Angelegenheiten), so geht es doch wesentlich um eines: dass ein Auftrag erledigt wird, der ein Bedürfnis von Kund*innen erfüllt. Das Kund*inneninteresse ist zentral.

Damit verläuft die Hauptfahrrichtung entgegen aller bisherigen Wege der Ritualgestaltung. Sie geht nun von unten nach oben. Von den Kund*innen – sei es den Trauernden oder dem Brautpaar – über die Gäste, Familien, Freund*innen – also dem Kund*innenumfeld – nach außen in die Gesellschaft, die in dieser Perspektive als Dienstleistungsmarkt in den Blick kommt.

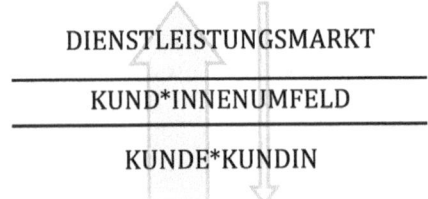

DIENSTLEISTUNGSMARKT

KUND*INNENUMFELD

KUNDE*KUNDIN

Es ist wirklich eine historische Wende im Ritualverständnis, Rituale und Zeremonien als kund*innenbezogene Dienstleistung zu verstehen. Das war bis gegen Ende des letzten Jahrhunderts noch nicht im Blick (und erste recht nicht in den vielen Jahrhunderten zuvor). Weil diese Wende maßgeblich definiert, was freie Redner*innen heute im fachlichen Sinne mit einer freien Trauerfeier oder einer freien Trauung eigentlich tun, möchte ich mich kurz damit beschäftigen, welche Entwicklung diese Wende möglich machte – und bis heute trägt.

Wenn man rein äußerlich hinschaut, kann man auf den Gedanken kommen, die Wende im Ritualverständnis habe ihren Grund im Rückgang der Kirchenmitgliedschaft. Immer weniger Menschen gehören dazu, immer mehr treten aus oder sterben. Um deutlich mehr als eine halbe Million Menschen nimmt die Zahl der Kirchenmitglieder in Deutschland pro Jahr ab.[9] Man kann zu der Auffassung kommen, das wäre der Ursprung der Dienstleistungsautobahn. Tatsächlich trägt der immer größer werdende Anteil der Menschen, die kirchliche Zeremonien nicht in Anspruch nehmen wollen, wesentlich zur Dienstleistungswende in diesem Bereich bei. Allerdings ist es viel zu kurz gegriffen, hauptsächlich die Entwicklung der Kirchen dafür verantwortlich zu machen. Läge es nur daran, dann wäre die Dienstleistungsautobahn lediglich der ausgebaute Ersatzweg, von dem im letzten Abschnitt die Rede war. Ein Stück weit stimmt das zwar, denn ein Teil der als Dienstleistung verkauften Trauer- und Hochzeitsreden lassen sich noch immer als ein solches Ersatzangebot für die Kirchen verstehen. Aber der reine Rückgang von Kirchenmitgliedschaft erklärt in keiner Weise, warum freie Zeremonien immer mehr auch von Menschen gebucht werden, die nach wie vor einen Zugang zu kirchlichen Ritualen haben. Diese Trauernden oder Liebenden könnten zwar eine kirchliche Feier erleben, aber sie *wollen* das nicht. Oder sie wollen die freie Zeremonie *lieber* – und das, obwohl sie deutlich mehr kostet. Nein, der bloße Rückgang von Kirchenzugehörigkeit ist nicht der Hauptgrund für die Wende zum Dienstleistungsritual.

Der eigentliche Wandel ist in den Köpfen geschehen. Es ist der breite Bewusstseinswandel, der die Individualität in den Mittelpunkt des Blickes auf den Menschen stellt. Genauer gesagt ist es
a) die Emanzipation des Individuums in (und gegenüber) der Gesellschaft sowie die wachsende Anerkennung seiner Bedürfnisse nach Selbstverwirklichung,
b) die Entwicklung einer Konsumgesellschaft, in der jede*r die Möglichkeit bekommt, individuelle Bedürfnisse zu befriedigen,

c) die Entwicklung einer Informationsgesellschaft, die über Internet und soziale Netzwerke die Möglichkeit geschaffen hat, individuelle Erfahrungen und Wünsche zu kommunizieren und darüber Trends zu generieren, und
d) die Entwicklung eines (weithin internetgestützten) Angebotmarktes für Dienstleistungen, durch den Kund*innen eine Vielzahl von Anbieter*innen finden können (eben auch eine*n Redner*in).

Alles begann mit der Revolution in den Köpfen, markiert durch die 1968er. So lange ist das eigentlich noch nicht her – und verglichen mit der über 1000-jährigen kirchlichen Ritualgeschichte ist es nur ein Wimpernschlag. In dieser Zeit änderte sich so ziemlich alles im Blick auf das Verständnis und Erleben des Individuums: Die Einzelperson trat in den Mittelpunkt ihrer Wirklichkeit.

Es gibt eine Unmenge an Entwicklungen, die das beförderten. Einerseits war es die Abwehr der damaligen jungen Generation von einer Gesellschaft, in der die Tradition und der Staat bestimmten, wie das eigene Leben verlaufen soll. Andererseits ging es darum, zu entdecken, was denn ein eigenes, selbstgestaltetes Leben überhaupt sein kann. Es begann eine wilde Zeit der Selbstbefreiung des Individuums – mit nachhaltigen Folgen für die Arbeit von Redner*innen heute. Besonders das Bild der Partnerschaft veränderte sich. Die Möglichkeit einer sicheren Empfängnisverhütung schuf die Voraussetzung für selbstbestimmte Sexualität, losgelöst von der Ehe. Auch in der Partnerschaft musste es nun nicht wesentlich um Familie und Kinder gehen, sondern es eröffnete sich die Möglichkeit, Partnerschaft als etwas ganz Eigenes zu verstehen und zu leben – jenseits der gesellschaftlichen Rahmenbedingungen der traditionellen Ehe. Auch der Kampf um die Anerkennung von gleichgeschlechtlichen Paaren als gleichberechtigte Partnerschaft begann. Hier ging es um die Veränderung des Bildes der Ehe, die (mit wichtigen Folgen für alle Hochzeitsredner*innen) 2017 in der »Ehe für alle« gipfelte. Und nicht zu vergessen ist die emanzipatorische »Mein Bauch gehört mir«-Kampagne gegen § 218 StGB. Man könnte die Aufzählung dieser Punkte weit ausdehnen. Aber schon jetzt ist sichtbar: das Verständnis, wie sich ein Mensch selbst sieht – im Blick auf die Gesellschaft und im Blick auf die Paarbeziehung – verändert sich. Man begann nun von sich auszugehen, von den eigenen Bedürfnissen. Diese neue Blickrichtung brachte einen nachhaltigen Schub für die Betonung der Individualität. Dieser beeinflusste nicht nur einzelne Menschen, sondern die Wissenschaft (vor allem Soziologie und Psychologie), die Kunst, das Lebensgefühl der jüngeren Generation und die Bedeutung des gesellschaftlichen Zusammenhaltes.

Was dabei passierte, kann man besonders an dem sozialpsychologischen Begriff der »Selbstverwirklichung« zeigen, der in der zweiten Hälfte des letzten Jahrhunderts Konjunktur hatte. Der Begriff war ein Wort für einen neuen Fokus: Selbstverwirklichung als die möglichst umfassende Ausschöpfung der individuell gegebenen Möglichkeiten und Begabungen, um sich selbst zu entfalten und die eigenen Ziele, Sehnsüchte und Wünsche weitgehend zu realisieren. Aus heutiger Sicht sollte man meinen, eine solche Selbstverwirklichung haben Menschen schon zu allen Zeiten angestrebt. Aber das ist nicht so. Der*Die Einzelne sah sich hauptsächlich als Teil des Ganzen, als Teil der Familie, der Gemeinschaft und als Teil des Volkes und seiner Kultur. Wenn es so etwas wie Selbstverwirklichung gab, dann war sie bis zur Emanzipation des Individuums begrenzt auf den Rahmen, den die Gesellschaft, die Tradition und auch die Religion vorgaben. Selbstverwirklichung war Selbstverwirklichung im Rahmen der vorgegebenen Lebensdeutungsmuster. Darüber hinaus war sie weder gesellschaftlich erwünscht, noch wurde sie von der Mehrheit angestrebt. Nun drehte sich der Fokus. Nicht die Gesellschaft sollte mehr die*den Einzelne*n in ihrer*seiner Selbstverwirklichung leiten und begrenzen. Sondern die*der Einzelne erhob den Anspruch, dass die eigenen Bedürfnisse und Ziele die Befugnisse der Gesellschaft leiten, erweitern, begrenzen und mitunter auch sprengen sollten. Die Richtung der Lebensdeutung drehte sich also gegenüber dem früheren Modell. Die*Der Einzelne sah sich im Mittelpunkt und beanspruchte, dass ihre*seine eigene Selbstverwirklichung das soziale und gesellschaftliche System prägte.

Man sollte meinen, dieser Wandel hätte sich sofort auf die Rituale der Trauer und der Trauung ausgewirkt. Doch das hat er nicht, jedenfalls nicht gleich. Es musste erst ein Bewusstsein dafür entstehen, dass sich die klassischen Übergangsrituale der Gesellschaft überhaupt für einen emanzipatorischen Selbstausdruck *eignen*. Schließlich ist die Ehe ja eine *alte* Institution. Die Bereitschaft, überhaupt zu heiraten, nahm bei denen, die sich in ihrer Beziehung selbst verwirklichen wollten, ab. Wozu heiraten? Paare, die in der neuen Aufbruchsstimmung ihr Leben miteinander verbringen wollten, heirateten meist gar nicht oder beließen es beim Standesamt und feierten lieber eine ausgelassene Party. Oder sie heirateten (wie auch heute noch viele Paare) trotz eines neuen Lebensgefühls kirchlich – sei es aus Traditionsverbundenheit, aufgrund des Willens der Familie oder mangels einer Alternative. Denn bevor ein größerer Angebotsmarkt entstand, wussten die meisten Paare nichts von der Möglichkeit einer freien Trauung. Und im Falle der Trauerfeier war der Drang nach neuen Formen ohnehin nicht sehr stark. Schließlich betraf die Trauerfeier hauptsächlich die ältere Generation, welche die emanzipatorische Entwicklung kaum mitgemacht hatte. So ging man weiter zu den Kirchen (oder eben zu den Redner*innen, die es schon gab). Zunächst entwickelte sich kein nennenswerter Dienstleistungsmarkt für Hochzeits- und Trauerredner*innen.

Dennoch war es nur eine Frage der Zeit, dass der individuelle Weg, mit dem eigenen Leben umzugehen, auch Möglichkeiten forderte, die Lebensschwellenrituale der Trauerfeier und der Trauung in größerem Maße zu verändern. Dazu kamen zwei Entwicklungen zusammen:

Erstens hatte sich gegen Ende des letzten Jahrtausends die Emanzipation des Individuums weitgehend etabliert. Es war normaler, als Einzelperson einen individuellen Weg zu gehen. Eine individuelle Lebenshaltung wurde mehr und mehr akzeptiert. Es wurde hingenommen (und teils auch begrüßt), wenn sich jemand traute, in seiner Trauer oder seiner Hochzeitsfeier gegen den Strom zu schwimmen. In größerem Maße wurde akzeptiert, dass das im Vordergrund steht, was ein Mensch für sich selbst will. Damit war eine wesentliche Voraussetzung für die Entwicklung freier Rituale gegeben: Für Brautpaare und Trauernde bestand einfach keine große Gefahr mehr, dass die freie Feier nur als (defizitärer) Ersatz für kirchliche Angebote angesehen wurde. Vielmehr tat sich die Möglichkeit auf, dass freie Reden und Rituale als eigenständige und auch vollwertige *Alternativen* firmierten. Mit anderen Worten: Trauernde oder Paare *trauten* sich zunehmend, die Dienstleistung freier Redner*innen in Anspruch zu nehmen, weil sie damit rechnen konnten, dass dies anerkannt oder zumindest respektiert wurde. Das wiederum ermöglichte freien Redner*innen, eigenständige Angebote zu entwickeln, die sich von der bisherigen Ritualtradition ablösten. Sie konnten damit beginnen, die gesellschaftlichen Institutionen der Eheschließung oder der Trauerfeier vom Individuum her für ihre Kund*innen neu zu denken.

Zweitens hatte sich der Individualismus so weit durchgesetzt, dass die Abgrenzungen zu den traditionellen Deutungsmustern langsam abnahmen. Das bedeutete, dass traditionelle Institutionen wie die Ehe wieder mehr wertgeschätzt wurden. Mit der Zeit stieg die Zahl der Eheschließungen wieder. Und damit stellte sich die Frage, wie sich eine Hochzeitsfeier für ein Paar gestalten lassen kann, das sich zwar auf eine ganz individuelle Weise ausdrücken möchte, aber eben durchaus heiraten will. Ebenso stellte sich für Trauernde die Frage, wie man Trauerfeiern gestalten kann, wenn man den verstorbenen Menschen sehr persönlich würdigen, aber eben trotzdem das etablierte Format einer Trauerfeier nutzen möchte.

In diesen Fragen liegt der *qualitative* Grund für den Aufschwung freier Rituale, den wir heute haben: Erstmals ergab sich ein gesellschaftliches Bedürfnis, *personenbezogene Alternativen* für Hochzeits- und Trauerfeiern zu entwickeln. Es ging nicht nur darum, auch denen ein Ritual zu ermöglichen, für die Kirche nicht infrage kommt, sondern darum, *Ritual vom Individuum her neu zu denken*. Eigentlich ist es eine schöpferische Leistung, die hier gefragt war, nämlich die Umkehrung der alten gesellschaftlichen Hauptstraße: Im Zentrum steht nun der einzelne Mensch in seiner eigenen Bedeutungsgebung, die er einer Trauerfeier oder Trauung gibt. Von diesem Zentrum aus wird die Bedeutung der Zeremonie den Gästen, Mitfeiernden (also dem sozialen Umfeld) mitgegeben. Und die Lebensdeutungen, die darin als Zeremonie symbolisiert werden, wirken auf das gesellschaftliche Ganze.

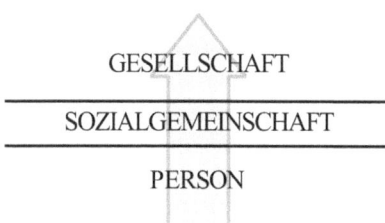

Diese Umkehrung hat – zumindest zahlenmäßig – funktioniert. Die Zahl der freien Trauerfeiern stieg rasant an. Und mit etwas Verspätung (weil das Format noch sehr neu war) begann ein Boom für freie Trauungen. Es wäre zu schön, um wahr zu sein, wenn sich Redner*innen auf die Fahnen schreiben könnten, es wäre vor allem ihre schöpferische Leistung, mit der sie es hinbekommen haben, ein jahrhundertealtes Ritualdesign neu zu erfinden. Das ist natürlich nicht der Fall. Sondern mit der Welle der Individualisierung hatte zugleich die Wandlung der Gesellschaft zur Konsumgesellschaft und später zur Informationsgesellschaft eingesetzt. Es entwickelte sich auf breiter Front der Dienstleistungsmarkt, der ebenfalls die individuellen Bedürfnisse in den Vordergrund stellte. Als Redner*innen moderne freie Rituale entwickelten, wurden sie von diesen Entwicklungen getragen wie Surfer*innen von der Welle. Ohne sie wäre nichts gegangen. Also schauen wir kurz genauer hin:

Trauerfeier Im Bereich der Bestattungskultur wurde die Trauerfeier schon vor dem Aufschwung freier Reden immer stärker zu einer individuellen Dienstleistung, die Bestattungshäuser (teils in eigenen Trauerhallen) anbieten. Waren die »Bestattungsinstitute« im 20. Jahrhundert noch oft aus Sargtischlereien hervorgegangen (und Bestatter*innen nicht selten spezialisierte Schreiner*innen, die erst durch Fortbildungen Bestattungsfachkräfte wurden), gibt es seit dem Jahr 2010 den Meisterberuf »Bestattungsmeister*in«. Dieser Entwicklung entspricht ein stetig wachsendes Dienstleistungsbedürfnis und -angebot, das immer mehr auf die Wünsche nach individueller Trauer und persönlicher Verabschiedung eingeht. Da der Trend zu Urnenbestattungen den Trauernden mehr Zeit lässt, die Bestattung zu gestalten, ergibt sich ein zunehmender Freiraum für die Entwicklung einer persönlichen Abschiedskultur; und Bestatter*innen sind die Dienstleister*innen, die diese Kultur an vorderster Stelle mitgestalten. Am deutlichsten ist dies an den von größeren Bestattungshäusern betriebenen eigenen Trauerhallen sichtbar. Bestatter*innen werden damit zunehmend selbst auch Ritualdienstleister*innen. Bei kirchlichen Trauernden kooperieren Bestatter*innen mit den Kirchen, beherbergen die Trauergottesdienste aber immer häufiger in eigenen Trauerkapellen. Werden freie Trauerfeiern gewünscht, haben Bestatter*innen teils hauseigene Trauerredner*innen. Häu-

fig buchen sie Trauerredner*innen, die in eigenen oder öffentlichen Räumen Trauerfeiern inhaltlich gestalten. So entstanden eine Nachfrage und ein immer stabiler werdender B2B-Markt für Redner*innen, die durch beständige Kooperation mit Bestatter*innen eine solide Grundlage für ihre Selbstständigkeit bekamen. Die Trauerfeier ist dabei ein Element der Dienstleistungen, die Bestatter*innen anbieten, um auf die wachsenden Bedürfnisse nach individueller Trauer und persönlicher Begleitung einzugehen. Trauerredner*innen sind in dieser Perspektive Ritualdienstleister*innen in Kooperation mit Bestatter*innen.

Die Aufgabe freier Redner*innen in diesem Bereich ist es, Trauerfeiern achtsam nach den veränderten Bedürfnissen der Trauernden zu entwickeln. So wie die Bedürfnisse nach Individualisierung stärker geworden sind, so verändern sich auch Trauerfeiern ständig. Es reicht heute nicht mehr, der kirchlichen lediglich eine weltliche Schablone gegenüberzustellen. Freie Trauerfeiern, die letztlich noch der Zeit der »Ersatzredner*innen« entstammen und ähnliche oder auch gleiche Reden lediglich persönlich anpassen, werden auf dem Dienstleistungsmarkt nicht mithalten können. Es gilt, den Wandel der Trauerkultur mitzugehen und in der fachlichen Weiterentwicklung von freien Trauerfeiern mitzugestalten.

♥ Trauung   Völlig anders und viel rasanter entwickelte sich der Markt für freie Trauungen. Auch hier folgte die Entwicklung dem zunehmenden Wachstum von Hochzeitsdienstleistungen, wie sie sich beispielsweise mittels Hochzeitsmessen und Hochzeitsportalen auch unabhängig von freien Trauungen entwickelt haben. Freie Trauungen haben Anteil an einer Marktentwicklung im Hochzeitsbusiness, die ohne freie Trauungen entstanden ist, freie Trauungen aber inzwischen mit einschließt. Zunächst waren freie Trauungen noch selten. Sie entsprangen oft dem Wunsch eines Paares, eine Trauung »wie in den amerikanischen Filmen« unter freiem Himmel, mit einem*einer persönlichen Redner*in und in selbstgestalteter Romantik zu zelebrieren. Sowohl die Standesämter als auch freie Redner*innen erkannten dieses Bedürfnis und entwickelten Angebote. Da es für die freie Trauung keine gesetzlichen Rahmenbedingungen gibt, war einer großen Kreativität der Weg gebahnt. Im Blick auf den Ort der freien Trauung wurde fast alles möglich:

Lieblingsplätze des Paares, Urlaubsorte, der heimische Garten, ein angemieteter Saal in einem Schloss, aber auch ein Ausflugsboot, ein Leuchtturm, ein Golfplatz, ein Flugfeld mit Anflug der Braut in einer Cessna oder ein See mit Unterwassertrauung. Zumeist aber – und diese Entwicklung wird von Hotels und Gasthäusern mit eigenen Angeboten für freie Trauungen unterstützt – werden freie Trauungen in den Locations angeboten, in denen die Feiern stattfinden. Inhaltlich entwickelten sich Thementrauungen, die die Lebenswelt oder die Hobbys der Brautleute aufnehmen. Und es wurden immer mehr Aktionen erfunden, die das Ritual der Eheschließung gemeinschaftlich begehen, Gäste aus der Zuschauerrolle herausholen und dem Bedürfnis des Paares nach ritueller Gemeinschaft mit ihren Familien und Freund*innen nachkommen. Attraktive Angebote entstanden, die zugleich auch ein Bewusstsein dafür schufen, dass man eine Trauung überhaupt auf diese Weise feiern kann. Das sprach sich natürlich herum; und so sind freie Redner*innen nicht nur Dienstleister*innen, die auf ein Bedürfnis reagieren, sondern sie generieren dieses Bedürfnis zugleich durch freie Trauungen, die sich herumsprechen. Dies wurde nicht zuletzt befördert durch die rasante Entwicklung der globalisierten Informations- und Mediengesellschaft. Das *Internet* schuf ungeahnte Informationsmöglichkeiten über die Trends und Optionen im schnell wachsenden Hochzeitsbusiness. Exponentiell wachsende *soziale Netzwerke* führten dazu, dass sich Interessierte in viel höherem und weitgefächertem Maße über ihre Erfahrungen, Bewertungen und Ideen austauschen können. Insbesondere im Blick auf das Thema »Hochzeit« ist das Bedürfnis sehr hoch, jeden Schritt der Entwicklung auf den großen Tag hin zu dokumentieren und mitzuteilen. Hinzu kommt die Tendenz, sich gegenseitig mit der Gestaltung der eigenen Hochzeit zu übertreffen. Dies wird auch befördert durch neu entwickelte *Nachmittagssendeformate* im Fernsehen über Hochzeitspaare, die bei ihren Feiern gefilmt werden und sich gegenseitig bewerten, um etwa als Siegerpaar eine Traumreise zu gewinnen. Obwohl dabei die Trauung selbst bislang kaum in die Bewertung einfließt, trägt sie zur Stimmung bei und wird diskutiert. So wird die Möglichkeit freier Trauungen einem Millionenpublikum vorgestellt. Da zeitgleich durch das Internet ein Angebotsmarktplatz entstand, in dem freie Redner*innen ihre Dienste einem breiten Publikum anbieten können und es sehr einfach wurde, mit einem*einer freien Redner*in direkt in Kontakt zu kommen, haben auch freie Trauungen exponentiell zugenommen.

So erleben freie Trauungen derzeit einen Boom, der auch immer mehr Menschen auf die Idee kommen lässt, selbst freie*r Redner*in zu werden. Dabei unterscheiden sich diese Redner*innen durch ihren beruflichen Hintergrund oft stark von den Hochzeitsredner*innen, die sich über den Bereich »Trauerfeier« professionalisiert haben. Sie kommen immer öfter aus dem Bereich des Eventmanagements, sind ehemalige DJ*anes, Unterhalter*innen, Veranstaltungstechniker*innen. Es gibt auch manche Standesbeamt*innen, die zusätzlich freie Trauungen anbieten. Und natürlich gibt es Angehörige aller denkbaren Herkunftsberufe, von der studierten Anthropologin bis zur menscheninteressierten Friseurin. Das sichtbarste Merkmal dieser Gruppe von Redner*innen ist: Sie machen ausschließlich freie Trauungen. Während viele Trauerredner*innen auch Trauredner*innen sind, entsteht hier eine spezialisierte Berufsgruppe für Hochzeiten. Und das Spektrum ist dabei auch inhaltlich groß: von Trauungen, die eher als Event gestaltet sind und als Unterhaltungskultur angesehen werden können, bis hin zu Trauungen, die psychologisch versiert eine neue Wirklichkeit induzieren möchten. Oder auch Trauungen, die eher dem traditionellen Kirchen-Ersatzweg verbunden scheinen und mit geringerer Kreativität feste Ritualformen mit persönlicherem Inhalt füllen.

Allen freien Trauerredner*innen und Trauredner*innen gemeinsam aber ist, dass sie auf unterschiedliche Weise eine Kund*innenfokussierung mit einer individuellen Bedeutungsgebung des Rituals verbinden. Darin sind Redner*innen Dienstleister*innen, die der Orientierung von Trauernden und Paaren an den eigenen Bedürfnissen und Wünschen Ausdruck geben. Redner*innen sind ein Teil dieses gesellschaftlichen Wandels. Und sie gestalten ihn mit. Die Dienstleistungsautobahn ist tatsächlich ein einmaliger geschichtlicher Weg nach Jahrhunderten einer Ritualkultur, die wesentlich zur Aufgabe hatte, Trauernden und Brautpaaren ihren Platz in vorgegebenen gesellschaftlichen Deutungen zu vermitteln. Vermutlich ist freien Redner*innen gar nicht klar, welche soziokulturelle Bedeutung sie haben: Sie entwickeln neue Trauer- und Hochzeitsrituale. Rituale, die sich an den Bedürfnissen der Menschen orientieren, die solche Rituale anfragen. Rituale, die es schaffen, dem individuellen Bedürfnis nach gemeinschaftlicher Trauer und gemeinschaftlicher Feier der Liebe einen gesellschaftlichen Ort zu geben.

3 Die neue Aufgabe: der berufsfachliche Weg des Ritualdesigns

Schaut man sich die bisher gezeichnete Landschaft an, dann wird deutlich: Es gibt eine Entwicklung von einer gesellschaftlichen Deutung von Trauer und Trauung hin zu einer individuellen Deutung. Der Bereich der freien Rede ist zunächst als Ersatz für kirchliche Rituale entstanden, bot aber zunehmend eine eigenständige Antwort auf das Bedürfnis nach mehr Individualität in den Trauungs- und Trauerzeremonien. Die freien Redner*innen entwickelten Formate, welche die kirchliche Liturgie durch eine personzentrierte Redeform ersetzen. Zunächst übernahmen sie dabei traditionelle Formen. Zudem entwickelten sie, besonders in der letzten Phase seit der Jahrtausendwende und im Bereich der freien Trauungen, zunehmend neue Formen. Dabei haben sie alle einen Anteil an der Wende der Rituale zu einer modernen Dienstleistung. Und sie stehen (auf unterschiedliche Weise) in den Diensten der Wünsche ihrer Kund*innen, die sie zur Erfüllung dieser Wünsche buchen.

Über die eingangs gestellte Frage, was die Profession und der Status von freien Redner*innen sei, wird deutlich: Was freie Reden als Kunst betrifft, so kann man feststellen, dass eine künstlerische Gestaltungshöhe aus dem soziokulturellen Setting einer Hochzeits- oder Trauerrede nicht ablesbar ist. Die Dienstleistungsautobahn offenbart eher Perspektiven, die dem Kunstbegriff widersprechen. Besonders der Dienstleistungscharakter der Trauer- und Hochzeitsrede widerstrebt dem Kunstbegriff, da im Fokus die Erfüllung der Gestaltungswünsche des Paares oder der Trauernden steht. Völlig zu Recht hat das Finanzgericht Rheinland-Pfalz am 26. September 2017 geurteilt, dass eine Rednerin, die nach den Wünschen ihrer Kund*innen sprachlich ausgestaltet, was ihr im Gespräch gesagt wurde, trotz aller individueller Formulierung keine Künstlerin ist. Eine solche Rede sei vielmehr mit den Texten eines Werbetexters oder den Grafiken eines Gebrauchsgrafikers zu vergleichen, welche ebenfalls nicht als Kunstwerke angesehen werden.[10] Freilich ist vor dem Finanzgericht nicht über die inszenatorischen Elemente des Rituals und die Hervorrufung eines unbewussten Erlebens verhandelt worden, die durchaus einen künstlerischen Bezug haben und in diesem Buch noch eine wichtige Rolle spielen werden. Aber auch, wenn diese Elemente vorhanden sind, müsste deutlich werden, dass sie das gesamte der Rede bzw. Zeremonie prägen – und das ist nach dem bisher Gesagten (noch) nicht erkennbar. Mit Blick auf die soziokulturelle Landkarte der freien Rede bzw. der freien Trauer- und Hochzeitszeremonien kann man die Frage, was Redner*innen eigentlich sind, tatsächlich nur in einer Hinsicht beantworten: Sie sind nicht Künstler*innen, sondern *Ritualdienstleister*innen*. Und zwar solche, die ein Ritual vor allem als persönlich gehaltene Rede zelebrieren. Eine Charakterisierung als Künstler*in ergibt sich aus der soziokulturellen Landkarte der freien Rede nicht.

Mit alledem ist zwar wenig über die Kunst, allerdings sehr viel darüber gesagt, welche Bedeutung freie Reden (bzw. Rituale) haben und was freie Redner*innen in ihrer Berufsausübung eigentlich sind. Deutlich geworden ist, dass freie Reden einen epochalen Umschwung markieren in der Art und Weise, wie lebensgeschichtliche Schwellenübergänge zeremoniell begangen werden: nicht institutionell gebunden, nicht mit zuvor feststehenden Deutungschiffren, sondern im Dienst der Kund*innen, die über den Lebensübergang geleitet werden. Während sich freie Redner*innen selbst meist lediglich als anlassbezogene *Redner*innen* definieren, macht die soziokulturelle Landkarte deutlich, dass sie als *Ritualdienstleister*innen* für sehr viel mehr stehen. Nämlich für eine neue Art und Weise, wie Lebensübergänge (bzw. Schwellenrituale) begangen werden. Zwar gibt es – besonders unter Trauerredner*innen, die sich selbst als Teil des Hochzeitsbusiness verstehen – auch freie Redner*innen, die mit dem Thema »Lebensübergang« eher wenig zu tun haben möchten, sondern diesen Anlass für eine eventorientierte Unterhaltungsperformance nutzen. Allerdings ist auch dies ein Umgehen mit dem Ritual einer Trauung oder zuweilen auch einer Trauerfeier. Der Anlass freier Reden und Rituale ist und bleibt ein bedeutender Lebensübergang der Kund*innen – egal, wie man damit umgeht. Auch freie Gestaltungen, die von herkömmlichen Ritualtraditionen abrücken, interpretieren das Thema eines Ritualdesigns.

So bestätigen letztlich auch eventorientierte freie Traurednerinnen, dass freie Redner*innen sowohl Zeichen als auch Gestalter*innen einer Wende in der Ritualgeschichte sind: der Wende zum Verständnis des Hochzeits- oder Trauerrituals als eines persönlichen, den je eigenen Bedürfnissen der Paare bzw. Trauernden verpflichteten Redezeremoniells. Das alles festzustellen, ist schon ein wichtiges Ergebnis. Denn es ordnet die Arbeit freier Redner*innen in den Themenbereich der Ritualgestaltung ein.[11]

Damit sind zugleich fachliche Themenfelder eröffnet, über welche die soziokulturelle Landkarte noch gar nichts aussagt, nämlich:
- Was für ein Ritual ist die Hochzeits- und Trauerrede?
- Welchen Zweck und welches Ziel verfolgt es?
- Wie wirkt ein Ritual im menschlichen Bewusstsein – sowohl als individuelles als auch als gemeinschaftliches Ritual?
- Welche Aufgabe hat ein freies Ritual in der Sozialgemeinschaft?
- Wie kann freie Rede die Herausforderung eines modernen, zeitgemäßen und wirksamen Rituals erfüllen?
- Und: Auf welche Weise definieren freie Redner*innen die uralte Thematik der rituellen Schwellenübergänge postmodern neu?

Dies sind die *fachlichen* Fragen, die sich für die Arbeit von freien Redner*innen ergeben. Allerdings ist das Bewusstsein für diese fachlichen Dimensionen bislang noch nicht sehr weit verbreitet. Dass Redner*innen damit, dass sie freie Trauerfeiern und Trauungen anbieten, ein Fachgebiet betreten, ist vielen nicht bewusst. Vielleicht möchten dies manche auch nicht wissen, weil es einfacher scheint, die darin liegende Herausforderung von vornherein abzuweisen. Das ist nachvollziehbar, allerdings ist es auf längere Sicht nicht hilfreich, den Kopf in den Sand zu stecken. Die wohl bessere (und dann auch erfolgreichere) Strategie ist, sich den fachlichen Anforderungen an ein modernes Ritualdesign zu stellen. Letztendlich profitieren freie Redner*innen davon, dass sich eine Fachlichkeit entwickelt. Denn damit sind inhaltliche Kriterien für eine gute Arbeit, Aus- und Fortbildung und auch ein anerkannter Status des Berufes möglich zu benennen.

Um diese Fachlichkeit zu erreichen, ist der erste Schritt, eine Offenheit dafür herzustellen, dass sich hinter der vordergründigen Arbeit als freie*r Redner*in das große Thema des Ritualdesigns verbirgt – mit allem, was ritualtheoretisch, psychologisch, soziologisch und künstlerisch dahintersteht. Akzeptieren freie Redner*innen diesen Schritt, hat sich schon etwas verändert. Sie sehen sich dann nicht mehr nur als Dienstleister*innen, die eine anlassbezogene Rede halten, sondern stellen sich der Aufgabe, individuelle Übergangsrituale zu designen und zu performen.

Der zweite Schritt ist, sich diese Fachlichkeit zu erarbeiten. Dies kann auf vielfache Weise geschehen. Möglicherweise wird es in Zukunft umfassende Akademieausbildungen, qualifizierende Weiterbildungen für schon erfahrene Redner*innen oder – was ich mir als Autor wünschen würde – einen Studiengang für Ritualdesign geben. Dabei könnte auch das große Feld der lebensgeschichtlichen Begleitung mit abgedeckt werden, das in jedem Gespräch einer*eines freien Rednerin*Redners eine Rolle spielt. Da dies alles noch nicht in Sicht ist, bleibt nur die Lektüre, das Fachgespräch, die Vernetzung. Ein nützliches Element dabei ist hoffentlich dieses Buch.

Was durch eine fachliche Gestaltung erreicht wird, ist nicht weniger als die Entwicklung eines neuen Weges. Möglicherweise liegt er auf der Dienstleistungsautobahn als eine besondere Extraspur, wahrscheinlich aber ist er ein eigener Weg. Es ist der *berufsfachliche Weg des Ritualdesigns*. Er hat zwar Anteil an der Dienstleistungswende, denn er befindet sich auf dem gleichen Angebotsmarkt wie die als Dienstleistung angebotenen freien Reden. Zugleich geht der Weg fachlichen Ritualdesigns darüber hinaus. Denn es geht um einen Weg, in der freie Reden nicht in erster Linie nach Maßgabe der Kund*innen gestaltet werden, sondern sie nach inhaltlichen und fachlichen Merkmalen design und perform werden. Ziel ist dann – neben der Kund*innenzufriedenheit –, dass Trauernde und Heiratende ein Ritualerleben erfahren, welches sie kunstgerecht über die Schwelle in eine neue Lebensphase leitet. Ebenso geht es bei fachlichem Ritualdesign und Ritualperformance nicht nur um die Kund*innen, die eine freie Rede buchen, sondern ebenso um die gesamten Anwesenden, die Gäste, die Familie, die Feier und die Öffentlichkeit. Die soziale Lebensdeutung von Trauer und Hochzeit wird darin ebenso inszeniert und mit den Gästen gefeiert, wie die individuelle Lebensdeutung der Liebe und Beziehung zu einem Menschen, der gerade geheiratet oder verabschiedet wird. Letztlich geht es damit auch um eine aktive Teilnahme von freien Redner*innen an der Veränderung der Ritualbedürfnisse und der Ritualtradition in der Gesellschaft. Diese letzte

Dimension ist in einer einzelnen Trauerrede oder Hochzeitsrede natürlich nicht explizit. Allerdings: Wenn freie Reden mit den individuellen Deutungen von Lebensübergängen rituell umgehen, dann beziehen sie sich immer auf soziale und gesellschaftliche Bezugsräume. Ein Ritual ist nur so gut, wie es diese Bezüge mitnimmt (egal, ob es in sie einpasst oder sie vielleicht auch einmal provozierend durchbricht). So unterscheidet sich der neue, berufsfachliche Weg des Ritualdesigns von der Dienstleistungsautobahn auch dadurch, dass er beide Blickrichtungen miteinander verwebt.

Es geht um alle drei Ebenen der Feier. Hier ein jedes Mal eigens designtes Symbol zu schaffen und zu performen, ist tatsächlich etwas anderes als eine anlassbezogene Rede. Es ist *Kunst,* die unbewusstes und bewusstes Erleben anstößt, symbolisiert, ausdrückt und kommuniziert. So führt der berufsfachliche Weg freie Redner*innen, einfach weil es der Sache entspricht, über das Ritualdesign in ein künstlerisches Handlungsfeld. Er gibt eine Antwort auf die Einstiegsfrage dieses Kapitels »Sind freie Redner*innen Künstler*innen? Und wenn nicht, was dann?«. Die Antwort lautet: Bislang sind Redner*innen vielfach Ritualdienstleister*innen. Aus berufsfachlicher Sicht aber können und sollten sie sich zu kreativen, fachlich versierten (und im besten Fall als Künstler*innen anerkannten) Ritualdesigner*innen entwickeln.

Teil II
Grundlagen lebensbegleitender Ritualkunst

A Freie Reden als Rituale

Im allgemeinen Sprachgebrauch wird eine freie Trauungs- oder Trauerfeier meist als eine Dienstleistung gesehen, bei der eine anlassbezogene Rede in Verbindung mit rituellen Elementen zu einer Zeremonie wird. Also: Rede + Ritual = Zeremonie. Die fachliche Sicht ist anders: Das Ritual ist nicht nur ein Teil der Feier, sondern die ganze Feier ist Ritual, und freie Trauer- und Hochzeitsreden sind als Ritualreden selbst Teil davon. Sie sind rituelle Reden, welche die früheren (meist kirchlich oder humanistisch geprägten) Riten neu interpretieren für eine Zeit, in der das individuelle Erleben im Vordergrund steht. Immer geht es dabei um menschliche Beziehung, sei es um die Beziehung eines Paares oder die Beziehung von Trauernden zu einem verstorbenen Menschen. Da diese Beziehungen von einem individuellen Erleben geprägt sind (jede Beziehung von Menschen zueinander ist anders und wird anders erlebt), zelebrieren Trauer- und Traureden individuelle Beziehungsrituale. Zugleich sind beide Arten von Feiern gemeinschaftliche oder soziale Rituale, die mit einer größeren Zahl von Angehörigen, Freund*innen, Kolleg*innen und Nachbar*innen gefeiert werden, teils mit einer festen Gruppe von geladenen Gästen, teils auch öffentlich. Die soziale Bedeutung ist dabei ebenso konstitutiv wie die individuelle – und wir werden noch sehen, woran das liegt. Und nicht zuletzt sind es gesellschaftliche Rituale, weil sie mit der Ehe und der Bestattung gesetzlich geregelte und gesellschaftlich anerkannte Institutionen rituell initiieren.[12]

Auf allen drei Ebenen – individuell, sozial, gesellschaftlich – sind freie Reden lebensbegleitende Ritualreden. Für manche freien Redner*innen ist das eine neue Perspektive. Allerdings ist sie sehr gewinnbringend. Denn die Ritualperspektive macht deutlich, was eine Hochzeits- oder Trauerrede eigentlich bewirken soll. Und es wird auch klar, was nötig ist, damit das gelingt. Darum soll es in diesem Kapitel gehen. Zugleich wird dabei auch klar, warum freie

Reden auf einem fundierten Ritualniveau durchaus Kunst sein können - und sein sollen.

1 Was ist ein Ritual?

Rituale bestimmen das menschliche Leben. Jeden Tag durchziehen unzählige Rituale unser Leben und unser Miteinander. Es fängt an bei den gewohnten Abläufen, mit denen jede*r von uns aus der Phase des Schlafs in den Alltag findet. Der Morgenkaffee, der Blick in die Zeitung, ohne den etwas fehlen würde, Schminken vor dem Spiegel. All dies läuft oft unbewusst ab, es ist uns in Fleisch und Blut übergegangen. Und diese alltäglichen individuellen Rituale ziehen sich durch den ganzen Tag. Ganz unbewusst schauen wir auf die Uhr, blicken auf das Smartphone, machen den Computer an, lehnen uns auf dem Schreibtischstuhl zurück, checken unsere Mails und holen uns die neusten Infos. Und so geht es weiter, bis wir nach Hause kommen, uns einen Wein eingießen und uns zuletzt in immer gleicher Körperhaltung signalisieren, dass wir jetzt einschlafen möchten. Es sind hunderte kleiner und kleinster Rituale, die sich durch den Tag ziehen. Sie gestalten die Struktur, mit der wir mit uns selbst umgehen und mit den Aufgaben, die wir erfüllen. Hinzu kommen unsere sozialen Rituale. Das mehr oder weniger wache »Guten Morgen« zu Hause, das signalisiert: »Ich bin da, ich nehme dich wahr, und wir beginnen jetzt den Tag.« Das Beziehungsritual des Abschiedskusses am Morgen vor dem Weg zur Arbeit, vielleicht die Umarmung, wenn man sich abends sieht. Jede Paarbeziehung hat unzählige Rituale, die sich durch den Tag ziehen. Bis zum Kuss vor dem Einschlafen, einem Berühren der Hände und so weiter. Beziehungsrituale strukturieren den Tag und festigen die Beziehung. Das ist ebenso in den Beziehungen, die wir zu unseren Kindern haben, oder auch zu Kolleg*innen, Vorgesetzten und Freund*innen. In jedem sozialen System vergewissern sich Menschen ihrer Beziehung mittels kleiner, kaum bewusster Rituale. Es sind Rituale, in denen wir als Eltern unseren Kindern signalisieren, dass sie bei uns geborgen sind. Es sind Rituale, mit denen wir unseren Kolleg*innen signalisieren, dass sie sich auf uns verlassen können. Es sind Rituale, mit denen ein*e Chef*in seine*ihre Position befestigt. Wenn wir einmal unseren Tag analysieren, die Begrüßungen, die Interaktionen, die Mimik, Körperhaltung und die Worte unserer Mitmenschen, denen wir täglich begegnen, werden wir unzählige kleine Rituale entdecken.

Warum ist das so? Früher hat man Rituale vor allem soziologisch oder anthropologisch untersucht oder (etwa bei Affen) verhaltensbiologisch. Dabei stellte man fest, dass es Rituale überall gibt, bei Tieren und bei Menschen, in allen Kulturen. Und man fand heraus, dass Rituale immer und überall im menschlichen Leben das Zusammenleben gestalten. Warum das so ist, wurde aber erst mit den bahnbrechenden neurobiologischen Forschungen der letzten Jahrzehnte verständlich.[13] Es stellte sich nämlich heraus, dass wir nur einen geringen Teil von dem, was wir jeden Tag tun, voll bewusst tun. Früher dachte man, wir Menschen seien vor allem bewusst handelnde Wesen, die ihr Leben durch ihre Entscheidungen, ihren Intellekt und ihren Willen steuern. Nun stellte sich heraus, dass für den größten Teil unseres Tuns Muster verantwortlich sind, die wir im Laufe unseres Lebens ausbilden und die in der neuronalen Struktur unseres Gehirns körperlich verankert sind. Die meisten Abläufe in unserem Leben geschehen einfach so, sie laufen automatisiert ab. Wir denken nicht darüber nach, wie wir die Gabel zum Mund führen. Wir reden auch meist nicht nach sorgsamer Überlegung, wie wir etwas formulieren wollen. Es hat sich gezeigt, dass uns nur ein geringer Teil der von unserem Gehirn verarbeiteten Informationen tatsächlich bewusst wird.[14] Wir denken meist nicht, wir tun einfach. Und dies hat einen guten Grund: Wir handeln ohne bewusste Reflexion, weil es uns sonst gar nicht möglich wäre, mit allem umzugehen, was jeden Tag auf uns einströmt.

Deshalb haben wir Rituale. Ohne Rituale müssten wir jeden Morgen neu überlegen, wie wir uns dazu motivieren, zur Arbeit zu gehen. Wir müssten jedes Mal neu eine Strategie finden, wie wir unserem*unserer Partner*in zeigen, dass wir ihn*sie lieben. Wir müssten unseren Kindern jeden Tag neu die Welt erklären, weil sie ohne Rituale nicht wüssten, dass der Abend hereinbricht, der Schlafanzug angezogen und ins Bett gegangen wird. Aber nicht nur unsere Kinder wären ohne Rituale überfordert, einen Tag zu bewältigen. Uns geht es genauso, in der Beziehung ebenso wie bei einem geschäftlichen Meeting. Letztlich wären wir ohne Alltagsrituale alle aufgeschmissen. Sie nehmen uns ab, immer über alles neu nachdenken zu müssen.

Fachlich gesehen sind Rituale dabei in Handlungsabläufe geronnene Strukturen, unsere Welt zu gestalten. Wir haben gelernt, unsere persönlichen Handlungsabläufe ebenso wie unsere menschliche Interaktion nicht in jedem Moment neu zu überlegen, sondern wir reagieren mit Automatismen, die wir im Laufe unseres Lebens entwickelt haben. Neurobiologisch gesehen fußen diese Abläufe auf neuronalen Netzwerken, die sich bei jedem auf eigene Weise gebildet haben. Je höher der Grad der Wiederholung ähnlicher Situationen ist, desto stärker ausgebildet sind die Netzwerke, die unsere Reaktionen automatisiert steuern. Letztlich läuft ein Großteil von dem, was wir tun, in solchen trainierten Abläufen ab. Wie auf neuronalen Autobahnen, die oft befahren werden, entscheiden wir schnell und bewährt, wie wir auf neue Situationen reagieren, ohne dass wir uns die Mühe machen müssen, jeden kleinen Impuls erst neu bewusst zu verarbeiten.[15]

Rituale kommen dabei besonders dann zum Einsatz, wenn wir Übergänge von einer Sequenz unseres Alltags in den nächsten gestalten. Etwa, wenn wir einem Menschen begegnen oder uns in Gruppen zusammenfinden (Begrüßungsrituale), wenn wir ein neues Projekt angehen (ritualisierte Anfänge und Herangehensweisen), wenn wir von der Arbeit in die Freizeit wechseln (Kleidungswechsel, Kaffee holen etc.) oder vom Tag in die Nacht (Einschlafhaltung, Gutenachtkuss etc). Immer verbinden wir dabei ein ganzes Netzwerk von Reaktionen und Selbstäußerungen zu dem *Handlungsbündel,* aus dem ein Ritual besteht. Körperhaltung, Mimik, Sprache, eingeübte Bewegungsabfolgen und Wahrnehmungsprozesse gehören ebenso dazu wie unbewusste physiologische Abläufe. Mit ihnen initiieren wir eine neue Sequenz unseres Lebens. Mittels des Rituals kommen wir in der neuen Lebenssequenz an. Und zwar in mehreren Dimensionen: Emotional erkennen wir das Neue als etwas Bekanntes und damit als Unseres. Sozial vergewissern wir uns der Beziehungen in der nächsten Phase des Alltags. Physiologisch werden wir bereit, uns der neuen Aufgabe zuzuwenden.

Fassen wir diese allgemeine Beschreibung von Ritualen zusammen, so ist vor allem festzuhalten:
1. Rituale vergewissern uns emotional und sozial in Übergängen der Lebensgestaltung.

2. Rituale entfalten ihre Wirkung weitestgehend unbewusst.
3. Rituale haben ihre Grundlage in gewachsenen Handlungsabläufen, die wir als bewährt bewerten.
4. Rituale verbinden verschiedenste mimische, sprachliche, sozial-interaktive, physiologische und emotionale Impulse zu einem Handlungsbündel, das in seiner Gesamtheit wirkt.
5. Rituale initiieren eine neue Sequenz oder Phase in der Gestaltung des Lebens.

2 Lebensübergangsrituale und Schwellenrituale

Was ist aber, wenn sich ein Übergang im Leben nicht ständig wiederholt, sondern nur selten auftritt oder sogar eine Singularität aufweist - etwa bei einer schweren Krankheit, einem Todesfall, einer Liebe auf den ersten Blick, einem Arbeitsplatzverlust, einer Geburt oder einer Hochzeit? Dies sind Situationen, für die wir noch keine individuellen Abläufe ausgeprägt haben. Wenn wir etwas zum ersten Mal oder in besonderer emotionaler Steigerung erleben, haben wir noch keine Rituale - zumindest nicht auf individueller Ebene.

Also finden wir eine Möglichkeit, mit der neuen Situation umzugehen. Wir entwickeln dazu eine Haltung, eine Emotionalität, eine Vorgehensweise und eine Zielrichtung, in denen wir uns selbst orientieren können. Wie machen wir das? Als erstes greifen wir auf unseren eigenen Erfahrungsschatz zurück und suchen - auch dies geschieht unbewusst - nach ähnlichen, analogen oder wenigstens in Bruchstücken vergleichbaren Situationen unserer eigenen Erfahrung. Gelingt das nicht, orientieren wir uns daran, was andere Menschen tun, wenn sie vor einer ähnlichen Situation stehen. Und wir leiten unser Handeln von dem anderer ab.

Dies ist auch gar nicht anders möglich, weil wir als soziale Wesen immer in Verbindung mit der Gemeinschaft, der Kultur, dem Netzwerk oder der Familie stehen. Nur in dieser sozialen Verbindung können wir Individuen sein. Dieser Zusammenhang ist gut erforscht.[16] Es zeigt sich, dass die soziale Komponente in unserer persönlichen Lebensgestaltung stärker prägend ist, als wir uns das meist bewusst machen. Tatsächlich funktioniert unser innerpsychisches System nur im Zusammenhang mit einem sozialen System. Anders können wir unsere eigene Identität und unsere individuelle Lebensgestalt nicht ausbilden. Es ist schlichtweg unmöglich.

Deshalb ist es ganz natürlich, dass wir in Lebenssituationen, die für uns neu sind, auf Rituale zurückgreifen, die es bereits gibt – in unserer Gesellschaft, unserer Tradition und Kultur und in unserer jeweiligen Religion. Dazu gehören traditionelle, gesellschaftlich oder kirchlich über Jahrhunderte entwickelte Rituale ebenso wie neue Ritualformen, die sich nach und nach als adäquate Möglichkeiten zeitgemäßer Zeremonien herausgebildet haben.

Der Rückgriff auf kulturell schon gegebene Rituale folgt meist einem unbewussten Impuls. Es geschieht meist nicht aus einer Überlegung heraus, dass in einer Paarbeziehung die Frage nach einer Trauung auftaucht. Sie stellt sich als eine Option, weil diese Option gesellschaftlich präsent ist – schließlich haben die Freund*innen, die Eltern und wer auch immer schon geheiratet. Auch kommt die Trauerfeier nicht deshalb in Betracht, weil man diese Möglichkeit im Trauerfall erst erfindet, sondern weil eine solche gemeinsame Zeremonie als Möglichkeit präsent ist. Man kennt das so.

Dies bedeutet zugleich, dass Lebensschwellenrituale (im Unterschied zu kleinen Übergangsritualen, die wir jede*r für sich ständig wiederholen) immer *soziale* Rituale sind. Ihr Wert als Ritual, in dem Handlungsabläufe und Emotionen eine strukturierte Gestalt vorfinden, hat sich nicht durch persönliche Wiederholung gebildet (wer heiratet schon so oft, dass er darin wirklich Übung hat), sondern durch Wiederholung in der Gemeinschaft. Durch diese Wiederholung hat sich ein kollektives Bewusstsein ergeben von Strukturen, wie man einen solchen Übergang gestalten kann: eben als Trauung und als Trauerfeier. Früher waren diese Strukturen vorgegeben und nicht selten in kirchlicher Liturgie vorgeschrieben. Heute bestehen in der freien Trauung und der freien Trauerfeier Möglichkeiten, diese Strukturen zu verändern, neu zu definieren oder auch neu mit individuellen Inhalten und Lebensdeutungen zu füllen. Gerade, indem freie Redner*innen diese Neugestaltung der Rituale in Angriff nehmen, gehen sie mit den gewachsenen Formen um. Einen rituellen Wert haben freie Trauungen immer schon darin, dass sie überhaupt Trauungen sind (und damit Teil einer alten Tradition). Und Trauerfeiern haben einen rituellen Wert schon darin, dass sie Trauerfeiern sind (und damit Teil einer alten Tradition). Wenn Trauernde sich nicht nur für eine Einäscherung mit Beisetzung entscheiden, sondern eine Trauerfeier zu wählen, dann aktivieren sie eine Option, die unsere Kultur zwar nicht mehr vorschreibt, aber sehr wohl anbietet: ein soziales Ritual, in dem die eigenen Bedürfnisse nach einer Gestaltung des Lebensübergangs eine Antwort finden. Dasselbe geschieht, wenn Paare nicht nur zum Standesamt gehen, sondern sich eine Trauung wünschen, die den Übergang inszeniert und feiert.

3 Bedürfnisse, die ein Lebensschwellenritual beantwortet

Warum aber greifen wir nach diesen Übergangsritualen? Der Grund liegt in den Bedürfnissen, die – so ist die Hoffnung – mit einem solchen Ritual beantwortet werden können. Betrachten wir diese Bedürfnisse zunächst, so wird in einem zweiten Schritt deutlich, was ein Schwellenritual im Falle einer Trauung oder Trauerfeier eigentlich ausrichten soll.

Da es sich um soziale Rituale handelt, beginnen wir bei den Bedürfnissen, die etwas mit der Gemeinschaft zu tun haben. Sowohl bei einem Sterbefall als auch bei einer Hochzeit ist das, worauf das Ritual reagiert, ein gemeinschaftlicher Übergang. Jemand kommt als Paar dauerhaft in die Gemeinschaft der Familie oder der Freund*innen. Oder jemand verlässt diese Gemeinschaft (zumindest sicht- und anfassbar) durch den Tod. Es besteht ein gemeinsames Bedürfnis, diese Veränderung in der Gemeinschaft zu kommunizieren, aufzufangen, zu gestalten und zu feiern. Trauer- und Hochzeitsrituale sind nicht nur Übergangsrituale für die unmittelbar engsten Angehörigen oder für das Brautpaar, sondern auch für die ganze Gemeinschaft. Dieses gemeinschaftliche Bedürfnis spürt ein Paar nicht selten auch als Erwartung der Familie oder der Freund*innen. Es ist eine Sache des sozialen Zusammenhalts in der Familie und im Freundeskreis, einen Lebensübergang, der letztlich alle betrifft, auch mit allen zu feiern. Wer sich für eine Trauerfeier oder eine Trauung entscheidet, reagiert also auch auf ein Bedürfnis der Gemeinschaft. Die Gemeinschaft selbst hat ein kollektives Bedürfnis, den Lebensübergang einzelner trauernder oder heiratender Mitglieder als einen gemeinsamen Lebensübergang in der Familie oder dem Freundeskreis zu begehen. Dieses Bedürfnis teilt sich einem Paar oder einem trauernden Menschen mit. Und so kommt es überhaupt dazu, dass wir die Möglichkeit eines sozialen Rituals in Erwägung ziehen. Es ist *ein Bedürfnis der Gemeinschaft* an ein Paar oder an die engsten Trauernden. Es wird noch darüber zu sprechen sein, ob und wie dieses kollektive Bedürfnis im Ritualdesign aufgenommen, befriedigt oder vielleicht auch zurückgewiesen werden kann.

Daneben steht das *Bedürfnis nach Gemeinschaft*. Es ist das Bedürfnis nach *Zugehörigkeit,* das diejenigen spüren, die eine freie Zeremonie wählen. Nicht nur die Familie oder der Freundeskreis sieht Hochzeit und Beerdigung als eine gemeinsame Sache. Sondern auch ein Brautpaar selbst spürt ein Bedürfnis, den Anlass gemeinsam zu feiern. Und ebenso kommt das Bedürfnis nach einer Trauerfeier nicht nur von außen auf Trauernde zu, sondern ist ein eigenes Bedürfnis Trauernder. Dabei kommt ein Bündel an Bedürfnissen zusammen:

3.1 Das Bedürfnis nach Vergewisserung durch die Gemeinschaft

♥ Trauung   Jeder Lebensübergang trägt Unsicherheit in sich – auch die *Hochzeit*. Der Anlass ist zwar äußerst freudig und fühlt sich einfach nur gut an (oft muss er das auch, weil man ein etwaiges flaues Gefühl im Magen verständlicherweise gern verdrängen möchte). Bei näherem Hinsehen aber ändert sich etwas in der Beziehungskonstellation, weil ein Paar ein maximales Commitment zueinander ausspricht: den Willen zu einer (möglichst) lebenslangen Paarbeziehung. Es sind solche scheinbaren Kleinigkeiten wie die veränderte Bezeichnung »meine Frau« (statt meine Partnerin bzw. Freundin) oder »mein Mann« (statt mein Partner bzw. Freund), die diesen Unterschied bezeichnen. Falls einer von beiden bei der Eheschließung den Namen ändert, ist das sogar eine Veränderung der eigenen Identitätsbezeichnung, die nicht selten vorher für Diskussionen gesorgt hat. Mit der Heirat verändert ein Paar also seinen Status in der Gesellschaft ebenso wie in der Familie oder gegenüber Freund*innen: Die Beziehung wird nach innen und außen als fest und dauerhaft angesehen. Dem entspricht die Hoffnung, dass die Gemeinschaft diesen Schritt auch gutheißt, annimmt, respektiert oder zumindest akzeptiert. Erst, indem dies geschieht, ist der Statusübergang geschafft und der krisenhafte Anteil wird überwunden. Tatsächlich geschieht es manchmal erst mit einer Trauung, dass ein Paar volle Akzeptanz findet. Der Gedanke, auch nach einer Trauung nicht von wichtigen Familienmitgliedern und Freund*innen als Ehepaar respektiert zu sein, ist dagegen eine verstörende Perspektive. Eben das zeigt, wie wichtig das Bedürfnis nach Versicherung durch die Gemeinschaft ist – und was verloren geht, wenn es bei einer lediglich als Event verstandenen freien Trauung nicht berücksichtigt wird. Die Bestätigung durch die Gäste ist deshalb ein wichtiges Element des Ritualdesigns einer Trauung.

Trauerfeier   Noch deutlicher ist das Bedürfnis nach Vergewisserung durch die Gemeinschaft im Falle der *Trauer*. Ein Mensch, der aus diesem Leben geht, ist durch eine Vielzahl von unterschiedlichen Beziehungen mit seinen Menschen verbunden. Lebens- und Ehepartner*innen, Kinder, Enkel*innen, Geschwister, Freund*innen, Kolleg*innen, Weggefährt*innen, Nachbar*innen, manchmal auch Eltern – alle sind in Beziehung zu dem*der Verstorbenen. In diesem Beziehungsgeflecht stehen die engsten Angehörigen nun ohne den Knotenpunkt in dem Beziehungsnetzwerk da, den der*die Verstorbene repräsentiert. Das bedeutet nicht nur eine individuelle Krise, es ist auch eine einschneidende Veränderung in der Familie und Gemeinschaft. Und es besteht das Bedürfnis, sich zu vergewissern, weiter von dieser Gemeinschaft getragen zu sein, sich weiter als Familie zu fühlen, sich weiter auf den Freundeskreis verlassen zu dürfen – auch als Trauernde*r, und auch, nachdem dieser eine Mensch nicht mehr da ist. Dies ist im Trauerfall umso wichtiger, als die Todeserfahrung eine persönliche Krise bis hin zum Trauma bedeuten kann. Und eine solche Krise ist ohne eine Gemeinschaft nur schwer zu bewältigen. So besteht das Bedürfnis, sich zu versichern, dass die Gemeinschaft sich zusammenfindet und zumindest den Übergang in die neue Lebensphase gemeinsam begeht. Ein gemeinsames Trauerritual hat immer eine gemeinschaftsstiftende Funktion für die Angehörigen. Gelingt es nicht, diese Dimension im Ritual aufzunehmen, können ohnehin bestehende Brüche und Risse in der Gemeinschaft zusätzlich verstärkt werden. Dann verlieren Trauernde bei der Beerdigung nicht nur einen geliebten Menschen, sondern auch das Unterstützungssystem. Dass die Trauerfeier die

Selbstvergewisserung in der Gemeinschaft befördern möge, ist ein nur allzu verständliches Bedürfnis. Das Ritualdesign einer Trauerfeier bezieht dies achtsam ein.

3.2 Das Bedürfnis, einen gemeinsam gegangenen Lebensweg gemeinsam zu beschließen

Es gehört zum Wesen eines Lebensschwellenrituals, dass es den Weg bis zu dieser Lebensschwelle abschließt, um dann etwas Neues zu beginnen. Wer heiratet, hat meist eine lange Beziehungsgeschichte hinter sich, und wer trauert, hat lange mit dem verstorbenen Menschen das Leben geteilt. Diesen Weg abzuschließen ist auf der einen Seite ein individuelles Bedürfnis eines Paares oder von Trauernden (davon wird noch zu sprechen sein). Auf der anderen Seite ist niemand diesen Weg nur für sich gegangen, sondern immer mit Menschen, die dazugehören: Familienmitgliedern und Freund*innen, die die Beziehung des Paares oder die Beziehung zum*zur Verstorbenen begleitet oder miterlebt haben. Soll diese Lebensphase nun enden, besteht ein Bedürfnis, dies so zu tun, wie es auch bisher war – nämlich im Kontakt mit den Menschen, die zu dieser Phase dazugehören. Dieses Bedürfnis führt – schon vor einer Trauung oder Trauerfeier – dazu, dass ein weiter Kreis von Gästen überhaupt eingeladen wird.

♥ Trauung   Bei der Vorbereitung einer Trauung ist es aufschlussreich, das Brautpaar zu fragen, warum es seine Gäste eingeladen hat. Die zumeist geäußerte Antwort ist: »Weil sie zu unserem Leben gehören.« Fragt man hier vorsichtig nach, erzählen Liebende von ihrer Geschichte mit Familien und Freund*innen, äußern ihre Dankbarkeit für Unterstützung oder berichten von vielen Erlebnissen, die sie mit manchen Gästen verbinden. Es sind Momente der Beziehungsgeschichte, die ein Paar mit seinem Netzwerk erlebt hat und die ihm in dieser Gemeinschaft einen Platz gegeben haben. Liebe – das ist nicht nur ein Geschehen zwischen zwei Menschen. Wenn daraus eine dauerhafte und öffentliche Beziehung entsteht, ist es auch ein Geschehen, in das die Menschen involviert sind, die dem Paar nahestehen. Oder die von dieser Liebe erfahren, Liebeskummer teilen, Unterstützung geben oder auch einfach mit einem Paar gemeinsam feiern, alles Mögliche unternehmen und das Leben teilen. In dem allen haben diese Menschen nicht nur Anteil am Leben des Paars gewonnen und »gehören einfach dazu«. Sie haben dem Paar auch einen Platz gegeben, haben es akzeptiert und in die Gemeinschaft aufgenommen. Das Gefühl der Zugehörigkeit wird von Paaren unterschiedlich stark erlebt, es ist aber immer vorhanden. Die Vorstellung, dass man eine Trauung feiern könnte ohne diese Menschen, zu denen man als Paar gehört, ist für die meisten Paare kaum vorstellbar. Im Gegenteil, sie gehören zentral dazu: Weil sie einen Anteil an der gemeinsamen Geschichte haben, gehören sie auch zum Finale des bisherigen Weges, der Hochzeit. Sie nicht einzuladen, würde sich unvollständig anfühlen; sie einzuladen dagegen, gibt ihnen rückblickend noch einmal eine besondere Bedeutung für das Ganze des Weges.

Man sieht, worauf dieses Bedürfnis nach gemeinsamem Abschluss des Weges zielt: Es zielt auf eine *gemeinsame Geschichtsdeutung* des Paares. Die Gäste werden als Teil einer Beziehungsgeschichte des Paares angesehen und erhalten einen Platz darin, allein schon dadurch, dass sie eingeladen werden. Menschen, die für das Paar von Bedeutung sind, aus verschiedenen Phasen des Beziehungsweges und mit sehr differierender Nähe zum Brautpaar, werden in *eine* Geschichte integriert. In der Trauung geschieht dies nicht nur, indem sich das Paar dieser Bedeutung seiner Lebensbegleiter*innen bewusst wird. Die Zugehörigkeit der Menschen zu dem bisherigen Lebensweg wird öffentlich inszeniert. Die Familie, Freund*innen, Kolleg*innen sind *da*. Sie bekommen vom Brautpaar durch die Einladung eine Bedeutung für die gemeinsame Geschichte und tragen durch ihr Kommen dazu bei, dass sich das Paar von diesen vielen Menschen getragen fühlt.

Wie weit dabei das Bedürfnis nach Vollständigkeit reicht, wird darin deutlich, dass oft frühere Freund*innen eingeladen sind, die nur einen Teil des Brautpaares kennen. Kindergarten-, Schul- und Jugendfreund*innen, Studienkolleg*innen, die nur eine*n der Partner*innen näher kennen, werden als Teil der gemeinsamen Geschichte erlebt, weil sie zu der Geschichte von einem*einer der beiden gehören. Man sieht, wie sehr das Bedürfnis nach gemeinsamem Abschluss des Weges sich ausweitet auf die vollständige Berücksichtigung der Lebenswege Einzelner. Der Grund dafür ist einleuchtend: Jede*r von beiden ist geworden, wer sie*er ist, in Beziehung zu seinen*ihren jeweiligen Wegbegleiter*innen. Und da jede*r von beiden als dieser Mensch heiratet, gehören seine*ihre früheren Begleiter*innen mit in das gemeinsame Leben – einfach, weil die gesamte Geschichte auf diese Hochzeit zielt.

Das Narrativ der Paargeschichte – also die Erzählung, mit dem ein Paar sein Bild von sich selbst schafft – hat also eine unverzichtbare soziale Seite. Die freie Trauung hat als Übergangsritual die Aufgabe, auch diese soziale Seite des Paarnarratives zu bündeln, zu erzählen und zu inszenieren. Es reicht nicht aus, einfach nur eine schöne Kennenlerngeschichte zu erzählen. Es geht auch um die Bedeutung der Menschen, die bei der Trauung anwesend sind, für diese Geschichte. Und es geht darum, die Zugehörigkeit der Gäste zum Leben des Brautpaars für alle Anwesenden spürbar zu machen.

Trauerfeier   Noch stärker wird das Bedürfnis nach gemeinschaftlichem Abschluss einer gemeinsamen Geschichte bei der Trauerfeier erlebt. Dies hat natürlich den Grund, dass das Thema des Abschlusses eines Weges auf der Hand liegt, wenn ein*e Angehörige*r verstorben ist. Der Weg ist (zumindest äußerlich, mit einem körperlich anwesenden Gegenüber) definitiv zu Ende. Das Bedürfnis, diesen Weg zu beschließen, ist zunächst ein individuelles Bedürfnis der engsten Angehörigen, die eine Trauerfeier wünschen. Dennoch geschieht es äußerst selten, dass ein*e Angehörige*r nur den eigenen Weg mit dem*der Verstorbenen abschließen will. Zumindest, wenn eine Trauerfeier gewünscht wird, besteht das Bedürfnis, diesen Abschied in einer Gemeinschaft zu begehen.

Dieses Bedürfnis ergibt sich daraus, dass wir als soziale Wesen immer in einem Beziehungsgeflecht leben, zu dem viele Menschen gehören. Die Beziehung zur*zum Verstorbenen ist nie nur eine Vieraugenbeziehung, sondern ist immer eingebettet in einen gemeinsamen Weg mit vielen, die dazugehören.

Da ist zunächst das Familiensystem. Den engsten Kreis bilden (Ehe-)Partner*innen, Kinder und bei früh Verstorbenen die Eltern und manchmal Großeltern. Aber auch Geschwister des verstorbenen Menschen spielen eine wichtige Rolle, ebenso Enkel*innen und Urenkel*innen. In einem weiteren Kreis gehören zum Familiensystem weitere Verwandte (Tanten, Onkel, Neffen, Nichten), Schwiegerkinder und ihre Familien und die Familie des (Ehe-)Partners*der (Ehe-)Partnerin. Jede einzelne Familie hat im Laufe von Jahren und Jahrzehnten eine sehr eigene Beziehungsstruktur ausgebildet, in der jede*r einen Platz hat, eine Bedeutung und eine Rolle: ein Familiensystem. Dieses Familiensystem ist nicht nur eine Ansammlung von Menschen, die mit der*dem Verstorbenen verwandt sind. Die Beziehungen zueinander haben jedem*jeder Einzelnen eine Bedeutung, eine Zugehörigkeit, eine Identität und zuweilen auch eine Aufgabe gegeben. Niemand in der Familie ist das, was er darin ist, nur für sich, sondern immer zugleich auch als Teil von allen.

Ist nun einer aus der Familie gestorben, so betrifft es (in unterschiedlicher Abschwächung) alle. Jede*r in der Familie merkt dies an einem Gefühl der Betroffenheit, an Gedanken und Erinnerungen, die die Todesnachricht ausgelöst hat, oder am Gefühl der Trauer. In der Trauerfeier gibt die Gemeinschaft der Familie sich selbst einen Ort, um mit dieser Emotionalität umzugehen, und zwar nicht nur als Einzelne, sondern zusammen als Gemeinschaft. Man kann von einem kollektiven Bedürfnis des Familiensystems sprechen, das jede*r Einzelne auch in sich spürt. Es ist das Bedürfnis, sich als Familie nun zu versammeln und die Lebensschwelle zu meistern, die der Tod eines Menschen für die ganze Familie bedeutet.

Spricht man auf dem Weg der Vorbereitung einer Trauerfeier nicht nur mit einzelnen persönlich Trauernden, sondern mit mehreren Familienmitgliedern aus unterschiedlichen Generationen, so wird deutlich, dass die Trauer immer auch als gemeinsames Gefühl empfunden wird, als ein Gefühl der Familie. Dieses Gefühl hat in den Erzählungen der Angehörigen stets damit zu tun, welche gemeinsame Geschichte eine Familie mit dem verstorbenen Familienmitglied hat. Immer ist es der gemeinsame Rückblick, aus dem sich die Trauer ergibt. Immer ist es ein gemeinsamer Verlust, der beschrieben und aus der Beziehungsgeschichte heraus – manchmal sehr unterschiedlich – bewertet wird.

Die Vorstellung, Trauer nur individuell zu leben, ohne die kollektive Geschichte zu würdigen, durch die diese Beziehung gewachsen ist, würde diese Beziehung verengen. Es würde sich unvollständig anfühlen, wären nicht alle Protagonist*innen des Beziehungssystems auch in deren Trauer anwesend. Es wäre ein gemeinsamer Weg ohne gemeinsames Ende. Und damit ohne ein Ende in genau den Beziehungen, die das gemeinsame Leben getragen hat.

Es versteht sich von selbst, dass nicht nur die Familie, sondern auch der Kreis der Freund*innen, Kolleg*innen, Nachbar*innen und Bekannte an diesem Gefühl der Verbundenheit teilhat. Sie gehören zu dem gemeinsamen Leben mit der*dem Verstorbenen untrennbar dazu. Zuweilen haben sie auch eine größere Bedeutung für die engsten Angehörigen als viele Familienmitglieder. Ob im näheren oder im weiteren Kreis – letztlich gehören alle Menschen, die eine*n Verstorbene*n gekannt haben, zu seiner*ihrer Geschichte, seinem*ihrem Leben und der Gemeinschaft der Menschen, die durch ihn*sie verbunden sind. Will die Geschichte ihren Abschluss finden, kann sie das nur gemeinsam tun.

Auch hier drückt sich das Bedürfnis eines gemeinschaftlichen Abschlusses in einer gemeinsamen Erzählung aus. Inhalt der Erzählung ist der Lebensweg, der zu der Gemeinschaft geführt hat, die nun Abschied nimmt. Man kann nicht deutlich genug betonen, dass das Bedürfnis nach einem gemeinsamen Abschluss *nicht* auf die Erzählung der Lebensgeschichte der*des Verstorbenen zielt. Auch wenn die herkömmlichen Trauerreden zum allergrößten Teil diese individuelle Geschichte erzählen – im Grunde geht es nicht um die Geschichte der*des Verstorbenen. Das Bedürfnis nach gemeinsamem Abschluss zielt auf die Erzählung einer gemeinsamen Beziehungsgeschichte. Es geht um ein Narrativ des Lebens, das aus unzähligen Momenten und Erlebnissen besteht, die die anwesenden Trauergäste mit der*dem Verstorbenen geteilt haben. Jede*r bringt dabei eine eigene Perspektive ein. Jede*r hat auch ein unterschiedliches Erleben des*der Verstorbenen und der Beziehung zu ihm*ihr. Und meist (da der gemeinsam gegangene Weg ein ganzes Leben umfasst) sind es Facetten der Zugehörigkeit, die mehrere Generationen, sehr unterschiedliche Lebensphasen und verschiedene Orte der Begegnung umfassen. All diese Beziehungsgeschichten fügen sich zu einer kollektiven Geschichte. Das Bedürfnis nach einem gemeinsamen Abschied zielt auf *diese* gemeinsame Beziehungsgeschichte.

3.3 Das Bedürfnis, Emotionalität auszudrücken

Ohne das Bedürfnis, mit den Übergängen im Lebensalltag auch emotional umzugehen, bräuchten wir keine Rituale. Sicher gibt es Rituale, die vor allem mit dem beschäftigt sind, was man bei einem

Übergang *tut*. Je stärker ein Übergang aber die eigene Lebensgestalt, Individualität und Identität betrifft, desto stärker ist von Bedeutung, wie ein Mensch einen Lebensübergang *erlebt*. Es geht also um Gefühle – und das umso mehr, je stärker Gefühle durch die Veränderung ausgelöst werden. Haben wir es nicht nur mit einem Lebensübergang, sondern mit einer Lebensschwelle zu tun, dann gilt dies in besonderem Maße. Denn die Lebensschwelle ist ein Übergang, der nicht durch eine gleichmäßige Veränderung erreicht wird. Es gibt ein klar erkennbares Vorher und Nachher, eine Stufe, die einen Unterschied macht. Und das löst natürlich Gefühle aus. Diese Gefühle sind vielfältig und haben unterschiedliche Ursprünge. Manche sind durch den Anlass der Hochzeit oder Trauerfeier selbst veranlasst. Viele Gefühle tragen wir aber schon länger in uns; sie stammen aus der Beziehungsgeschichte als Paar (bzw. zur*zum Verstorbenen) oder sie gehören einfach zu unserer ganz eigenen Emotionalität als Person. Der Anlass der Hochzeit oder einer Beerdigung löst sie dann lediglich aus.

♥ Trauung   Im Falle der Trauung sind es vor allem Beziehungsgefühle des Paares, die aus unterschiedlichen Facetten zusammengesetzt sind und gemeinsam das ergeben, was ein Paar als Liebe bezeichnet. Dazu gehören die Gefühle, die sich im gemeinsamen Leben, im Alltag und in der Geschichte über eine lange Zeit gebildet haben. Sie machen das aus, was das Paar emotional verbindet: vielleicht das Gefühl, vom Gegenüber angenommen, gesehen, liebevoll ausgeglichen, angeregt, ermutigt, befriedigt, wertgeschätzt und hinterfragt zu werden – eben alles, was ein Paar wechselseitig empfinden kann. Auch gemeinsame Gefühle wie Hoffnung, Stolz, Dankbarkeit, Lebenslust, die durch den Anlass der Hochzeit bedingt sind, werden bei der Trauung präsent. Hinzu kommen die individuellen Gefühle der einzelnen Partner*innen, die etwas mit einer je eigenen Lebensgeschichte als Mann*Frau zu tun haben und mit den Hoffnungen und Erwartungen, die jede*r von beiden ganz persönlich für sein eigenes Leben hat. Und schließlich lösen die Bilder und Bewertungen, die das Thema »Ehe/Trauung/Hochzeit« für jede*n Einzelne*n in seiner Lebensgeschichte hat, auch einen sehr persönlichen emotionalen Film in jeder*jedem Einzelnen aus.

Trauerfeier

Im Falle der Trauerfeier spielt das sogenannte Trauergefühl eine große Rolle. Allgemein wird Trauer als eines der menschlichen Grundgefühle bezeichnet. Es ist eines der stärksten Gefühle, zu denen wir fähig sind. Es wird durch den Anlass der Trauerfeier ausgelöst, nämlich den Todesfall. Allerdings wird dieses Trauergefühl in jeder*jedem Einzelnen anders ausgelöst und es findet seine emotionale Gestalt bei jeder*jedem Trauernden in Verbindung mit den individuellen Gefühlen, die in der Beziehung zum*zur Verstorbenen entstanden sind. Da können alle Gefühle involviert sein, die zu einer Partnerschaft gehören können, zu einem Eltern-Kind-Verhältnis oder zu einer Geschwisterbeziehung und Freundschaft. Von Liebe bis Hass in unterschiedlichster Zusammensetzung ist alles zugleich präsent mit der Trauer und unter ihrem Vorzeichen. Hinzu kommen auch hier die Gefühle, die jede*r selbst in sich hat, vielleicht schon lange vorher spürte und nun zur Trauerfeier mitbringt: etwa Wut, tiefe Verbundenheit, Traurigkeit, Dankbarkeit, Angst, Verzweiflung, Freiheitsgefühle, Enttäuschung und noch einige andere. Die Trauerfeier ist ein Ort, an dem sich die unterschiedlichsten und oft gegensätzlichen starken Gefühle tummeln und Trauernde oft in eine emotionale Überforderungssituation bringen können.

Wohin mit allen diesen Gefühlen? Es besteht ein Grundbedürfnis, dass ein Schwellenritual die Gefühle aufnimmt, die an dieser wichtigen Stelle der eigenen Lebensgeschichte auftreten. Ist die Trauung oder die Trauerfeier in einer äußerlichen Weise gestaltet, die die Emotionalität der Trauernden und Liebenden zurückweist, ausklammert, stiefmütterlich behandelt oder mit Kitsch und Oberflächlichkeit überdeckt, verliert das Ritual seine Bedeutung. Der Grund, weswegen viele Paare und Trauernde ein freies Ritual wählen und nicht ein kirchliches, ist die Hoffnung, in einem freien Ritual die eigene Emotionalität auffangen, ausdrücken und gestalten zu können. Freie Redner*innen werben ausdrücklich und ausnahmslos mit einer persönlichen Gestaltung. Wenn wir damit aber meinen, dass lediglich Elemente und Geschichten verwendet werden, die sich unsere Kund*innen wählen, ist das zu kurz gegriffen und gegenüber vorgefertigten kirchlichen Ritualen nur ein kleiner Fortschritt. Das Bedürfnis ist, im Ritual einen Raum für sehr starke persönliche Emotionen zu finden. Das Ritual soll diese Emotionen zugleich ausdrücken und auffangen. Es soll als Ritual die Möglichkeit schaffen, mit den vielfältigen Gefühlen umzugehen. Es soll ihnen einen Platz geben und das Gefühl vermitteln, in der eigenen Emotionalität gesehen, angenommen, wertgeschätzt, aufgefangen und begleitet zu sein. Erst dann bekommt das Schwellenritual eine emotionale Qualität. Und diese emotionale Qualität ist tatsächlich eine Hauptqualität, die eine als Ritual verstandene Rede ebenso haben muss wie die ganze Zeremonie. Entsprechend müssen Redner*innen die Kompetenz entwickeln, mit den starken Gefühlen ihrer Kund*innen achtsam und fachlich versiert umzugehen und sie in ein Ritualdesign aufzunehmen, das die erhoffte emotionale Wirkung für sie hat. Vor diesem Hintergrund sehe ich es äußerst kritisch, dass sogenannte Ausbildungen angeboten werden, die an einem Tag, in einer Woche oder an mehreren Wochenenden zu einem*einer freien Trau- oder Trauerredner*in »ausbilden«. Das ist schlichtweg unmöglich – allein schon in dieser einen Dimension des persönlichen Umgangs mit Emotionalität. Herauskommen kann dann nur ein Ritualverschnitt, der überdeckt, worum es eigentlich gehen soll.

3.4 Das Bedürfnis nach Initiation

Initiation ist das große Thema eines Schwellenrituals. Es ist der Lebensschwelle ureigen, dass mit ihr etwas Neues beginnt: eine neue Phase des Lebens. Der Umstand, der das Bedürfnis nach Initiation hervorruft, ist dabei: Die neue Phase unterscheidet sich *qualitativ* von der vorherigen. Es ist nicht nur ein neuer Zeitabschnitt, sondern ein neuer *Zustand*. Und in diesem Zustand muss man – sozial wie individuell – *ankommen*. Damit sind schon drei Begriffe benannt, die beschreiben, worum es in einer Initiation geht.

Verändert sich die *Qualität* einer Lebenssituation, dann verändern sich auch die Anforderungen, mit ihr umzugehen. Besonders, wenn es sich um eine neue Qualität handelt. Dann beginnt ein anderes Level des Lebens. Dieses Level erfordert nicht nur Persönlichkeitswachstum, Entwicklung neuer Kompetenzen und eine Vision, das Leben auf diesem Level zu gestalten. Er ist vor allem ein neuer *Zustand*. Gemeint ist damit ein verändertes Befinden, Selbstgefühl, Rollenbewusstsein, veränderte Bewertungen, Haltungen – und eben alles, was uns als Person in Bezug auf die neue Lebensqualität betrifft. Dieser Zustand muss irgendwie angeregt, entfacht oder schlicht begonnen werden. Bereits bei den Alltagsritualen, mit denen dieses Kapitel begonnen hat, wurde deutlich, dass wir schon kleine Zustandsveränderungen im Alltag durch Rituale herbeiführen, die auf mehreren Ebenen eine Änderung auslösen. Rituale verändern unser Bewusstsein im Blick auf eine neue Phase (und sei es nur, dass wir jetzt schlafen gehen), sie verändern unsere Stimmung, unsere Körperreaktionen, unsere Gefühle. Einfach alles. Alltagsrituale erreichen dies, indem sie ein schon eingeprägtes neuronales Netzwerk aufrufen, in welchem alle Informationen und Impulse bereits programmiert sind, die wir für den Beginn der neuen Sequenz brauchen. Bei Lebensschwellenritualen ist ein solches Netzwerk noch nicht vorhanden, es muss erst geschaffen werden. Und eben das tut Initiation. Sie unterstützt die Bildung neuronaler Netzwerke, die einen neuen Zustand für unser Bewusstsein schaffen, sodass wir dann die Herausforderungen einer neuen Lebensqualität gut bewältigen. Mit anderen Worten: Wir kommen in der neuen Lebensphase an. *Wir kommen an in der Zukunft, die schon begonnen hat.* Darum geht es. Es ist ein ganzheitliches Erleben.

Natürlich äußert sich das Bedürfnis nach Initiation bei Trauernden oder Heiratenden selten explizit. Niemand sagt zu einem*einer Redner*in: »Liebe*r Redner*in, bitte stärke in mir die Bildung eines neuronalen Netzwerkes, damit ich unbewusst in meiner neuen Lebensphase ankomme.« Das Bedürfnis nach Initiation äußert sich zunächst in dem Wunsch danach, einen Beginn zu markieren, um in der neu begonnenen Lebenssituation erstmalig und zeichenhaft *anzukommen*. Es ist das Bedürfnis, darin anzukommen, dass man einen Menschen geheiratet oder verloren hat. Damit ist dann immer ein emotionales Ankommen gemeint, das die ganze Person ebenso mitnimmt wie die gesamte Situation, in der jemand ankommen möchte. Es geht immer um *Identifikation*, die das Neue als das Eigene erkennt. Es geht immer um *Akzeptanz*, in der das Neue auch als das Eigene anerkannt wird. Es geht immer um eine Veränderung in der *Identitätsdeutung*. Es geht immer um *emotionale Realisierung*. Und es geht – ganz wichtig – immer um *ein Bild, eine Fantasie oder eine Vision der Zukunft*.

Wenn ein Lebensschwellenritual wie eine Trauung oder eine Trauerfeier all dies auslöst, dann beantwortet es das Bedürfnis nach

Initiation. Und eigentlich kann man sagen: Erst, wenn es dies alles auslöst, *ist* es ein Schwellenritual. Leider ist Initiation bislang kaum ein Thema unter Redner*innen. Darum ist wenig darüber bekannt, was sie eigentlich tun sollen, wenn sie das Initiationsbedürfnis ihrer Kund*innen beantworten möchten. Darauf werde ich später noch kommen (s. u. in Kapitel III.3.2 und 4.2). Nur so viel ist schon jetzt klar: Die Initiation eines neuen Zustands wird nur gelingen, wenn freie Reden nicht lediglich rückwärts blickend die Geschichte eines Paares oder eines*einer Verstorbenen beschreiben. Ein Abschluss ist nicht von selbst schon ein Beginn. Gelingende Initiation braucht durchgängige, der Zukunft zugewandte *Induktion* – ein Hineinführen der Menschen in den von ihnen gewünschten Zustand. In der Trauungs- und Trauerfeier umfasst dies alles: die Worte, die Redner*innen sprechen (und die sie nicht sprechen), die Stimmfarbe, die Emotionen, die sie reflektieren, usw. Aber wie gesagt: dazu später.

♥ Trauung   Worauf sich das Bedürfnis nach Initiation im Falle einer Trauung richtet, ist nicht schwer zu erraten: Es ist der Beginn einer Ehe. Komplizierter wird es allerdings, wenn wir uns fragen, was Ehe denn eigentlich bedeutet. Und da zeigt sich sehr schnell: Ehe bedeutet für jedes Paar etwas anderes und oft auch für jede*n Partner*in innerhalb einer Partnerschaft. Was also wird initiiert? Tatsächlich kann diese Frage nur für jedes einzelne Paar beantwortet werden. Für die einen ist es ein lebenslanges Commitment, für die nächsten der Beginn von Familie, für wieder andere ein vertieftes Beziehungserleben. Für manche ist es ein veränderter Status mit der dazugehörigen Anerkennung. Wieder andere wollen jetzt in ihrer Liebe durchstarten und sehen die Zeit vor der Hochzeit eher als Vorspiel. Andere sehen die Hochzeit als Beginn eines ruhigeren Fahrwassers, in das sie nach Fernbeziehung und Ausbildung eintreten möchten. Manchmal heiratet ein Paar auch bewusst vor schwierigen Lebenssituationen, um sich des Zusammenhaltes zu vergewissern o. Ä. – die Liste lässt sich in unzähligen Variationen und Farben fortführen. Was der Beginn einer Ehe für ein Paar bedeutet, ist abhängig von der Beziehungsdeutung des Paares, von ihrem Bild der Zukunft, des Lebens, der Beziehungen. Und es ist ebenso abhängig von der Lebenskonstruktion jedes*jeder Einzelnen der beiden Partner*innen. Mitunter hat beim Initiationsbedürfnis der Beginn einer neuen Lebensphase eine*r der Partner*innen besonderes Gewicht. Etwa wenn die Hochzeit für ihn*sie bedeutet, nun erst wirklich im Leben als Mann*Frau anzukommen. Oder wenn die Hochzeit nach einer langen Leidensphase einer der beiden nun der Neueintritt ins Leben ist. Eine Trauung – sie ist nicht nur die Initiation eines Paares, sondern initiiert wird auch der Übergang auf eine neue Stufe der einzelnen Identität der Partner*innen. Es geht bei der Initiation der Trauung also um die Lebenskonstruktion, die ein Paar und jede*r Partner*in sich und beiden gibt. Es geht nicht um etwas, das auch außerhalb des Paares wahr wäre. Sondern es geht um die eigene Selbst- und Beziehungsdeutung, um die Bilder, Wünsche, Hoffnungen und Sehnsüchte, die das Paar oder die einzelnen Partner*innen auf die Ehe *projizieren*. Im Bedürfnis nach Initiation drückt sich die Hoffnung aus, dass diese inneren Konstrukte *wirklich* werden.[17]

Tatsächlich geht es bei der Trauung als Initiationsritus darum: dass *Wirklichkeit* wird, was zuvor nur in den Köpfen beider Liebenden war. Diese Wirklichkeit erzeugt die Trauung dadurch, dass sie sie darstellt, inszeniert, beschreibt und vor allem emotional erlebbar macht. Fachlich gesprochen: *Die Trauung regt ein initiales Tranceerleben der für die Zukunft erhofften Selbst- und Beziehungswirklichkeit an.*[18] Jedenfalls sollte sie das tun, wenn sie das Bedürfnis nach Initiation stillen will. Für den*die Redner*in bedeutet das, sich vor allem eines klar zu machen: Es geht in der freien Trauung wesentlich um den Umgang mit *unbewusstem* Erleben. Es geht darum, Bilder, Gefühle und Selbstorganisationsprozesse auszulösen, die am Ende zu dem Erleben führen: »Ich bin angekommen, verheiratet, es ist wirklich passiert, und es fühlt sich besser an, als ich gedacht habe.« Auf dem Weg dahin geht das Brautpaar tatsächlich durch einen tranceähnlichen Zustand. Das heißt nicht, dass das Paar nicht bei Sinnen und präsent wäre. Sondern Trance heißt, dass unbewusstes Erleben dominant ist. Jede*r von beiden wird eben in seine*ihre neue Welt getragen. Und genau das sollte geschehen.

Trauerfeier   Bei der Trauerfeier hat die Initiation eine völlig andere Färbung. Auch hier markiert die Feier den Beginn einer neuen Wirklichkeit – nämlich des Lebens ohne eine äußere Beziehung zum*zur Verstorbenen. Man kann ihn*sie nicht mehr besuchen, berühren und sprechen. Möglicherweise fehlt eine wichtige Bezugsperson, ohne die

das Leben nicht vorstellbar ist. In jedem Fall verändert sich für die Angehörigen das Lebensgefühl. Und oft ändert sich auch das Leben. Die früheren Telefonate mit dem*der nun Verstorbenen fallen aus, die Besuche, die Pflege, der Alltag. Die Unternehmungen, die man noch vorhatte, finden nicht statt. Urlaube werden abgesagt. Möglicherweise steht ein Umzug an o. Ä. Als Ehepartner*in eines*einer Verstorbenen hat sich zugleich der Status geändert: Man ist Witwe*r geworden (zumindest, wenn man sich in diesen Begriffen finden möchte). Und als Kind ist man möglicherweise nun (Halb-)Waise. Zugleich hat sich auch die Familie als Ganze verändert, vielleicht hat sie ihren Mittelpunkt verloren. In jedem Fall hat sich das Gefühl verändert, was Familie ist und bedeutet.

Eine neue Lebenswirklichkeit, ein neues Lebensgefühl kommt auf die Angehörigen zu. Auch dieses Gefühl braucht Initiation. Aber geht das in der Trauerfeier? Hat eine Beerdigung eigentlich über den Abschluss hinaus initiatorische Bedeutung? Mittelbar ist das sicher der Fall.[19] Mit dem Abschluss in der Trauerfeier beginnt für nahestehende Angehörige die Bildung einer veränderten Lebenskonstruktion und einer neuen Selbstsicht. Das Trauerritual markiert diesen Beginn. Und es schafft mit der gemeinsamen Feier des Abschieds die Voraussetzung dafür, dass der zukünftige Weg der Trauernden begonnen werden kann. Allerdings ist der Neubeginn selten ein Bedürfnis, welches das Erleben der Trauerfeier trägt. Man lebt als Trauernder zwischen Todeszeitpunkt und Grablegung vielfach in einem Zustand, der es schwer macht, in die Zukunft zu schauen. Der Gedanke kommt zwar – aber das Bedürfnis, einen gemeinsamen Weg gemeinsam abzuschließen, überwiegt das Bedürfnis nach Initiation. Es ist zwar da: bei den einen Trauernden vielleicht in kleinem Maße, bei anderen durchaus auch stärker. Etwa bei Kindern hochbetagter Eltern, die sich nun um das verbliebene Elternteil kümmern oder auch beim Tod des letzten Elternteils die traurige Freiheit erleben, dies nicht mehr zu müssen. Wie stark der Blick auf eine neue Lebensphase zum Zeitpunkt der Trauerfeier ausgeprägt ist, ist eine individuelle Geschichte. Aber dieser Blick bedeutet noch nicht, dass ein initiatorisches Bedürfnis auch *an die Trauerfeier* herangetragen wird. Im Unterschied zur Trauung ist das meist nicht der Fall. Jedenfalls nicht in dieser Offensichtlichkeit.

In anderer Hinsicht ist die Trauerfeier allerdings ein eminent initiatorischer Akt – nämlich *als Initiation der künftigen inneren Beziehung zum*zur Verstorbenen*. Dieses Bedürfnis wird von Trauernden sehr stark artikuliert in den Sprüchen der Traueranzeigen und auf den Schleifen der Kränze. »Auch wenn du gehst, bist du nicht fort.«, »Du wirst immer in unseren Herzen sein.«, »In ewiger Liebe« usw. Das Bedürfnis, die Beziehung zu dem*der Verstorbenen über die Trauerfeier hinaus zu gestalten, ist ein wesentliches Bedürfnis, das Trauernde in der Feier haben. Und hier liegt die Aufgabe der Initiation in der Trauerfeier: Es gilt, die Beziehung zum*zur Verstorbenen für die Zeit nach seinem*ihrem Tod zu initiieren.

Auch dies ist eine sehr persönliche Angelegenheit. Die Beziehung zum*zur Verstorbenen war schon zu Lebzeiten etwas sehr Individuelles. Als Kind, Partner*in, Freund*in, Schwester oder Bruder hat sich über die Jahre und Jahrzehnte ein jeweils einzigartiges Miteinander ergeben. Der*Die Verstorbene hat eine Bedeutung gewonnen für jeden Menschen, der mit ihr*ihm lebte. Und für jede*n ist es eine eigene Bedeutung. Mit dem Tod hört diese Beziehung nicht auf, erst recht nicht die Bedeutung, die ein Mensch hat. Das geht allein schon neurobiologisch nicht: Es haben sich Netzwerke in unserem Gehirn gebildet, die den*die Verstorbene*n repräsentieren. Den*Die Verstorbene*n, wie er*sie subjektiv erlebt wurde. Und die Beziehung zu ihm*ihr. Diese Neuronen feuern weiter. Sie lösen den Impuls aus, mit dem*der Verstorbenen in Verbindung zu treten. Und sie schaffen ein unbewusstes Erleben, als sei der verstorbene Mensch noch da. Teilweise mit allem, was dazugehört: Sein*Ihr Geruch wird gerochen, halluzinative Erscheinungen werden gesehen, die Stimme gehört, die Gegenwart gefühlt, manchmal auch eine körperliche Berührung gespürt. Früher hat man gemeint, es sei hilfreich und wichtig, dies zu überwinden und zu realisieren, dass Tod eben Tod sei. Menschen wurden im Grunde dazu aufgefordert, die innere Beziehung abzubrechen. Inzwischen hat die Trauerforschung bestätigt, dass das nicht funktioniert, nicht funktionieren kann und deshalb auch nicht hilfreich ist.[20] Die Beziehung zu dem*der verstorbenen Angehörigen braucht keinen Ausschluss aus dem Leben, sondern einen neuen Platz im Leben. Es geht in dieser Hinsicht nicht um Loslassen, sondern um die Integration der Beziehung zum*zur Verstorbenen in die zukünftige Lebensgestalt. Dass dies beginnt, ist ein Bedürfnis nach Initiation, das an eine Trauerfeier gerichtet wird.

Die Trauerfeier sollte sich dem stellen, wenn sie wirklich ein Schwellenritual sein möchte und nicht nur ein Abschluss, der die*den ehemals Lebende*n im Bewusstsein der Feiernden lediglich in eine*n Verstorbene*n transformiert und ihm*ihr einen Platz in der Erde (oder ggf. an einem anderen Ort) gibt. Diese abschließende Aufgabe hat die Trauerfeier auch. Und sie ist auch nicht zu vernachlässigen, weil die Akzeptanz des Todes notwendig ist dafür, dass etwas Neues beginnen kann. Die Trauerfeier greift aber zu kurz, wenn sie nur diesen Aspekt gestaltet und aus dem Blick verliert, dass der*die Verstorbene im Bewusstsein der Trauernden durchaus nicht nur im Grab ist, sondern ebenso (metaphorisch gesprochen) »im Herzen« der ihn*sie Liebenden weiter präsent ist und auch so erlebt wird. Eine Trauerfeier hat immer zur Aufgabe, eine unbewusste Transformation zu unterstützen, in der der*die ehemals Lebende einen neuen Platz bekommt in der Lebenskonstruktion der Trauernden. Es ist einerseits der Platz, den er*sie im gemeinsamen Leben bereits gewonnen hat. Es ist aber andererseits auch ein neuer Platz, denn er*sie bekommt diesen nun als verstorbener Mensch, der auf neue Weise am Leben teilhat. Fachlich kann man davon reden, dass es bei dieser Initiation um die Transformation eines Ich-Anteils geht, also einer inneren Repräsentanz des*der Verstorbenen als Teil der Lebenskonstruktion eines*einer Trauernden.[21] Auch dies ist ein unbewusster Prozess der inneren Umstrukturierung und Transformation. Eine Trauerfeier, die dies bewusst aufnimmt, ist letztlich eine Tranceeinladung, in der jede*r Trauernde selbst in die Beziehung zum*zur Verstorbenen neu eintritt.

3.5 Das Bedürfnis, zu feiern

Alle genannten Bedürfnisse an ein Schwellenritual münden in ein großes gemeinsames Bedürfnis: das Bedürfnis, zu feiern. Bei der Hochzeit liegt dies auf der Hand und ist kulturell seit Jahrtausenden über alle Kulturen hin belegt: Die Hochzeit ist Anlass, krachend und ausgelassen zu feiern. In anderem Sinne, aber ebenfalls hinreichend belegt, gilt dies auch für die gemeinsame Bestattung: Sie wird über Kulturgrenzen hinweg als Feier gesehen, in manchen Kulturen auch dezidiert als Fest. Dass auch bei uns dieses Bewusstsein vorhanden ist, erkennt man leicht daran, dass die Trauerfeier auch hierzulande Trauer*feier* heißt – ohne dass irgendjemand daran Anstoß nimmt. Sicher wird Trauernden meist nicht danach zumute sein, angesichts des Todes eines*einer Angehörigen Party zu machen. Aber Feier ist eben nicht nur Party. Das Bedürfnis greift tiefer. Es kann sich auf viele Weisen ausdrücken, unter denen die Party nur eine Möglichkeit ist.

Der Hintergrund ist, dass die Feier sozialgeschichtlich und anthropologisch die Grundform eines Übergangsrituals bildet. Gefeiert wird bei allen lebensgeschichtlichen Anlässen – also Geburt, Geburtstage, Initiationen von Jugendlichen, Einschulung, Schulabschluss, Examen, Jubiläen aller Art und so fort. Hochzeit und Beerdigung sind hier nur zwei Anlässe unter vielen. Gefeiert wird bei öffentlichen Anlässen wie Nationalfeiertagen, Firmenjubiläen, Preisverleihungen. Gefeiert wird bei kirchlichen Anlässen: Weihnachten und Ostern seien nur zwei von vielen Beispielen. Gefeiert wird an jahreszeitlichen Anlässen wie Wintersonnenwende (die bei uns zum Weihnachtsfest geworden ist), Silvester, Frühjahrsbeginn (bei uns oft Maifeiern) usw. Und gefeiert wird auch einfach so, bei Anlässen, die man sich sucht, oder auch ohne Anlass, einfach weil es ein Sommerabend mit schönem Wetter ist. Sieht man von den anlassfreien Feiern ab, so fällt auf, dass als Anlass immer Übergänge stehen. Von einem Jahr ins andere, vom Berufsleben in den Rentenstand und so fort. Wollen wir von einer Phase des Lebens, des Jahres oder des Alltags in eine andere wechseln, wählen wir – ganz von selbst und ohne darüber nachzudenken – die Form der Feier, um uns ein Übergangsritual zu schaffen. Kleine Feiern können einfach sein, sich am Freitagabend eine Flasche Wein aufzumachen, um als Paar das Wochenende einzuläuten. Richtig große Feiern sind Hochzeiten. Was aber passiert bei einer Feier?

Zunächst einmal: *Wir würdigen den Anlass.* Ohne Feier verstreicht die lebensgeschichtliche Situation, sie wird zum Alltag degradiert. Feiern wir etwa einen Geburtstag nicht, dann sagen wir manchmal: »Ich lasse den Geburtstag diesmal ausfallen.« Der Anlass wird nicht begangen und die Message ist: Der Anlass ist nicht wichtig; er hat keine Bedeutung. Geben wir dem Anlass dagegen eine Bedeutung, dann entsteht zugleich das Bedürfnis, diese Bedeutung auch auszudrücken. Und schon sind wir dabei, auf irgendeine Weise etwas

Feierliches zu organisieren. Die Feier würdigt den Anlass. Sie gibt ihm eine Bedeutung für unser Leben.

Und damit sind wir beim ausschlaggebenden Punkt. Es geht beim Bedürfnis, zu feiern, um die *Lebensbedeutung,* die ein Anlass hat. Wie hoch wir diese Bedeutung bewerten, drückt sich oft proportional in der Größe der Feier aus. Je größer der Anlass – also je größer die Bedeutung ist, die wir einem Anlass geben –, umso größer wird die Feier. Wie bei allen rituellen Dingen denken wir darüber nicht im Einzelnen nach, sondern handeln intuitiv. Wir versuchen, durch die Organisation, die Zahl der Gäste, das Setting, den Ort, die Gestalt und die Performance der Feier einen Ausdruck dafür zu schaffen, wie wichtig uns der Anlass ist, den wir mit einer Feier aus dem Alltag unseres Lebens hervorheben. So ist die Feier *ein Mittel, sich selbst wichtig zu nehmen,* das eigene Leben zu würdigen. Indem wir einen Anlass feiern, nehmen wir unser Leben an – mit allen seinen schönen und auch schweren Seiten. *Wir stellen uns zu uns selbst.* Und wir setzen eine Menge Ressourcen dafür ein, laden Gäste, bestellen gutes Essen, suchen uns ein feierliches Ambiente, organisieren ein Event – und geben dafür viel Geld aus. Im Grunde ist jede Feier eine *Feier des Lebens.* Die Feier integriert den Anlass ins Leben – sowohl in das eigene als auch in das gemeinschaftliche. Darum geht es: *Das Bedürfnis, zu feiern, zielt darauf, die konkrete Lebensbedeutung eines Anlasses zu würdigen und ins Leben zu integrieren.*

Was das genau bedeutet, hängt natürlich vom Anlass ebenso ab wie von der Lebensbedeutung, die in der Feier ausgedrückt wird. Diese ist nicht nur von Anlass zu Anlass, sondern auch von Mensch zu Mensch verschieden.

♥ Trauung   Für die freie Trauung bedeutet das Bedürfnis, zu feiern, dass sie nicht einer Hochzeitsfeier vorangeht, sondern selbst ein Teil des Festes ist. Man kann dies nicht stark genug betonen, denn hier liegt eine wichtige Neuerung der freien Trauung gegenüber der traditionellen kirchlichen Trauung. Während die kirchliche Trauung sich immer mehr vom Fest entfernt hat, hebt die freie Trauung die Trennung der Trauung vom Fest auf und gibt ihr einen Platz *in* dem Fest. Letztlich gestaltet sie damit das, was Trauung schon immer sein wollte (und früher auch war): nämlich ein integraler Bestandteil des Hochzeitsfestes.

Tatsächlich ist der Grund dafür, dass viele Paare eine freie Trauung der kirchlichen vorziehen, dass sie diese Einheit von Hochzeitsfest und Trauung wieder erreichen möchten. Denn die kirchliche Trauung und das Hochzeitsfest brechen immer mehr auseinander. Das hat mehrere Gründe: 1. Die kirchliche Trauung ist dem Hochzeitsfest immer vorgeschaltet. 2. Sie findet an einem anderen Ort statt als die Feier. 3. Sie hat einen anderen Stil als das Hochzeitsfest. 4. Sie fokussiert vorrangig die religiöse Bedeutung der Hochzeit. 5. Sie gestaltet nicht (oder nicht vorrangig) die individuelle Lebensbedeutung des Paares. 6. Sie integriert die Gäste nicht (es sei denn, diese mögen es, religiöse Lieder zu singen, und finden das ausreichend). Mit anderen Worten: Für immer mehr Paare erfüllt die kirchliche Trauung nicht mehr das Bedürfnis, zu feiern. Sie ist zu einer Zugangsbedingung für die nachfolgende Feier geworden. Kein Wunder, dass sich viele fragen, wieso sie das eigentlich brauchen.

Die freie Trauung dagegen hat die Chance, die Trauung wieder zu dem zu machen, was sie sein soll: ein Fest, das die Gäste integriert, die Lebensbedeutung der Liebe eines Paares ausdrückt, Freude, Begeisterung und Lebenslust hervorruft – und in allem inszeniert, wie großartig dieser Anlass ist. Die freie Trauung kann dem Fest die Bedeutung geben und selbst ein Teil des Festes sein. Sie muss auch nicht am Anfang stehen, vielleicht ist sie ein Highlight im Laufe des Festes. Die freie Trauung hat durch ihre freie Form das Potenzial, Mittelpunkt des Hochzeitsfestes zu sein, indem sie alles ausdrückt, bündelt und verdichtet, was sich ein Paar für die Feier seiner Beziehung wünscht. Gelingt das, dann macht die freie Trauung die Party zur Hochzeit. Dann feiert man nicht nur anlässlich der Eheschließung eine Party, die sich von anderen Partys nur durch Brautkleid und Deko unterscheidet. Man feiert ein Hochzeitsfest, das durchstrahlt ist von der Bedeutung, die ein Paar diesem Moment für sein Leben geben möchte.

Allerdings gelingt das nur, wenn die Trauung auch in ihrem gesamten Design Ausdruck dieser *Lebensbedeutung*, der *Beziehungen* zu den Gästen und dem *Lebensstil* des Paares ist. Ein Event, das an einem dieser drei Dimensionen vorbeigeht, macht zwar Party, erfüllt das Bedürfnis, zu feiern, aber nur teilweise. Und das wäre mehr als schade.

Trauerfeier

Auch die Trauerfeier ist eine Feier. Was sie feiert, ist natürlich nicht die Trauer. Anlässlich der Trauersituation feiert sie das Leben. Sie macht deutlich: Der Tod eines Menschen wird nicht ausgegrenzt aus dem Leben, sondern der Tod ist ein Teil des Lebens. Ein Teil des Lebens, der dazugehört und der – auch wenn man es lieber anders haben wollte – geschehen darf. Dieses Bedürfnis, den Tod durch die Feier in das Leben zu integrieren, sieht in jedem Trauerfall anders aus. Das hat auch damit zu tun, in welch starkem Maße der Tod vorher aus dem Leben verdrängt wurde. Gehört der Tod selbstverständlich zum Leben dazu, kann eine Trauerfeier dies auf eine sehr schöne und lebendige Art inszenieren. Dann kann eine Trauerfeier auch fröhliche Momente haben und es gelingt – so hat es mir einmal ein Trauernder nach einer Feier gesagt –, »mit einem lachenden Auge von unserem Vater Abschied zu nehmen«. Bricht der Tod plötzlich und unvorbereitet ins Leben ein, so ist die Trauerfeier ein erster Schritt, die Integration dieses Ereignisses anzugehen. Und die feierliche Gestaltung der Trauerfeier ist ein erster Schritt, dem Tod einen Platz im Leben zu geben.

Auch hier geht es um die *konkrete Lebensbedeutung*, die der Tod eines Menschen für die Trauernden hat. Diese ist bei jedem Menschen, der gestorben ist, unterschiedlich. Und sie ist unterschiedlich bei jeder*jedem Trauernden, die*der sich entschlossen hat, zur Feier zu kommen. Die Trauerfeier schafft den Rahmen dafür, dass die Gefühle und Erinnerungen, die jede*r mitbringt, einen Platz in der Lebensgestalt bekommen. Sie bildet eine *Form* für den emotionalen Inhalt, den jede*r in sie einbringt. Und sie tut dies als Feier. Das Bedürfnis, zu feiern, ist im Falle der Trauerfeier, diese gemeinsame Form zu bekommen. Mit der Trauerfeier erhalten die Trauergefühle also einen Gestaltungsrahmen, und indem sie diesen Gestaltungsrahmen füllen, bekommen sie einen Ort im Leben. Sie werden integriert, sie gehören dazu. Dies gelingt am besten, wenn die Trauerfeier ein Gesamtkunstwerk ist, das viele Elemente zu einem Erlebnisraum zusammenführt. Die Worte, die Musik, die Gestaltung des Raumes, gemeinsames Aufstehen, zum Sarg oder zur Urne gehen, ein Bild der*des Verstorbenen, die Stimme des Redners*der Rednerin, möglicherweise auch Aktionen wie die Beschriftung des Sarges – all dies gehört zusammen. Feier – das bedeutet bei einer Trauerfeier ein ganz eigenes Design.

Weil das Thema der Feier die Lebensbedeutung eines*einer Verstorbenen für die Trauernden ist, zielt das Bedürfnis, zu feiern, darauf, das Leben zu feiern, das man mit dem*der Verstorbenen geteilt hat. Im Grunde wäre es zutreffender, das Wort »Trauerfeier« durch das Wort »Lebensfeier« zu ersetzen. Man spürt sofort, welchen Unterschied das macht: Es geht nicht um das Feiern der Trauer, sondern um das Feiern des Lebens. Es geht darum, zu feiern, eine so schöne Zeit mit der*dem Verstorbenen gehabt zu haben. Es geht darum, zu feiern, dass dieser Mensch eine Bedeutung hat. Es geht darum, die Liebe zur*zum Verstorbenen zu feiern. Manchmal geht es auch darum, zu feiern, dass ein Mensch von seinem Leiden erlöst ist. Und zuweilen darf es auch darum gehen, dass die unangenehme Bedeutung, die ein*e Verstorbene*r für das Leben gehabt haben mag, nun Geschichte ist. Dann ist es auch eine Feier der Freiheit. Es sind jeweils sehr eigene und unterschiedliche Deutungen der Beziehung, die in der Feier ihren Ausdruck finden.

So zielt das Bedürfnis, zu feiern, auf mehrere Dimensionen: dem Tod eines Menschen einen Platz im Leben zu geben, die Beziehung zum*zur Verstorbenen und die Beziehungsdeutung zu würdigen und eine gemeinsame Form zu schaffen, in die jede*r ihre*seine Gefühle eintragen kann.

4 Der Fokus auf dem unbewussten Erleben

In den bisherigen Abschnitten habe ich Schwellenrituale aus der Perspektive der individuellen und sozialen Bedürfnisse beschrieben, die durch eine Ritualrede erfüllt werden sollen. Dieser eher psychologische Ansatz nimmt die Umkehrung des Ritualdesigns ernst, der im ersten Kapitel zur Sprache kam: Freie Reden setzen nicht eine (kirchliche oder gesellschaftliche) »Master-Deutung« des Todes oder der Ehe voraus, die dann das Grunddesign einer Zeremonie oder Liturgie bestimmt. Freie Reden setzen beim Menschen an. Genauer gesagt: Freie Reden setzen bei den Menschen an, die eine freie Zeremonie buchen.

Dieser Ansatz ist in doppelter Hinsicht interessengeleitet. Auf der einen Seite ist er *fachlich* richtig. Die traditionellen (meist kirchlichen) Rituale verlieren deswegen ihre Verbreitung, weil sie die

Bedürfnisse von Menschen in steigendem Maße nicht erfüllen. Sie gehen an dem vorbei, was Menschen bei ihrer Hochzeit und der Beerdigung ihrer Lieben selbst für sich erhoffen. Und dadurch sind sie immer weniger das, was sie sein sollen: Schwellenrituale, die auch leisten, wofür sie da sind. Sie sollen *vergewissern, Wege abschließen, Gefühle ausdrücken sowie einen Lebensübergang initiieren und feiern* – und zwar so, wie Menschen es in ihrer eigenen Lebenskonstruktion und Lebensdeutung brauchen. Es ist tatsächlich fachlich geboten, dass Rituale wieder Anschluss bekommen an die Gefühle und Bedürfnisse der Menschen, für die sie da sind. Sonst haben sie keine Wirkung und keine Relevanz. Das ist das eine Interesse. Auf der anderen Seite ist zu bedenken: Die Menschen, für die freie Redner*innen Ritualfeiern gestalten, sind Kund*innen. Und das Kund*inneninteresse wird dann am wirkungsvollsten durch ein Angebot gestillt, wenn es die Bedürfnisse erfüllt, die hinter dem Kund*inneninteresse stehen. Dass freie Reden *bedürfniserfüllende Schwellenrituale* sind, ist also sowohl eine fachliche Notwendigkeit als auch ein wirtschaftliches Erfordernis. Je besser es einem*einer Redner*in gelingt, die Bedürfnisse seiner*ihrer Kund*innen zu beantworten, desto glücklicher, dankbarer, zufriedener werden sie sein. Und desto mehr erhöht sich der Wert einer Rede. So zeigt sich die Professionalität von freien Redner*innen tatsächlich im Wesentlichen darin, wie sehr es ihnen gelingt, Trauer- und Hochzeitsreden angemessen und fachlich verantwortet zu bedürfniserfüllenden Schwellenritualen zu gestalten.

Gegenüber einer klassischen anlassbezogenen Rede verschiebt sich damit der Fokus vom *Inhalt* dessen, was in einer Rede gesagt wird, zum *Erleben* der Menschen, für die die Feier gestaltet wird. Diese werden also weniger als Hörer*innen angesprochen, sondern primär als Mitbetroffene und Mitfeiernde. Das Ziel der Ritualrede ist, in ihnen ein Erleben anzuregen, dass ihre Bedürfnisse nach Vergewisserung, Abschluss eines Weges, Emotionsausdruck, Initiation und Feier erfüllt – oder zumindest in der konkreten Situation der Hochzeits- oder Trauerfeier zu erfüllen hilft.

Das heißt aber auch: Liegt der Fokus auf dem Erleben der Rede, dann liegt er auf den unbewussten Prozessen, die durch die Rede ausgelöst werden. Hier liegt der größte Unterschied von einer Trauer- oder Traurede, die lediglich eine gute anlassbezogene Rede als

Dienstleistung zur Verfügung stellen möchte, zu der Rede, die sich als Ritualrede in einem Lebensschwellenritual versteht. In der anlassbezogenen Rede geht es vor allem um ein bewusstes Geschehen, ein bewusstes Hören, eine bewusste Würdigung eines Paares, eines*einer Verstorbenen, einer Beziehung oder einer Liebe. In einer Ritualrede geht es darum zwar durchaus auch, aber das Ziel ist, ein unbewusstes Geschehen hervorzurufen. Die Ritualrede begleitet einen Anlass nicht nur mit schönen Worten, sondern initiiert eine neue Wirklichkeit, baut Emotionalität auf für eine neue Lebensphase, vergewissert sich der eigenen Lebensdeutung und Gemeinschaft, stößt Identitätsentwicklung an und trägt den Lebensübergang auf emotionaler Ebene. Das Wesen eines Schwellenrituals liegt darin, dass es einen Raum für unbewusste Abläufe bereitstellt und die Bildung derjenigen Bilder, Gedanken, Gefühle, Hoffnungen und zwischenmenschlichen Verbindungen anregt, die Menschen gut auf dem neuen Level ihres Lebens ankommen lassen.

Wer genau hinschaut, kann sehen, wie sehr es bei Trauungen und Trauerfeiern um ein unbewusstes Erleben geht. Brautpaare befinden sich oft in einem tranceähnlichen Zustand, in dem sie nicht alles mitkriegen, was geschieht, einfach weil sie innerlich zu beschäftigt sind, zu verarbeiten, dass sie jetzt heiraten. Ebenso ist es bei Trauernden, die in ihre Erinnerung versinken. Dieses Tranceerleben geschieht oft, und es geschieht durch die Situation selbst. Es ist also nicht so, als solle oder müsse ein*e Redner*in eine solche Trance erst induzieren. Die Frage ist, wie Redner*innen das Erleben der Paare, der Trauernden und auch der Gäste so *bahnen,* dass sie an ihrem gewünschten Ziel ankommen. Eine Trauerfeier kann wie eine Trauung durch vielerlei Elemente dazu führen, dass Paare sich »wie in Trance« durch die Feier bewegen – ein gelungenes Schwellenritual ist sie dadurch noch nicht. Dies ist jedoch dann der Fall, wenn die Rede die für ein Ritual notwendigen Bahnen schafft, damit es zur Initiation, zum Gefühl eines guten gemeinsamen Abschlusses des bisherigen Weges, zur gemeinschaftlichen Vergewisserung und zu einer feierlichen Stimmung kommt, in der die Kund*innen, Gäste, Brautpaare, Trauernden genau das erleben, was sie sich wünschen. Freie Reden gewinnen ihre fachliche Qualität als Schwellenritual also darin, dass sie bewusstes und unbewusstes Erleben verknüpfen und darin einen Weg bahnen, den individuellen und sozialen Übergang in eine neue Lebensphase so zu begehen, dass die Bedürfnisse und Hoffnungen für ein gutes Ankommen erfüllt werden.

Wie diese Hoffnungen konkret aussehen, ist sehr unterschiedlich – von Paar zu Paar und von einem*einer Trauernden zum*zur anderen. Oft ist es eine Verbindung von vielen Hoffnungsaspekten, die den Bedürfnissen entsprechen. Bei einer ♥ Trauung etwa, dass die Beziehung »vertieft« und »besiegelt« wird (individuelle Vergewisserung), die Gäste sich als »ein Teil des großen Moments« erleben (soziale Vergewisserung), dass zugleich »fühlbar« werde, dass die Beziehung »nun fest« sei, man es also »bis hierhin geschafft« habe (gemeinsamer Wegabschluss) und man nun »starten«, das Leben »zu zweit genießen« und »Familie gründen« (Initiation) möchte. Alle hervorgehobenen Worte stammen von Brautpaaren. Es lohnt sich, nachzufragen, was Paare eigentlich in der Trauung erleben möchten – und was sie möchten, dass ihre Gäste erleben. Es ergeben sich unzählige Variationen der fünf Bedürfnisse nach einem Schwellenritual und alle zielen auf ein inneres Erleben, auf eine Emotionalität, auf einen Zustand, in dem ein Paar ankommen möchte.

Sehr variationsreich sind auch die Hoffnungen, die sich an eine # Trauerfeier richten. Sie treten oft unterschwellig zutage, indem von Erlebnissen, Erinnerungen und schönen Momenten gesprochen wird, durch die sie die*den Verstorbene*n »immer im Herzen tragen« wollen (Abschluss und Initiation). Oder die Familie wird in den Vordergrund gestellt, die für eine*n Verstorbene*n da war – und sie*er für sie (Vergewisserung). Manche stellen auch das Bedürfnis nach einer dankbaren Lebensfeier in den Fokus, schreiben ein »seid nicht traurig« über die Anzeige und wünschen sich einen fröhlichen Abschluss. In allem aber wird immer wieder ein Bedürfnis geäußert, welches das gute Gefühl in ästhetische Worte fasst: Die Feier soll »schön« sein. Und das war sie dann, wenn sie zu dem Gesamtkunstwerk geworden ist, das alle diese Bedürfnisse erfüllt hat.

In Kapitel C wird es noch darum gehen, dass sich gerade im Erleben einer Feier ihr Ritualcharakter als Kunst zeigt. An dieser Stelle sei nur darauf hingewiesen, dass sich in der Hoffnung, eine Feier möge »schön« sein, ein ästhetisches Bedürfnis äußert, das letztlich nur durch ein Kunsterleben zufriedenstellend beantwortet werden kann. Die unbewusste Wirkung, die eine Trauung oder Trauerfeier erzeugt, wird nicht durch die Wahrnehmung von einzelnen Elementen des Ritualdesigns, sondern durch die ästhetische Wirkung des Gesamtkunstwerks einer Ritualfeier ausgelöst.

5   Die zentrale Bedeutung des Beziehungsgeschehens

Betrachtet man die Bedürfnisse nach einem Schwellenritual in ihrer Gesamtheit, dann geht es in allen Bedürfnissen um einen Umgang mit der Beziehung zu nahen oder geliebten Menschen. Im Falle der Trauerfeier ist es die Beziehung zu einem*einer Verstorbenen (und auf sozialer Ebene zu den Mit-Trauernden). Und im Falle der Trauung ist es die Beziehung zur*zum Partner*in (und auf sozialer Ebene die Beziehungen des Paares zu seinen Gästen und die der Gäste zum Paar). Bei dem Bedürfnis nach dem Abschluss eines gemeinsamen Weges ist es der Weg einer menschlichen Beziehung – egal, ob der Anlass Trauer oder die Hochzeit ist. Bei dem Bedürfnis, Gefühle auszudrücken, geht es um die Emotionalität im Beziehungsgeschehen, um Liebe, um Trauer, um den Schmerz, loszulassen, oder die Freude, beieinander anzukommen, um Bindungsgefühle und vieles mehr. Die Initiation ist ebenfalls ein Beziehungsgeschehen, ebenso die Vergewisserung und erst recht die gemeinsame Feier. Immer geht es um die Beziehung zueinander und um die Emotionalität, die damit verbunden ist.

So ist der zentrale Inhalt, um den es in der Ritualrede geht, in erster Linie das Beziehungsgeschehen. Man kann das in einer Grafik veranschaulichen, welche die drei Ebenen aus dem ersten Kapitel aufnimmt (s. u.). Die soziale Ebene wird dabei repräsentiert durch die anwesenden Gäste. Die individuelle Ebene wird repräsentiert durch die Person, die heiratet oder trauert. Der »geliebte Mensch« ist der*diejenige, der*die gerade geheiratet oder aus dieser Welt verabschiedet wird. Der dicke Pfeil bezeichnet die Beziehungsdimension zwischen beiden, die dünnen Pfeile bezeichnen die Beziehungsdimensionen zu den Gästen bzw. zum sozialen Gesamtgefüge der Gesellschaft.

Es ergibt sich ein Bild, das schon verwirrend wirkt, wenn es – wie auf dieser Grafik – von nur sieben Gästen ausgeht. Meist sind es viel mehr, bei Hochzeiten in der Regel 10- bis 20-mal so viele. Verein-

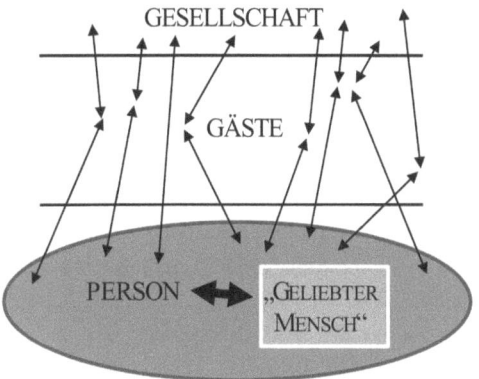

facht ist die Darstellung auch in der Hinsicht, dass die Gäste in der Regel auch »den geliebten Menschen« kennen – und die Beziehung zu ihm beeinflusst auch die Beziehung der Gäste zur Person. Vereinfacht ist die Grafik zudem in der Hinsicht, dass hier nur eine*r der Personen, die sich die Trauung oder Trauerfeier wünschen, aufgezeichnet ist. Bei der Trauung sind es immer zwei solche Grafiken, die sich verschränken – jede*r der Brautleute ist zugleich als »Person« für sich präsent und als »der geliebte Mensch«. Und in der Trauerfeier sind es meist mehrere enge Angehörige, die als Person primäre Ansprechpartner*innen und Protagonist*innen des Schwellenrituals sind. Außerdem kennen sich auch die Gäste zumindest teilweise und das Beziehungsgeschehen zwischen ihnen hat mitunter einen mittelbaren Einfluss auf die Beziehungen zu den Protagonist*innen. Würde dies alles eingezeichnet, ergäbe es ein undurchschaubares Wirrwarr an Beziehungsdimensionen.

Doch bereits die vereinfachte Grafik macht deutlich, wie vielschichtig das Beziehungsgeschehen ist, das sich in einer Trauung oder Trauerfeier abspielt. Für jede*n der Protagonist*innen gibt es ein eigenes Beziehungsspiel mit ihm als »Person« im Zentrum. Und an jeder Pfeilspitze in seinem*ihrem Beziehungssystem sind Gefühle präsent, die mit den Bedürfnissen Emotionsausdruck, Abschluss, Initiation, Vergewisserung und Feier zu tun haben können. Es gibt Erwartungen aus den gemeinsamen Geschichten, und aus den Geschichten der Gäste mit »dem geliebten Menschen«. Es gibt Freude, Unterstützung, Abwendung und Zuwendung, Schmerz über alte und neue Wunden sowie Glücksgefühle über schöne Erinnerungen und die Wahrnehmung der Feier. Es gibt Erinnerungen. Es gibt Erwartungen. Es gibt Enttäuschungen.

Es ist eben das gesamte Beziehungsleben, das in einer Lebensschwellensituation aufgerufen wird. Man könnte die Grafik sehr kompliziert zeichnen mit allen Protagonist*innen in der Mitte und allen Gästen im größeren Kreis. Es ergäbe sich ein Spinnennetz von Bezügen. Und wie es bei einem Spinnennetz nun einmal ist: Wenn man es in der Mitte anstößt, vibriert alles. Eben diese (emotionalen) Vibrationen sind es gerade, mit denen ein Lebensschwellenritual umgeht. Sie werden dadurch ausgelöst, dass die Mitte des Systems nicht nur angestoßen, sondern auch verändert wird. Denn es geschieht eine Transformation. Aus einem Paar wird ein Ehepaar und aus einer*einem Lebenden ein*e Verstorbene*r. Dies macht etwas mit den Beziehungen – und zwar mit allen.[22]

Kern dabei ist natürlich die Beziehung zwischen den als »Person« bezeichneten zentralen Protagonist*innen und »dem geliebten Menschen«. Hier liegt das persönliche Zentrum der Feier. Aber so zu tun, als wäre nur die Beziehung zu den Protagonist*innen wesentlich, die Beziehungsdimensionen mit den Gästen aber sekundär, verfehlt die Aufgabe eine Trauer- und Traurede. Die Gäste würden bei einer solchen Sicht lediglich Zuschauer*innen und Zuhörer*innen werden und es würde nicht bedacht, dass ihre Beziehung zu den jeweiligen Brautleuten und Trauernden, mit denen sie in familiären und freundschaftlichen Bindungen stehen, zentral dafür sind, dass gemeinschaftliche Vergewisserung, gemeinsames Feiern, gemeinsamer Wegabschluss und Initiation sowie ein Erfahrungsraum für den Ausdruck von Gefühlen entstehen.

Zu vernachlässigen sind nicht einmal die Verbindungen zu der »Gesellschaft«. Denn ihre Deutungen und kollektiven Erwartungen an eine Trauung, Hochzeit und Beerdigung sind auf unterschiedliche Weise sehr präsent. Dies gilt ganz gleich, ob es sich um die Erwartungen an eine traditionelle Feier mit althergebrachten Bildern von Ehe oder Trauer handelt oder ob alternative, über Instagram verbreitete Bilder eines Hochzeitsevents die Erwartung prägen. Sowohl für die jeweilige »Person« als auch für jede*n der Gäste gibt es gesellschaftliche Prägungen, die präsent sind. Auch diese Bilder und Erwartungen lösen Gefühle aus und beeinflussen die Bedürfnisse an das Schwellenritual. Zuweilen bekommen sie auch eine sehr starke Bedeutung, wenn etwa die freie Trauung oder Trauerfeier als bewusste Abgrenzung von althergebrachten kirchlichen Ritualen geschieht – und alle Gäste ebenso wie die »Person« mit den durch diesen Schritt ausgelösten Gefühlen umgehen müssen.

Wenn man möchte, kann man die Beziehungspfeile noch einmal aufsplitten in die fünf Bedürfnisse nach einem Schwellenritual. Und so ergeben sich an jeder Stelle fünf Varianten der Bedürfnisse. Dies alles in einem Ritualdesign zu verarbeiten, ist selbst bei einer kleinen Feier nur auf einem Weg (zumindest einigermaßen) zu erreichen: durch Elementarisierung und symbolische Konzentration. So dreht sich die Trauung oder Trauerfeier im Kern um den dicken Pfeil zwischen der jeweiligen Person und »dem geliebten Menschen«, sowie um exemplarische Bezüge von der Person zu weiteren Gästen. Bei der Trauung kommen so zwei dicke Pfeile zusammen (jede*r der Brautleute ist ja zugleich »Person« und der »geliebte Mensch«) und ein paar dünne zu ausgewählten Gästen. Bei der Trauerfeier sind es mehrere dicke Pfeile (je nachdem, wie viele Kinder, Enkel*innen, Geschwister eines*einer Verstorbenen als enge Angehörige in der Vorbereitung der Rede auftauchen). Die Beziehungsdimensionen sind besonders hinsichtlich dieser Hauptbeziehungen zu symbolisieren und ihre Bedeutung im Blick auf den Ausdruck von Gefühlen, dem Abschluss des Weges, der Initiation eines Neuen, der Vergewisserung und der Feier zu verarbeiten.

Für die anderen Beziehungen sind im Ritualdesign Räume zu schaffen, die möglichst jedem Gast ermöglichen, sich selbst im Blick auf die Beziehung zum Brautpaar oder zu den Trauernden auf angemessene Weise zu verorten und einen eigenen Weg des Umgangs mit dem Anlass zu finden.

Trauerfeier   Für die Trauerfeier bedeutet der Fokus auf dem Beziehungsgeschehen, dass sie nicht eine Feier für die*den Verstorbene*n ist, sondern eine Feier für die Angehörigen und Trauergäste. Sie sind die Protagonist*innen, Adressat*innen, Kund*innen der Feier. Es geht um ihre Bedürfnisse als Trauernde. Die Trauerfeier ist nicht für eine*n Verstorbene*n, sondern für sie gemacht. Jemand, der tot ist, braucht das Schwellenritual für sich nicht mehr – umso mehr brauchen es die, die zurückbleiben. Ich habe das auf meinem ersten Flyer als Trauerredner einmal in die Worte gefasst:

»Der Tod ist eine Schwelle des Lebens, über die vor allem die gehen, die zurückbleiben.« Hier liegt der Fokus – und er bedeutet eine Verschiebung der Sicht auf Trauerreden gegenüber der herkömmlichen Konzentration auf die*den Verstorbene*n. Diese*r ist zwar als »der geliebte Mensch« zentral und präsent. Aber ihre*seine Präsenz wird nicht durch sie*ihn selbst erreicht, sondern durch die Bedeutung, die sie*er für die Trauernden hat. Sie*Er spielt eine zentrale Rolle aufgrund der Lebensrelevanz der Beziehungen der Trauernden zu ihr*ihm. Setzt man diese Einsicht als Leitlinie für das Ritualdesign, dann heißt dies: Es wird den Beziehungsdimensionen einer Trauerrede nicht gerecht, wenn die*der Verstorbene die ganze Feier dominiert. Nun ist die Würdigung des Lebens eines*einer Verstorbenen ein wichtiges Element einer Trauerfeier. Und sie in die Trauerrede einzuführen war ein wichtiger Schritt auf dem Weg von der unpersönlichen kirchlichen zu einer modernen Trauerfeier. Aber da diese Würdigung auf die*den Verstorbene*n fokussiert und nicht auf die Beziehungsdimension der Trauernden mit ihm*ihr, erfüllt eine bloße Würdigung (wie gut auch immer sie gemacht ist) das Bedürfnis nach einem gemeinsamen Abschluss nicht. Es wird zwar das Leben des verstorbenen Menschen abschließend bedacht, der Beziehungsweg steht aber im Hintergrund. Und um diesen geht es in einem Schwellenritual eigentlich. Der Fokus der Trauerrede muss also auf den *Trauernden* liegen. Es geht um *ihre* Bedürfnisse nach Vergewisserung, nach Initiation, nach gemeinsamem Abschließen und auch nach einer Lebensfeier. Die Würdigung des Lebens eines*einer Verstorbenen hat in der Trauerfeier genau den Platz, den Trauernde ihr geben möchten. Meist geht es ihnen weniger darum, was ein verstorbener Mensch selbst gemacht, erfahren, gesagt und repräsentiert hat, sondern vielmehr darum, was Angehörige mit ihm erlebt haben, was ihnen dieser Mensch bedeutet, bedeutet hat und bedeuten wird. Kurz gesagt: Es geht auf der Beziehungsdimension nicht so sehr darum, was ein Mensch zu Lebzeiten gemacht hat, sondern was dies mit denen gemacht hat, die sich von ihm verabschieden möchten. Hier muss der Fokus liegen. Die Trauerfeier ist nicht eine Rede für den*die Verstorbene*n, erst recht keine Laudatio. Es ist eine Rede für die Trauernden. Und ihr Thema ist (nein, nicht die*der Verstorbene, sondern) genau gesagt, die Beziehung der Trauernden zu ihr*ihm. Erst so kann es zu einem Abschluss kommen, der dem Bedürfnis nach Abschluss des gemeinsamen Weges gerecht wird. Noch deutlicher ist es bei den Bedürfnissen nach Initiation, nach Vergewisserung, auch nach Lebensfeier. Denn dabei geht es ohnehin nicht um den verstorbenen Menschen, sondern um die Beziehungen der Lebenden zueinander und zu ihm.

♥ Trauung   Dieses Umdenken braucht in anderer Weise auch die Trauung. Oft steht bei der freien Trauung bislang die Beantwortung des Bedürfnisses im Vordergrund, einer Feier Glanz zu geben und ein Event für das Paar und seine Gäste zu gestalten. Dies wird versucht, einerseits durch eine lebendige Performance zu erreichen, andererseits durch eine Erzählung der Geschichte des Paares, die beschreibt, wie beide sich kennengelernt haben und welche Meilensteine ihres Lebens sie gemeistert haben. Manche Redner*innen beziehen auch Symbolgeschichten, poetische Texte zur Liebe und ähnliche Gedanken ein, die letztlich paarfremd sind und erst in der Trauung im Leben des Paares auftauchen (sie ersetzen dann die biblischen Texte der kirchlichen Trauung). In einem solchen Rededesign kommt das Paar zwar vor – aber es geht nicht zentral um ihre eigene Beziehungsdeutung, sondern die Geschichte wird eingebettet in ein »Drumherum« äußerer Elemente (von der Deko bis zu poetischen Texten über die Liebe). Fragt man sich, welche der Anforderungen an ein Schwellenritual durch diese Form der Rede erfüllt werden, dann ist die Bilanz recht mager. Die Geschichte eines Paares schafft nicht schon von selbst ein Gefühl für die *Bedeutung* dieser Geschichte für das Paar. Sie initiiert nicht, sondern blickt zurück. Sie beschreibt zwar gewesene Erlebnisse, aber solange nicht klar ist, was diese für die Beziehung des Paares bedeuten, wie sie die Geschichte sehen, bewerten, verstehen und deuten, solange bleibt sie bestenfalls eine schöne Geschichte. Nett, aber ohne rituelle Qualität. Auch das Bedürfnis nach einem gemeinsamen Abschluss wird nicht erfüllt, solange nicht die *Relevanz* dieser Paargeschichte spürbar wird, sondern lediglich Vergangenes erzählt wird. Und selbst das Bedürfnis, zu feiern, kommt zu kurz, wenn die Paargeschichte lediglich Anlass ist für eine kurzweilige Rede über die Liebe. Das Fest erhält seine Strahlkraft und Bedeutung als Hochzeit nicht durch die Geschichte, sondern erst durch ein Miterleben der einzigartigen Gestalt der Liebe des Paares und der *Bedeutung,* die diese für beide hat. Um alle diese Dinge, die eine anlassbezogene Hochzeitsrede klassischerweise ausmachen, geht es zwar – das muss man unbedingt festhalten – *auch*. Aber sie machen noch kein Schwellenritual. Dass viele Hochzeitsredner*innen dies selbst spüren, zeigt sich darin, dass sie die Traurede gar nicht erst als Ritual sehen, sondern sie von der rituellen Dimension unterscheiden. Die Traurede wird als eine anlassbezogene Rede konzipiert, auf die ein initiatorisches Element, zu dem dann meist der Ringtausch gehört, erst *folgt*. Dieser hat dann aber kaum die emotionale Qualität eines Schwellenrituals, weil die Bedürfnisse an das Ritual und die Beziehungen, in denen sie erfüllt werden sollen, in der Rede nicht vorkamen. Es wurden keine unbewussten Prozesse gebahnt. Und das Ritual bleibt flach. Es wurde nicht zu dem »Moment«, den ein Paar sich wünscht. Soll dagegen eine Traurede Ritualrede sein und das Schwellenritual selbst initiieren, dann muss es in ihr vor allem um eines gehen: um die *Lebens-* und *Beziehungsdeutung* des Paares. Es geht um ihr ganz individuelles Gefühl, in dem beide einander erleben und jede*r sich selbst in der Beziehung erlebt. Es geht um die *Lebensrelevanz* ihrer Geschichte für das Heute der Trauung und die gemeinsame Zukunft. Und es geht um diese ganz besondere Liebe. Es ist, kurz gesagt, keine Rede über das Brautpaar, sondern eine Rede, die das Brautpaar *selbst* mitnimmt, emotional symbolisiert und trägt – und das in Kontakt und Beziehung mit sich selbst und mit seinen Gästen.

B   Identität und Beziehung

Der wichtigste Inhalt, der in dem Kunstwerk einer Ritualrede symbolisiert, dargestellt und erlebbar gemacht wird, ist die Beziehungsdeutung der Kund*innen zu der Person, die sie heiraten oder verabschieden. Hierin unterscheidet sich eine künstlerische Rede, welche die Bedürfnisse an ein Schwellenritual beantwortet, von einer anlassbezogenen Rede, die sich zwar mit der Geschichte eines Menschen oder eines Paares beschäftigt, aber außen vor lässt, was das Erleben dieser Geschichte für die eigene Identität, die Beziehung, das Leben und die zu initiierende Zukunft der Protagonist*innen *bedeutet*.

Was es mit dieser Beziehung auf sich hat, klären Redner*innen in den Vorbereitungsgesprächen und übersetzen in ein Ritualdesign, was sie erfahren haben. Allerdings ist das nicht einfach. Ginge es lediglich um die Daten und Abläufe einer Geschichte, würde es ausreichen, dieses Kapitel zu überspringen. Geht es allerdings um die Bedeutung einer Geschichte, die Lebensdeutung unserer Kund*innen, das Beziehungserleben und die Bedürfnisse, die sich daraus für die Feier ergeben, dann müssen wir tiefer einsteigen und uns fachliche Grundlagen klarmachen.

Denn wenn Redner*innen sich mit den Liebenden oder Trauernden darüber unterhalten, wie sie die Beziehung erleben und *was die Beziehung mit ihnen macht* (bzw. gemacht hat und in ihrem Leben weiter machen soll), dann sind Redner*innen *Lebensbegleiter*innen*. Und das sind sie, ob sie das wollen oder nicht, einfach deshalb, weil sie mit Menschen über ihr Leben sprechen und für sie eine Ritualfeier in einer wichtigen Schwellensituation ihres Lebens gestalten.

So braucht es in diesem Buch mindestens eine kurze fachliche Orientierung, was mit uns Menschen in Beziehung eigentlich geschieht. Im Grunde ist das ein Thema für ein eigenes Buch. Ich kann es hier allerdings nur anreißen. Wünschenswert wäre, wenn Redner*innen eine solide Ausbildung mitbringen, die Paar- und Trauerbegleitung ebenso umfasst wie die psychologischen Grundlagen von Beziehungs- und Identitätsentwicklung. Dies auf wenigen Seiten zusammenzufassen, ist also nur ein Anfang. Allerdings ein wesentlicher. Denn es ist unmöglich, ein Ritual zu konstruieren, ohne etwas darüber zu wissen, wie wir Menschen als Beziehungswesen funktionieren. Gehen wir ohne grundlegendes Wissen an Trauer- oder Trauungsfeiern, dann besteht die Kunstfertigkeit lediglich darin, Erzählungen von Kund*innen in den eigenen Erfahrungs- und Deutungshorizont einzutragen, den Redner*innen durch ihre Lebenserfahrung mitbringen. Das wäre dann aber nicht nur als Lebensbegleitung unprofessionell. Es würde vor allem den Paaren und Trauernden nicht gerecht, denn sie haben einen Anspruch darauf, dass der Blick von Redner*innen nicht durch ihren eigenen Blick darauf verstellt wird, wie sie selbst ihr Leben und ihre Beziehung zu dem*der Partner*in sehen, den*die sie heiraten, oder zu dem Menschen, den sie verabschieden.

Es geht in diesem Kapitel also darum, das Blickfeld zu erweitern und die Bedeutung von Beziehung und Identität aus einer wissenschaftlichen Sicht zu betrachten.

1 Das individuelle System im sozialen

Die wichtigste Einsicht kommt zuerst: *Menschen sind Beziehungswesen.* Das klingt selbstverständlich und banal, bildet aber den Kern, worum es in Trauungen und Trauerfeiern geht. Es ist für jeden Menschen unmöglich, Ich zu sein ohne andere Menschen. Die eigene Identität, was jede*r für sich ist und sein möchte, hat (neben biologischen und genetischen Voraussetzungen) wesentlich damit zu tun, *dass* wir Beziehungen aufbauen und *wie* wir das tun.[23]

Es gibt einen – schon sehr alten – Versuch, den man mit Neugeborenen gemacht hat, und zwar eine Stunde nach der Geburt. Forscher haben sie vor sich gelegt und ihnen Grimassen geschnitten: Mund weit auf, dann Zunge rausgestreckt, eine Schnute gemacht. Was ist passiert? Das Baby hat den Mund weit aufgemacht, es hat die Zunge rausgestreckt (obwohl es nicht mal weiß, dass es eine hat) und es hat eine Schnute gemacht. Es ist eine grundlegende Einsicht: Wir Menschen ahmen unsere Mitmenschen nach. Von der ersten Stunde unseres Lebens an. Und wir hören damit nicht auf, solange wir leben.[24]

Man kann es auch ganz einfach ausdrücken. Wir lernen von anderen – alles: wie wir uns bewegen, wie wir Dinge machen, wie wir uns ausdrücken. Und später: wie wir bewerten, was um uns herum geschieht, was wir daraus für Schlüsse ziehen, wie wir mit leichten oder schwierigen Situationen umgehen – und nicht zuletzt auch: wer wir sind. Ein Kind, das isoliert oder ohne Bindung aufwächst, für sich, ohne lernen am anderen, verkümmert und bildet keine gesunde Identität aus. Ebenso hat es ein Kind sehr schwer, wenn es in einem dissozialen Umfeld oder mit psychisch kranken Bezugspersonen aufwächst. Es braucht gesunde andere, um ein gesunder eigener Mensch zu sein. Und das hört nicht auf. Vereinsamt ein*e Erwachsene*r, zerbrechen Beziehungen, dann löst das nicht selten eigene psychische Probleme aus; es entstehen Krisen, die das eigene Leben bedrohen können – bis zum Suizid (auch damit haben Trauerredner*innen zu tun). Umgekehrt sind gesunde, gute und stabile

Beziehungen der wichtigste Faktor, um ein glückliches, resilientes (also krisenfestes) und erfüllendes Leben zu führen. Beziehungen sind essenziell.

Wenn ich mit einem Brautpaar oder mit Trauernden spreche – über Liebe oder über den Verlust eines lieben Menschen –, dann reden wir nicht über etwas Marginales. Wir reden über die wichtigsten Lebensbeziehungen meiner Kund*innen. Wir sprechen über die Menschen, die einen wesentlichen Anteil daran hatten und haben, dass meine Kund*innen die geworden sind, die sie sind. Dass sie ihr Leben so sehen, wie sie es sehen. Und dass sie so sein möchten, wie sie sein möchten.

Man hat unzählige Studien gemacht, um herauszufinden, wie das Zusammenleben mit anderen die eigene Persönlichkeit beeinflusst. Man hat psychologische Studien ebenso gemacht wie neurobiologische. Herausgekommen ist, kurz gesagt, dass wir nur zu einem Teil wir selbst sind, weil wir unser Leben so *wählen,* wie wir es wollen. Wir sind nur bedingt frei. Nämlich bedingt durch den sozialen Zusammenhang, in dem wir aufwachsen und leben. Früher dachte man über den Menschen anders. Man nahm an, ein Mensch könne, wenn er nur wolle, sich zu dem entwickeln, der er sein will. Der Traum von einem Menschen, der die Macht hat, sich selbst zu erfinden. Nein, die Macht haben wir nicht. Dennoch sind wir auch nicht nur Produkte unseres Umfeldes, unserer Eltern, unserer Geschwister oder wichtiger Bezugspersonen. Wir sind durchaus (jede*r für sich) ich selbst.[25] Nicht zuletzt auch deshalb, weil wir genetische, biologische und auch psychische Dispositionen haben, die wir nun einmal haben. Aber tatsächlich sind wir »Ich« nur im Zusammenhang mit dem sozialen System, in dem wir leben. Und im Zusammenhang mit dem psychischen System, das wir in uns tragen (für manche Charaktereigenschaften können wir einfach nichts, weil wir eben so ticken). Nicht zuletzt sind wir auch körperlich bedingt. Wir sind »Ich« nur mit unserem Körper, genauer gesagt: *als* Körper – wir haben nicht nur einen Körper, sondern wir sind Körper, ohne ihn, also abgelöst von ihm, gibt es uns nicht.[26]

Fasst man den Körper und die Psyche zusammen als das, was uns als Einzelpersonen ausmacht (tatsächlich sind beide auch psychosomatisch eng verflochten), so kann man also von zwei Systemen ausgehen:

- dem biopsychischen System, das jeden Menschen ausmacht, und
- dem sozialen System, in dem jeder Mensch er*sie selbst ist.

Über beide Systeme (das innere und das äußere) muss man wissen:
1. *Beide Systeme sind von Geburt an in Wechselwirkung. Es gibt sie nur miteinander.* Einfach gesagt: Es gibt mich nur mit anderen und andere nur mit mir. Also kann ich mich selbst nicht verstehen ohne mein Umfeld. Und mein Umfeld ist nicht das, was es ist, ohne mich. (Das sind ganz wesentliche Gründe, warum man jemanden aus seinem Umfeld heiraten möchte und warum es so ein Desaster ist, wenn ein wichtiger Mensch stirbt.)
2. *Beide Systeme sind in ständiger Veränderung, Anpassung und Entwicklung.* Einfach gesagt: Ich entwickele mich, und andere entwickeln sich auch. Beides hat miteinander zu tun. Und das hört nie auf (weswegen das Leben mitunter richtig anstrengend werden kann).
3. *Beide Systeme sind autopoietisch – also selbstorganisierend, sich selbst reproduzierend.* Sie führen also ein Eigenleben, in dem sie sich immer wieder erneuern. Und dieses selbstorganisierende Eigenleben folgt eigenen, im System liegenden Mustern. Einfach gesagt: Unsere Seele macht, was sie will. Unser Körper macht auch, was er will. Und die anderen ticken sowieso, wie sie wollen (und mit allem muss man zurechtkommen).
4. *Beide Systeme sind träge, sie verändern sich nur langsam.* Wer schon einmal versucht hat, sich selbst zu verändern, hat sicher viel Spaß dabei gehabt, das eigene Scheitern zu üben. Und wer versuchen möchte, sein Umfeld zu ändern, also wie die anderen einen sehen und mit einem umgehen, braucht einen langen Atem. (In der Trauer ist diese langsame Veränderungsgeschwindigkeit mitunter ein großes Problem: Es will einfach nicht besser werden mit dem Trauergefühl. Bei Hochzeiten dagegen hat das Paar die Veränderung ihres Beziehungssystems schon geschafft – nicht unbedingt aber schon alle Gäste.)
5. *Es gibt in beiden Systemen für alles immer viele Gründe.* Im Grunde ist das eine Kerneinsicht der systemischen Denkweise. Man kann nicht sagen: »Ich bin so, weil …« Das funktioniert nicht mal in einem Menschen selbst, weil wir als System zu komplex sind und alles in uns mit allem zusammenhängt. Noch weniger funktio-

niert es, zu sagen: »Ich bin so, weil du ...« Klar, wir *denken* nach so einfachen Mustern. Aber es ist für die Gesprächsführung mit Paaren und Trauernden wichtig, im Auge zu behalten, dass das nur etwas ist, was wir denken, es aber nie wirklich so sein *kann*. Gründe gibt es immer viele. (Darum ist auch keiner nur schuld – aber das ist ein anderes Thema.)

Über diese Thematik lassen sich Bibliotheken füllen – und zwar mit vollem Recht.[27] Für die Aufgaben als Hochzeits- und Trauerredner*in sollten vor allem festgehalten werden, dass die Sache komplizierter ist, als es auf den ersten Blick scheint:

Trauerfeier   Wenn ich mit einem Menschen spreche, der jemanden verloren hat, dann ist das in aller Regel ein Mensch, der wichtig war dafür, wie sich mein trauerndes Gegenüber selbst sieht. Ganz gleich, ob es ein Vater, Mutter, ein*e Ehepartner*in, Schwester, Bruder oder gar das eigene Kind ist, das verabschiedet wird. Mein trauernder Kunde ist nicht er selbst ohne diesen Menschen. Er ist vielleicht mit ihm aufgewachsen, hat von ihm gelernt, hat Ideen, Lebenshaltungen, Werte von ihm aufgenommen. Hat mit ihm vielleicht Familie gebildet (also ein eigenes kleines System). Man ist miteinander durch Dick und Dünn gegangen, hat sich geliebt oder vielleicht auch gehasst. Aber in allem ist klar: Was ein trauernder Mensch geworden ist, ist er in Auseinandersetzung, Gemeinschaft, Verbindung oder Abgrenzung zu der*dem Verstorbenen. Die Verbindung reicht bis in die Identität. Und sie reicht bis in die Identitätsdeutung – also die Worte, die wir ihr geben. Beerdige ich meine Mutter, dann bin ich auf andere Weise Sohn als vorher, vielleicht sogar »Waise«. Beerdige ich meine Frau, bin ich auf andere Weise ihr Mann, eben »verwitwet«. Die Beziehung prägt nicht nur das äußere System der Familie, das durch den Tod eines Mitglieds in eine Krise gerät. Die Beziehung prägt auch das innerpsychische System eines*einer Trauernden – und die Wellen der Gefühle und auch körperlichen Auswirkungen sind mit dem Wort »Trauer« nur sehr oberflächlich beschrieben.

♥ Trauung   Ebenso ist es bei der Paarbildung. Es wäre viel zu flach, zu sagen: »Da sind die Personen A und B, die sich lieben, weil sie sich soundso finden.« Tatsächlich gehen Paare (zumindest, wenn sie heiraten und eine lebenslange Partnerschaft beabsichtigen) eine Verbindung ein, in der ihr inneres biopsychisches System in dauerhafte Beziehung zu einem anderen tritt. Das ist ein sehr komplexer Vorgang von Resonanz, Anpassung, Voneinander-Lernen, Sich-Reiben, Vereinigen und Differenzieren. Jedes Mal kommt dabei etwas anderes heraus – ein eigenes Muster, in dem die beiden miteinander Beziehung bilden. Diese Beziehung wird – und dafür sind Trauung und Hochzeit dann wesentlich – ein eigenes Beziehungssystem mit allen Kriterien, die für ein Sozialsystem gelten. Und das macht wiederum etwas mit den einzelnen Liebenden: Ihre Beziehung verändert sie selbst. Die gemeinsamen Muster wirken sich auf das eigene Verhalten, die eigenen Werte, das Lebensgefühl und auf die eigene Selbstsicht aus. Man bleibt ich – und das sollte man auch (geraten beide in Abhängigkeit voneinander, ist das für die Beziehung nicht gut). Aber man ist Ich-in-Beziehung. Sehr deutlich wird das in den Selbstbezeichnungen: »Ich bin seine Frau« oder »Ich bin ihr Mann«. Die eigene Selbstdeutung bekommt einen Anteil, der durch Zugehörigkeit zu der geliebten Person definiert wird. Möchte man das Ganze vollends kompliziert machen, dann darf man gern noch berücksichtigen, dass beide Partner*innen auch Teil ihrer Herkunftsfamilien (und Freundessysteme) sind. Kein*e Partner*in steht für sich, wenn er*sie heiratet. Und was es für eine Person bedeutet, wenn er*sie sagt: »Ich bin dein Mann*deine Frau«, hat ganz wesentlich damit zu tun, wie er oder sie sich als Person in Bezug zur Herkunftsfamilie versteht. Wie wichtig diese Beziehung zum Sozialsystem ist, merkt man als Redner*in immer dann besonders, wenn ein Teil der Herkunftsfamilie oder der Freund*innen mit der Beziehung des Paares nicht einverstanden ist. Das bedeutet einen starken Schmerz, löst viele Gefühle aus, und damit achtsam umzugehen ist eine besondere Aufgabe für die Gestaltung der Trauung (denn nicht immer gelingt es dem Brautpaar, diese Menschen einfach nicht einzuladen).

2 Wie unser Gehirn tickt

Gehen wir einen Schritt weiter und schauen auf das psychische System eines Menschen. Wie ticken wir eigentlich als Menschen? Was passiert, wenn wir in Beziehung zu anderen Menschen »Ich«

werden? Was »macht« das mit uns? Die Antwort ist: Es verändert unser Gehirn. Und darüber sollten wir ein paar Sachen wissen, wenn wir Rituale gestalten, die mit unserer bewussten und unbewussten Lebensdeutung zu tun haben.

Es ist erst gut zwanzig Jahre her, da geschah in den Neurowissenschaften ein Durchbruch, der die Sicht auf den Menschen grundlegend verändert hat. Man kann die Entdeckung gar nicht hoch genug bewerten; sie ist aus meiner Sicht wie die Entdeckung der Evolution für die Biologie oder die Relativitätstheorie für die Physik (oder die Elektrizität für die Technik). Die Rede ist von der *experience dependent plasticity* neuronaler Netzwerke in unserem Gehirn. Ganz einfach gesagt: Unser Gehirn ist keine Hardware, auf die man eine Software aufspielt, die man dann auch immer wieder ändern oder gar löschen kann. Sondern: Unsere Erfahrungen bilden unser Gehirn aus – plastisch, also prinzipiell im MRT sichtbar. Oder noch klarer: Unsere Erfahrungen machen die Hardware unseres Bewusstseins. Was wir erleben, verändert uns nicht nur psychisch, es verändert uns – bezogen auf die neuronalen Muster unseres Gehirns – körperlich.[28]

Es beginnt schon vor unserer Geburt. Und es hört unser Leben lang nicht auf. Wir verändern unsere Gehirnstruktur ständig.[29] Wir erleben etwas, lernen etwas und machen Erfahrungen. Durch die Erfahrungen wachsen neuronale Netzwerke. Es sind Netzwerke, die ganz unterschiedliche Bereiche in unserem Gehirn verbinden können, sodass wir zum Beispiel so komplexe Abläufe hinbekommen wie einen Tanz. Dabei werden komplexe Bewegungsabläufe (die Tanzschritte) mit dem Rhythmus der Musik (Tango oder Walzer?) koordiniert ebenso mit der Wahrnehmung der Augen (Hoffentlich kollidieren wir nicht mit anderen Paaren?), dem Tastsinn (Hilfe, wohin führt er mich jetzt?!) und der Beziehung zum*zur Partner*in (Deine Hand ist jetzt aber nicht da, wo sie sein sollte, aber du riechst sehr gut und eigentlich könnten wir außer tanzen noch was anderes machen). Und warum können wir – durch einige Übung – solche komplexen Dinge? Weil sich durch die Übung neuronale Netzwerke gebildet haben. Die Betonung liegt auf den Worten »durch einige Übung«. Denn je öfter wir einen Ablauf oder ein Muster trainieren, desto stärker werden die Verbindungen und desto automatischer laufen sie ab. Bis wir letztendlich über die Tanzfläche schweben, weil wir gar nicht mehr darauf achten müssen, was wir tun. Dann ist uns der Ablauf »in Fleisch und Blut übergegangen«. Heute wissen wir: Er ist uns zu einer stabilen neuronalen Struktur geworden. Und diese steuert uns ohne großes Zutun unseres aktiven Bewusstseins. Wir tanzen in Trance. Unbewusste Prozesse, die wir trainiert haben, haben die Steuerung übernommen; wir sind sozusagen »auf Autopilot«.

Wenn Sie schätzen müssten, wie viel wir von allem, was wir jeden Tag tun, auf Autopilot tun, dann wäre die Antwort wahrscheinlich viel zu gering. Wir glauben zwar, dass wir ziemlich bewusst unterwegs sind. Tatsächlich aber liegt der automatisierte Anteil bei weit über 90 %. Und in starken Stresssituationen kommen wir fast an die 100 %, dann gehen wir in die Luft, ohne dass wir eine Chance haben, uns zurückzuhalten, oder es verschlägt uns die Sprache, auch wenn wir gern etwas sagen würden. Es geht nicht, weil unsere neuronalen Muster völlig das Ruder übernommen haben.

Nur mal am Rande: So eine Situation liegt bei unseren Kund*innen oft vor, wenn wir eine Trauerfeier oder Trauung machen. Was in ihnen abgeht, entzieht sich teilweise ihrer Steuerung und Selbstbeherrschung. Niemand weint aufgrund eines Willensentscheids. Niemand kann steuern, was er in diesem Moment fühlt. Tatsächlich vollziehen wir auch deshalb Rituale, weil sie Kund*innen helfen, mit einer Situation umzugehen, die sie fast nicht mehr händeln können. Einfach, weil die vielen Impulse einen solchen Stress auslösen, dass er sie in eine Art Trance (des Glücks oder der Trauer) versetzt, in der sie nicht mehr ganz Herr der Lage sind. Es ist dann Aufgabe von Redner*innen, sie sicher durch das Ritual zu leiten.

Nun zurück zu unserem Gehirn. Die Netzwerke, die sich durch Erfahrung bilden, sind für uns in zweierlei Hinsicht wichtig. Erstens: Sie repräsentieren Handlungs-, Bewertungs- und Entscheidungsmuster. Und zweitens: Sie repräsentieren Erinnerungen. Erinnerungen sind etwas Wesentliches für die Arbeit von Redner*innen, deshalb werde ich sie in einem eigenen Abschnitt behandeln. Zunächst wende ich mich den Handlungs-, Bewertungs- und Entscheidungsmustern zu.

Schauen wir uns das Beispiel des Paartanzes an, dann sehen wir Handlungsmuster, die in Windeseile rückgekoppelt sind mit Bewertungen (des Raumes, der Musik, der Beziehung zum*zur Partner*in etc.), die wiederum Entscheidungen nach sich ziehen. Diese führen wiederum zu Handlungen, und so geht das immer weiter. Dies alles das läuft weitgehend unbewusst ab. Wenn wir über jede Entscheidung beim Tanz nachdenken müssten, lägen wir schnell auf der Nase, und das kommt einfach nicht gut. Es ist also ein großer Vorteil, dass wir die Fähigkeit haben, uns nicht alles bewusst zu machen. Wir wären nicht nur beim Tanzen überfordert, sondern überall.

Denn tatsächlich: Diese Muster haben wir – bei allem. Ausnahmslos bei allem. Unser Gehirn ist so strukturiert, dass wir aus den unzähligen Eindrücken, die wir jeden Moment bekommen, *erstens* automatisch alle unnötigen ausblenden (die nehmen wir gar nicht wahr). Und *zweitens* verarbeiten wir die als wichtig bewerteten Wahrnehmungen ebenso automatisch zu Handlungsstrategien, die wir sofort umsetzen. Das machen wir bei allem. Und wir machen es nach Mustern, die uns in Fleisch und Blut übergegangen sind, also plastisch geworden sind in unserer neuronalen Struktur. Diese Muster gehören zu unserem Körper.

Interessant ist dabei, dass sich diese Muster umso stärker ausbilden, je öfter wir sie aktivieren. Tun wir es jeden Tag, wird das, was wir tun, nicht nur etwas, das wir nun mal machen, es wird ein Teil von uns. Und hier liegt der springende Punkt: Denn ist ein neuronales Netzwerk sehr stark geworden, dann können wir nicht mehr so einfach anders handeln, als es uns unser Netzwerk vorgibt. Es ist dann eine Eigenschaft von uns geworden, etwas besonders gut zu können oder es immer so oder so zu machen. Wir gucken immer so, wie wir es uns angewöhnt haben, haben die Gestik und Mimik, die alle als unverwechselbar von uns kennen, haben die Marotten, die blinden Flecken, die wir nicht wahrnehmen und die Fähigkeiten, auf die wir stolz sind (und dass wir darauf stolz sind, ist auch ein Muster, wir können das einfach schwer sein lassen; darum ist es für viele so verdammt schwer mit der Demut).

Ein schönes Bild, mit dem diese Zusammenhänge gern erklärt werden, ist das Bild der Autobahnen.[30] Stellen wir uns unser Bewusstsein als Straßennetz vor. Alles ist mit allem irgendwie verbunden. Und ganz viele Autos fahren zusammen irgendwohin. Schauen wir aus der Luft, erkennen wir die kleinen Wege und Straßen kaum. Aber wir sehen die Autobahnen. Das sind die Straßen, auf denen besonders viel Verkehr ist. Und jedes Navi schickt einen, wenn man von A nach B will, über diese Autobahnen. Einfach weil es schneller geht, einfacher und bequemer ist. (Das ist auch so ein Prinzip in unserem Gehirn: Es macht es sich gern einfach.) Wenn wir aufwachsen, dann schaffen wir uns mit der Zeit unser eigenes Straßennetz, bilden neuronale Wege, Kreuzungen, Schnellstraßen und Autobahnen. Wohin diese Straßen führen, das bestimmen wir nur teilweise selbst. Es hat viel mit unserer Umwelt zu tun, den Menschen, denen wir vertrauen oder die uns prägen und uns sagen, was richtig und was falsch ist. So bauen wir uns unsere Entscheidungsstrategien und Lebensmuster. Und dann geht es so: Kommen wir auf einer Straße gut durch, kommen wir an, haben ein gutes Gefühl und Erfolg – dann fahren wir diese Straße öfter. Machen wir es sehr oft, dann ruft unser Gehirn den Straßenbau an und baut diese Straße aus. Und weil die Straße dann noch bequemer zu fahren ist, fahren wir sie noch öfter. Am Ende haben wir dann neuronale Autobahnen.

Das ist eine sehr effektive Weise, in der unser Gehirn unser Leben organisiert. Das Problem ist nur: Wenn eine neuronale Autobahn einmal da ist, ist sie da. Man kriegt sie nicht einfach weg, sondern bevor unser reflexives Bewusstsein anspringt, sind wir schon längst auf der Straße und rasen in Richtung des Ziels, das wir früher einmal eingespeichert hatten. Um einmal ein blödes Beispiel zu geben: Wenn Papa sagt, ich soll lieb sein, und ich die Erfahrung mache, dass es mir dann gut geht, dann bin ich also lieb und folgsam. Ich übe das ein und irgendwann ist es mir ganz selbstverständlich. Und ich bin dann immer lieb, ganz automatisch, und komme erst später auf den Gedanken, ob ich nicht vielleicht ein bisschen aufmüpfiger sein könnte. Aber dann krieg ich es nicht mehr hin. Jedes Mal, wenn ich meinen Vater sehe, reagiere ich wie ein Kind, und es ist ganz mühsam, da herauszukommen. Solche Beispiele kann man in allen möglichen Beziehungen finden, die länger andauern: Paarbeziehungen, Mitarbeiter*in-Chef*in-Beziehungen, Freundschaftsbeziehungen. Wenn man es lang genug auf eine Weise gemacht hat, läuft es so, wie es eingeübt ist, auch wenn man das gar nicht so toll findet und lieber ändern würde.

Es ist ein anderes Thema, wie es gelingt, in unserem späteren Leben Ausfahrten zu bauen, damit wir von Mustern wegkommen, in denen wir gar nicht unterwegs sein möchten. Und es ist ebenso ein anderes Thema, wie man neue Wege anlegt und vom Trampelpfad zu einer neuen Straße ausbaut. Diese Thematik fällt nicht direkt in den Bereich der freien Redner*innen, sondern in den Bereich der

Beratung, des Coachings und der Therapie. Für uns ist jedoch Folgendes wichtig:

Wir sind als einzelne Menschen deshalb so, wie wir sind, weil wir in unserem Leben Strukturen gebildet haben, wie wir das Leben sehen, entscheiden, bewerten und leben. Wir haben das gemacht, weil wir eine längere Zeit damit erfolgreich waren. Wir haben das gemacht, ohne groß mitzubekommen, dass wir eine Struktur geschaffen haben. Und – hier liegt der für uns entscheidende Punkt – wir haben es getan in Beziehung mit Menschen. Manchmal ist bei Beerdigungen davon die Rede, dass ein*e Verstorbene*r Spuren hinterlassen hat. Das Bild ist besser, als es klingt. Die Reifenspuren mancher Menschen in uns sind mitunter Autobahnen geworden, auf denen wir selbst rasen.

Das alles heißt aber auch: Wir sind mit den Menschen, die wir für wichtig in unserem Leben halten, sehr tief verbunden. Es ist keine bloß seelische Verbindung, sondern diese Verbindung hat eine körperliche Seite. Es sind neuronale Vernetzungen in uns, die sich gebildet haben. Und diese spiegeln etwas, das wir vom anderen wahrgenommen, in uns aufgenommen und uns zu eigen gemacht haben.

So tragen wir – jede*r in sich – eine Menge innerer Repräsentanzen von Beziehungen zu Menschen in uns, die uns geprägt haben. Wir erkennen das daran, dass wir uns das Bild eines Menschen vor Augen führen können. Und zugleich erleben wir (zumindest, wenn wir uns genau beobachten), dass der Gedanke an einen Menschen verknüpft ist mit Gefühlen, Situationen, Erinnerungen, Bildern, Gerüchen, der unverwechselbaren Stimme usw. Kurz: unser gesamtes Beziehungserleben wird aktiviert. Das passiert jedes Mal, wenn diese Beziehung durch irgendeinen Impuls angeregt wird. Wir erleben dann den Menschen, an den wir denken. Oder genauer: Wir erleben uns selbst in Beziehung zu dem Menschen, an den wir denken.

So ist die Beziehung zu einem Menschen also nicht nur etwas, das *zwischen* mir (als einem eigenen System) und einem anderen stattfindet. Sie findet auch in uns selbst als innere Beziehung statt: zwischen mir und meinem inneren Gegenüber. Genauer gesagt, zwischen den Anteilen, in denen ich ich selbst bin, ohne dass eine grundlegende Verknüpfung zum Gegenüber besteht, und den Anteilen, in denen ich die Beziehung zum*zur anderen zu etwas in mir gemacht habe. Deshalb können wir innere Zwiegespräche mit anderen führen, können in Beziehungsmustern unterschiedlich agieren (ganz anders zum*zur Ehepartner*in, zum Kind, zum*zur Chef*in, zum*zur Freund*in, zu Eltern) und können in der Erinnerung (oder in Träumen) einen Menschen scheinbar wachrufen und erleben, der gar nicht da ist.

Und das hat für unser Verständnis von unseren Kund*innen, die trauern oder heiraten möchten, eine riesengroße Bedeutung.

3   Liebe und Beziehung

Spreche ich mit Paaren, die heiraten möchten, dann finde ich sie in einer Situation, in der sie bewusst bereit sind, den geliebten Menschen zu einem unverzichtbaren Teil der eigenen Zukunft zu machen. Es ist, als ob die Netzwerke, die in der Beziehungsgeschichte angelegt worden sind, nun sozusagen festgeschrieben werden sollen. Tatsächlich gehört das auch zu den Hauptmotivationen, die Paare äußern, wenn man sie fragt, warum sie eigentlich heiraten möchten. Sie wollen ihre Beziehung »vertiefen«, »festmachen«, »besiegeln«, »vollständig machen«, »absichern«, »verewigen« usw. Besonders das Wort »besiegeln« ist ein sprechendes Bild: Ein Beziehungsmuster soll sein Siegel bekommen wie eine Urkunde, die durch das Siegeln als endgültig gültig qualifiziert wird. Was dabei passiert, ist: Die innere Repräsentanz der Beziehung zum*zur anderen wird als ein wünschenswerter Teil des eigenen Lebens akzeptiert. Die Trauung hat dann die Aufgabe, dies rituell zu verankern. Bereits diese kurzen Gedanken machen klar: Es geht bei der Trauung darum, neuronale Netzwerke in jedem*jeder der Partner*innen sozial zu bestätigen und zu vertiefen. Es tut sich also etwas in den Gehirnen der Ehepaare, wenn eine Trauung gelingt: Es werden Deutungsnetzwerke, Handlungsmuster, Entscheidungsstrategien, Identitätskonstrukte und all das bestätigt, was die Beziehung zum geliebten Gegenüber ausmacht. Da wächst also etwas im wörtlichen Sinne zusammen. Etwas flapsig könnte man sagen: Jede*r der Partner*innen geht eine Neuronenehe mit seinem*ihrem inneren Gegenüber ein. Die ist zwar nicht unlöslich, aber wenn sie einmal da ist, kommt man aus der Nummer nicht mehr gut raus. Einfach, weil die Verbindung nicht bloß die zu einem*einer anderen ist, den*die ich notfalls zum Teufel jagen kann. Die Sache ist diffiziler: Die Ehe ist ebenso eine in mir. Die Neuronenautobahn zu all den Facetten in mir, die mit der Beziehung zu tun haben, ist eingeweiht. Sie wird ein Teil der eigenen Persönlichkeit, den man später zwar verändern, aber nicht eliminieren kann. Will man ja auch gar nicht; dazu heiratet man ja schließlich.

Was ist zuvor passiert? Ein Paar hat sich kennengelernt, und es hat gespürt – oft schon gleich am Anfang –, dass da Potenzial ist für eine Beziehung, die weiter reicht als Freundschaft oder Sex. Es spielt dabei vieles eine Rolle: Sehen wir von den Hormonen einmal ab, so sind es Bedürfnisse, Sehnsüchte, Vorstellungen und Erwartungen, die sich in jeder*jedem vor dem Kennenlernen gebildet haben. Natürlich – zum größeren Teil – unbewusst. Wir haben Erfahrungen gemacht mit anderen Partner*innen. Wir haben andere Paare erlebt (Eltern, Freund*innen usw.). Wir haben Filme gesehen, mit unseren Freund*innen über potenzielle Partner*innen gesprochen. Wir sind verletzt worden, haben Wünsche entwickelt oder auch Illusionen. Und wir haben uns selbst entwickelt und eine Vorstellung davon gewonnen, wie in etwa wir leben möchten, wie wir gesehen werden möchten und wie wir möchten, dass jemand mit uns umgeht. Es sind da eine Unmenge von Erfahrungen und Erlebnissen, Bewertungen und Handlungsmustern entstanden, bei denen wir bei einigen finden: Die sind gut, die beantworten meine Hoffnungen. Und bei anderen denken wir: Das geht gar nicht, da hab' ich schlechte Erfahrungen gemacht. Wir haben sozusagen eine innere Spur gelegt, in welche Richtung eine Beziehungsautobahn mal laufen könnte, sozusagen das Feld abgesteckt. Neuronal gesprochen: Wir haben ein inneres Netzwerk aus unzähligen Elementen geschaffen, das für uns das Thema »Partnerschaft« auf sehr individuelle Weise repräsentiert. Dass wir das Wort »Partnerschaft« haben und uns etwas darunter vorstellen können, zeigt, dass unser Gehirn längst dabei ist, etwas zu bauen.

Und dann begegnen wir dem Menschen, der – zum Zeitpunkt der Hochzeit wissen wir das – unser*e Partner*in geworden ist. Manchmal spüren wir sehr schnell: Unser Partnerschaftsnetzwerk wird in jedem relevanten Punkt angesprochen. Dann stehen die Chancen gut, dass wir das erleben, was »Liebe auf den ersten Blick« heißt. Meistens gibt es eine Teilübereinstimmung, dann »fährt« der*die Partner*in auf manchen der von uns als Bedürfnis angelegten inneren Wegen, als ob er schon immer da wäre, und auf anderen müssen wir das noch herauskriegen (und was er da sonst noch so macht, Hilfe, was ist das denn? Will ich das auch?).

Ob es Liebe auf den ersten Blick wirklich gibt oder nicht, ist eine Frage, die man einem*einer Wissenschaftler*in nicht unbedingt stellen sollte. Er*Sie wird immer antworten, dass wir hier eine rückwärts gerichtete Interpretation haben. Niemand spricht von Liebe auf den ersten Blick, wenn man sich nach drei Wochen getrennt hat, aber wenn man nach drei Jahren heiratet, dann war es schon im ersten Moment da. Später wird es noch darum gehen, dass unsere Erinnerung keine Fakten wiedergibt, sondern unsere Imaginationen der Vergangenheit (vgl. Kapitel 5 zum Thema »Erinnerung«). Liebe auf den ersten Blick, sie ist tatsächlich eine Imagination, die wir auf den ersten Moment projizieren. Das wäre die – gänzlich unromantische – wissenschaftliche Antwort. Allerdings ist das nicht alles, was man dazu sagen kann. Tatsächlich kann auch viel von dem, was nachher Liebe ist, schon in einer ersten Begegnung aufleuchten. Dann feuern die Neuronen schon, die signalisieren, dass unser Partnerschaftsnetzwerk an vielen Stellen angeregt wurde. Wenn wir uns in der Resonanz, die wir in wenigen Sekunden empfangen, getäuscht haben (Mist, er ist doch ein Macho, und noch dazu ein Buchhalter, das geht gar nicht), waren wir vielleicht auf den ersten Blick verliebt, aber das war's dann auch. Manchmal stellt sich aber mit der Zeit heraus, dass sich sehr viele Bedürfnisse bestätigen und die vertieften Beziehungsautobahnen in unserem Gehirn, die wir später Liebe nennen, schon gleich am Beginn (als sie noch Wege waren, die wir bloß durch die Vorstellung einer Partnerschaft geschaffen hatten) gut befahren wurden. Dann sehen wir die Liebe schon am Anfang, und irgendwie war sie auch schon auf den ersten Blick da – wenn auch nicht so, wie sie sich später ausbildete. Dann kann man ruhig auch von Liebe(sanfängen) auf den ersten Blick sprechen. Tatsächlich aber ist Liebe erst dann gegeben, wenn es eine starke Bindung gibt, in der die*der andere ein Teil der eigenen Lebensdeutung wird.

Dies geschieht, indem ein Paar miteinander Erfahrungen macht, die wir – auf unsere eigene, jeweils eingeübte Weise – positiv bewerten. Wir checken die*den andere*n nie so, wie sie*er ist. Sondern wir checken sie*ihn so, wie *wir* sind. Jede*r, die*der eine*n Partner*in kennenlernt, hat Werte-, Handlungs- und Entscheidungsmuster vorher gebildet. Jede*r hat einen eigenen Charakter ausgebildet und herausgefunden, auf welche Weise man gut durchs Leben kommt. Jede*r hat dies im Kontext der eigenen Familie und Freund*innen getan. Und jede*r hat ein ganz eigenes Muster entwickelt, wie er*sie Partnerschaft sieht – abhängig von Vorerfahrungen, Lebenskonstruktionen, kulturellen Prägungen und so fort. Es ist eine völlige Fehleinschätzung, dass man eine*n Partner*in so wahrnimmt, wie er*sie ist. Wir nehmen ihn*sie so wahr, wie wir ihn*sie durch die Brille unserer eigenen Struktur sehen. Machen wir nun Erfahrungen, die für uns – in unserer persönlichen, meist unbewussten Bewertung – positiv sind, dann empfinden wir Gefühle. Gefühle, die einfach daraus entstehen, dass unsere Bedürfnisse erfüllt werden. Gefühle, die in einer Traurede ein wichtige Rolle spielen können: Geborgenheit, Angenommensein, Vertrautheit, Lebensfreude und Wertschätzung auf allen Ebenen (unseres Wesens, unseres Körpers, unserer Art zu sprechen, zu leben, zu lachen, das Leben zu sehen). Das gibt unfassbaren Auftrieb, schüttet jede Menge Glückshormone aus und öffnet uns dafür, mehr, tiefere und vertrautere Erfahrungen zu machen. Je mehr und öfter wir erfahren, dass sich das gute Erleben bestätigt, desto mehr speichern wir ein Muster ab: Mit ihm*ihr fühle ich mich wohl, wenn wir … (arbeiten, Freizeit gestalten, Sex haben, über Probleme reden, mit der Familie zusammen sind, zusammen kochen, über Leute lästern etc.). Und nach dem letzten Kapitel ist klar, dass wir das alles nicht nur denken. Wir bilden neuronale Netzwerke, die das Erleben dieser Beziehung repräsentieren. Sie verbinden alles: unsere Sinneserfahrungen, alle positiv angesprochenen Werte, alle gemeinsamen Erinnerungen und unseren Körper (von Herzschlag, über Muskeltonus bis zu unseren Sexualorganen). Und das Netzwerkzentrum all diese Knotenpunkte ist nicht dieser Mensch selbst. Es ist das Bild, das wir von ihm haben. Die innere Repräsentanz der Person, die draußen, in der wirklichen Welt, ihren Namen trägt.

Liebe ist, schauen wir genau hin, nicht so sehr ein Gefühl für einen Menschen. Es ist ein Selbstgefühl, das die inneren Verbindungen zu dem Bild, das wir von einem Menschen in uns abgespeichert haben, positiv bewertet für das eigene Leben, das eigene Selbstgefühl, die eigenen Wünsche und Hoffnungen. Im Grunde gilt dies auch für Freundschaft, die nicht umsonst seit jeher als eine Form der Liebe gesehen wird. Diese Sicht auf Liebe ist nicht besonders romantisch und das muss sie auch nicht sein, denn Romantik ist für Liebe nicht konstitutiv (sondern eine kulturell erst gewachsene Liebesdeutung). Mit dieser Auffassung von Liebe lassen sich aber die unterschiedlichsten Ausprägungen von Beziehungen gut verstehen.

Eine besonders starke Ausprägung hat eine Beziehung dann gefunden, wenn beide sich entscheiden, eine lebenslange Bindung einzugehen. Ist das der Fall, dann hat jede*r auf eigene Weise durch fortwährende gegenseitige Anpassung, gemeinsam bewältigte Herausforderungen und überwundene Krisen gemerkt, dass die Beziehung ein Erfolgsmodell ist, das dem Alltag gewachsen ist. Je mehr dies geschehen ist, desto mehr hat jede*r die Beziehung zum anderen Menschen in den eigenen Lebensmustern und der eigenen Selbstsicht verankert. Jede*r von beiden hat ihre*seine Struktur so verändert, dass eine Repräsentanz des Gegenübers in ihm*ihr gebildet und integriert wird. Es sind automatisierte Prozesse entstanden, den Alltag gemeinsam zu gestalten, den geliebten Menschen in das Denken einzubeziehen usw. Letztlich wird der*die andere – nicht als das, was er*sie ist, wohl aber als das, was wir von ihr*ihm integriert haben – ein Teil von uns selbst.

Das bedeutet vor allem, dass sich das Selbstgefühl verändert hat. War jemand vorher er*sie selbst in verschiedenen Beziehungen, so gibt es jetzt eine Beziehung, die einen besonderen Stellenwert hat. Das eigene Ich fühlt sich – so, wie wir es für uns gestaltet haben – dann nur in der Beziehung stimmig und rund. Es ist das Gefühl entstanden, dass man nur in der Beziehung sein möchte, der*die man ist. Oder, um es mit dem Lied »Lieblingsmensch« von Namika zu sagen: »Bei dir kann ich ich sein, verträumt und verrückt sein, na na na na na na …«. Und dann stellt sich die Frage – nachdem Heiraten in unserer Gesellschaft als stärkste Möglichkeit der Paarverbindung angeboten wird –, ob man diese Option nicht nutzen möchte, um das Beziehungsgefühl zu verstetigen.

Diese Situation ist in der Regel gegeben, wenn Brautpaare eine*n Redner*in buchen. Dabei ist die Bedeutung, die der*die Partner*in für eine*n der beiden gewonnen hat, sehr individuell. Obwohl das Ergebnis (nämlich, dass man den*die Partner*in für immer als Teil des eigenen Lebens sehen möchte) gleich ist, ist es höchst unterschiedlich, was das für jede*n Einzelne*n bedeutet. Es hat sich lediglich vollzogen, dass jede*r von beiden ein Bild von der*dem anderen erschaffen hat, das sich (zum Zeitpunkt des einvernehmlichen Antrags) als so sehr kompatibel, bedürfniserfüllend und hilfreich erwiesen hat, dass man es in sich integriert hat.

Man muss aber unbedingt festhalten, dass dieses Bild des*der anderen nie der*die andere ist. Wir können zwar als soziale Wesen nicht ohne andere Menschen, mit denen wir uns durch Liebe verbinden, wir selbst sein. Aber dennoch verschmelzen wir nicht. Und das heißt, dass das Leben miteinander immer wieder die Bilder verändert, die wir voneinander haben. Schwierig ist es nur, wenn sich jemand anders entwickelt, als wir erwarten. Dann stehen wir vor der Aufgabe, dem*der anderen in seiner*ihrer Andersheit in uns einen Platz zu geben, wenn wir weiter in der Beziehung glücklich sein wollen. Andernfalls bekommen wir Streit, weil wir versuchen, unseren geliebten Menschen dazu zu bringen, unser Bild von ihm*ihr zu bestätigen – und wir hören ein »Das bin ich gar nicht«. Und umgekehrt erleben wir, dass wir das, was unser Gegenüber in uns sieht, auch nicht sind. Da bekommt das »Bei dir kann ich ich sein, verträumt und verrückt sein …« ein Fragezeichen. Solche (manchmal ganz kleinen) Krisen gehören ganz natürlich zum Beziehungsleben dazu. Anders würden wir uns als Paare nicht verändern und auf unsere Lebensentwicklung einstellen können. Immer geht es darum, gegenseitig die Bilder anzupassen, die wir voneinander haben. Sie werden realistischer, entsprechen mehr dem*der anderen. Wir passen uns an (in unseren eigenen Mustern), um diese Bilder zu integrieren und dem geliebten Menschen einen weiterhin stimmigen Platz zu geben. Umgekehrt bleiben wir auch uns selbst treu und machen das Bild des*der anderen nicht zum Zentrum unserer Identität. Auf diese Weise wächst ein Paar zueinander und bildet eine reife Beziehung.

Je länger ein Paar in dieser Entwicklung ist, desto mehr werden nicht nur die Seiten der Beziehung, die Glücksgefühle auslösen, in die Beziehung integriert, sondern auch diejenigen, die immer wieder einen Veränderungsstress auslösen. Paare, denen es gelingt, eine reife Beziehung zu bilden, verändern mit der Zeit die Deutung dieser (nervigen) Seiten des*der anderen. Sie erleben sie als positive Ergänzung und Herausforderung, sich immer wieder zu verändern. Tatsächlich: Geht einem der*die Partner*in auf die Nerven, dann müssen sich die Bilder von ihm*ihr verändern (also die entsprechenden neuronale Vernetzungen im Gehirn), damit er*sie in uns einen guten Platz behält. Gelingt das, ist die Partnerin als andere, und auch in ihrer Fremdheit, integriert. Und der Partner ist, als was er ist, ein immer auch anderer und in sich eigenständiger Mensch. Eigentlich ist erst dann das erreicht, dass man bei der*dem anderen das Gefühl hat, wirklich ich selbst zu sein.

Natürlich gehen in diesem Prozess viele Beziehungen auch auseinander – manche auch zwischen Buchung der Trauung und der Hochzeit selbst. In der Regel aber heiraten Paare heute erst, nachdem sie die aufreibende Zeit der Berufsfindung, Selbstwerdung und großen Lebensveränderung bis zum dreißigsten Lebensjahr abgeschlossen haben. Und spätere (oft zweite) Ehen geben ein Bild, in dem Paare oft eine besondere Beziehungsreife zeigen, weil sie erfahren haben, worum es ihnen in einer Beziehung wirklich geht. Es fällt ihnen leichter, die Eigenständigkeit des Gegenübers als Gewinn für das eigene Leben zu schätzen.

Für freie Redner*innen, die Beziehungsrituale designen, ist es wichtig, ein Gefühl für die Muster zu entwickeln, die zwei Menschen verbinden. Eine Hochzeitsrede hat im Wesentlichen die Aufgabe, die Beziehungsbedeutung zu symbolisieren, auf welche Weise auch immer. Und bei Trauerreden geht es um das Umgehen mit dieser Bedeutung der Liebe angesichts dessen, dass ein geliebter Mensch gestorben ist. In jedem Fall gestaltet das Beziehungsritual eine Lebensschwelle, in der sich die Wertigkeit, der Status und die Bedeutung des*der anderen in der eigenen Identitätskonstruktion verändert. Bei der ♥ Trauung ist es eine Veränderung in der Beziehungsbedeutung zum*zur Partner*in. Und bei der # Trauerfeier ist es ebenso – nur mit anderem Fokus. Oder es geht um die Beziehung zu einem Elternteil, zu Großeltern, zum eigenen verstorbenen Kind, zur Schwester, zum Bruder oder zum*zur Freund*in. Immer ist es ein »geliebtes Gegenüber«, das eine innere Repräsentanz in der eigenen Identität hat. Dabei bezeichnet das Wort »geliebt«, dass eine identitätsstiftende Bindung da ist – ganz unabhängig davon, ob diese stark oder schwach, harmonisch oder konfliktreich war oder ist.

Die folgende Grafik zeigt schematisch die Situation, auf die sich das Hochzeits- oder Trauerritual bezieht: Es geht um Einzelpersonen mit verschiedenen inneren Repräsentanzen anderer (verstorbener und lebender Personen), von denen eine*r das »geliebte Gegenüber« ist, das geheiratet oder betrauert wird. Die Ritualrede hat zur Aufgabe, die Veränderung der Beziehung so zu gestalten, dass die Bedürfnisse, die für den Lebensübergang bestehen, beantwortet werden. In der Grafik bezeichnet der Kreis mit dem Herzen die innere Repräsentanz des äußeren geliebten Gegenübers:

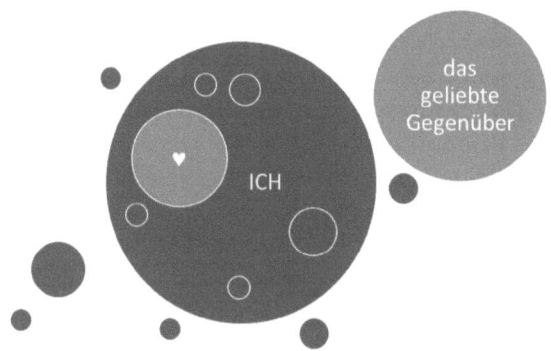

4 Beziehung und Identität, wenn eine*r stirbt

Eine besondere Situation tritt ein, wenn »das geliebte Gegenüber« stirbt. Dieses Ereignis bedeutet eine außerordentliche Störung – sowohl im innerpsychischen System eines*einer Angehörigen als auch im sozialen System. Weil wir als Einzelpersonen nur in Verbindung mit anderen wir selbst sind und eine eigene Identität ausbilden, gehören die Personen, mit denen wir verbunden sind, selbstverständlich zum Leben dazu. Und zwar unabhängig davon, ob die Beziehung beglückend oder leidvoll war (oder beides). Die Bindung zu einem Menschen ist mitunter sogar in einer konfliktreichen Beziehung stärker als in einer harmonischen, ganz einfach, weil der starke Eindruck, den der Konflikt mit sich gebracht hat, das eigene Lebenssystem stark geprägt hat. Wir sind, was wir sind, immer in Auseinandersetzung mit den Menschen geworden, die für uns Bedeutung haben. Wir haben neuronale Netzwerke geschaffen, in denen wir Bewertungs- und Handlungsmuster verstetigt haben, mithilfe derer wir mit den schönen und schweren Herausforderungen der Beziehung umgehen können. Diese sind ein Teil von uns selbst geworden. Und sie sind immer auch ein Ergebnis von konflikthaften Auseinandersetzungen, von Abgrenzungen (in denen wir einen eigenen Weg finden) und von Anpassungen (in denen wir Muster von anderen übernommen und zu eigenen Mustern verändert haben). Was passiert nun, wenn ein Mensch stirbt, der mir wichtig ist?

Die zuletzt abgebildete Grafik macht es deutlich: Der äußere Kreis, das geliebte Gegenüber als realexistierender Mensch, fällt weg. Dies bedeutet: Das äußere System verändert sich. Es hat nun eine Leerstelle, die gefüllt werden möchte. Was aber ist mit dem inneren Kreis? Die für die in der Trauerpsychologie grundlegende Antwort ist: Er bleibt. Die innere Repräsentanz der*des Verstorbenen bleibt bestehen. Sie ist eine neuronale Struktur in uns selbst geworden. Sie wird mit dem Tod eines nahen Menschen nicht gelöscht. Im Gegenteil: Sie wird im besonderen Maße aktiviert. Allerdings: Sie wird sich verändern.[31]

Bei genauerer Betrachtung ergeben sich verschiedene Perspektiven, die alle gemeinsam die Situation der Trauer ausmachen: Zunächst ist da das äußere System. Stirbt ein Mensch, dann verändert sich nicht nur das Verhältnis zwischen dem verstorbenen und dem trauernden Menschen. Es verändert sich das ganze System. Man kann es gut vergleichen mit einem Mobile, bei dem jede*r Einzelne in dem Beziehungsgefüge einer Familie oder eines Freundeskreises eine Rolle hat und eine Aufgabe wahrnimmt. Nimmt man ein Element aus einem Mobile heraus, gerät das ganze System ins Wanken. Nicht nur der*die einzelne Trauernde muss damit umgehen, sondern das ganze Beziehungsgefüge steht vor der Aufgabe, sich neu zu justieren. Man kann das sehr gut beobachten, wenn man mit Familien spricht, bei denen ein Elternteil gestorben ist. Man sitzt zusammen mit mehreren Menschen aus dem System, die alle eine Bezugsperson verloren haben. Das bedeutet unausweichlich, dass auch die Beziehungen dieser Menschen *untereinander* eine neue Justierung brauchen. Wie geht die Familie als Familie mit der Trauer um? Wie kann möglicherweise ein zurückbleibender, nun verwitweter Elternteil aufgefangen werden? Wer übernimmt welche Rolle? Dies sind Themen, die nicht erst nach einer Bestattung relevant werden, sondern die schon in der Phase zwischen dem Tod und einer Trauerfeier erste Weichenstellungen erfahren. Allein schon die Auswahl, die eine Familie getroffen hat, wer aus der Familie mit der*dem Trauerredner*in spricht, ist ein Element des Umgangs mit der neuen Situation im Familiensystem. Oft sind es mehrere Menschen, die dieses Gespräch mit einem*einer Redner*in führen – und auch das ist ein Zeichen für den Umgang aller mit ihnen. Die Positionierungen, die Art und Weise, wie jede*r sich einbringt, sind erste Ansätze auf dem Weg, ein neues Gleichgewicht in das »Mobile« hineinzubringen. Jede*r ist auf dem Weg, einen neuen Platz zu finden. Nicht zu vergessen sind dabei auch diejenigen, die nicht anwesend sind. Auch sie sitzen am Tisch, wenn auch auf einem Stuhl, der leer bleibt. Ein erwachsener Sohn etwa, der sich nicht beteiligen möchte oder der möglicherweise bewusst nicht von den Geschwistern, die die Trauerfeier vorbereiten, eingeladen wurde, spielt gerade durch die Nichtanwesenheit eine wichtige Rolle. So ist das ganze System in Bewegung. Möchte ein*e Trauerredner*in ein Ritual gestalten, das nicht nur die Gesprächspartner*innen, sondern auch die Familie mitnimmt, dann gilt es, die Verhältnisse der Familienmitglieder untereinander achtsam wahrzunehmen. Trauer ist immer auch gemeinsame Trauer. Jedes Mal geht es auch um ein *trauerndes System,* das den Verlust eines Mitglieds verarbeiten und sich darin neu finden muss (oder, nicht selten, damit umgehen muss, dass es durch den Verlust einer zentralen Persönlichkeit gerade dabei ist, als Beziehungssystem, als Familie oder als Freundeskreis zu zerbrechen).

Schauen wir auf das *innere* psychische System eines*einer der Trauernden, dann sehen wir einen doppelten Aufruhr. Einerseits fehlt das äußere Gegenüber des verstorbenen Menschen. Und andererseits ist das Beziehungsgefüge in Bewegung, in dem sich der*die Trauernde familiär verortet. Beides wirkt auf die*den Einzelne*n zurück. Sie*er steht vor der Aufgabe, sich doppelt zu verändern: einerseits im Blick auf das Fehlen des*der Verstorbenen in deren*dessen Bedeutung für ihn*sie selbst, andererseits im Finden einer veränderten Position im System. Beide Prozesse laufen gleichzeitig ab und sie bedingen sich gegenseitig.

Im Fokus der*des Einzelnen steht dabei zunächst vor allem die Veränderung der persönlichen Beziehung zum*zur Verstorbenen, also die *individuelle Trauer.* Gemeinhin wird hier von der Herausforderung eines Abschieds gesprochen, aber das ist zu kurz gegriffen. Zutreffender ist, von *Trauer als einer Beziehungsveränderung* zum*zur Verstorbenen zu sprechen.[32] Dieser Fokus der neueren Trauerpsychologie macht einen gewaltigen Unterschied für das Verständnis eines Trauerrituals und der Aufgabe einer Trauerrede.[33]

In der Nachkriegspsychologie wurde die Herausforderung der Trauer vor allem als eine Ablösungsaufgabe gesehen. Dies hatte auf der *einen* Seite mit der Nachkriegssituation zu tun. So viele Menschen waren durch Krieg, Flucht und Vertreibung, Verfolgung, Hunger oder Krankheit gestorben, dass die Auseinandersetzung mit den Trauergefühlen als eine Überforderung erlebt wurde. Die Kriegs- und Nachkriegsstrategie war: Möglichst nicht dran denken. Die Füße wieder auf den Boden stellen. Weitermachen. Etwas Neues aufbauen. Trauer war etwas Störendes. Im Blick auf die Notwendigkeit, das Leben neu aufzubauen, hatte sie auch bedrohliche Aspekte. Wer trauerte, drohte im Leben zu scheitern, es »nicht zu schaffen«. Umgang mit Trauer hatte wesentlich das Ziel, sie los zu werden. Daher war das zentrale Thema: Abschied und dann weitermachen. The show must go on! Die *zweite* Seite dieses Umgangs mit Trauer resultierte aus der damaligen Fachpsychologie. Ausgehend von Sigmund Freud wurde hier die Auffassung vertreten, die Aufgabe der Trauer sei es, alle Erinnerungen, Erwartungen und triebhaften Verknüpfungen von der*dem Verstorbenen abzulösen, damit »das Ich nach Vollendung der Trauerarbeit wieder frei und ungehemmt« wird.[34] Es ist noch gar nicht so lange her, dass Menschen, die eben das nach einer für angemessen befundenen Zeit nicht schafften, pathologisiert wurden und sich in psychiatrischer oder psychotherapeutischer Behandlung wiederfanden. Die *dritte* Seite in dieser Trauerauffassung war die Haltung der Kirchen. Indem sie in ihren Trauerritualen die*den Verstorbene*n »in Gottes Hände« entließ und den Fokus darauf legte, dass sie*er nun *dort* sei, schuf sie einen religiösen, imaginären Ort, der es erleichterte, damit umzugehen, dass der verstorbene Mensch nun »weg« ist. Dass er*sie bei Gott Gnade finde, das sollte der Trost sein. Menschen, die an der*dem Verstorbenen weiter hingen und es nicht schafften, sich zu lösen, wurden eingeladen, für ihn*sie zu beten – das ganze Todesgeschehen aber zugleich »aus Gottes Hand« anzunehmen und sich in ihr Schicksal zu fügen. Und so blieb auch die kirchliche Trauerinterpretation der Nachkriegssituation und ihrer Trauerpsychologie verpflichtet. Sie mutete zu, dass Menschen *sich fügen* und *loslassen*. Und Spuren dieser Zumutungen, die es Trauernden schwer machen, gibt es bis heute.

Es dauerte einige Jahrzehnte, bis sich die Einsicht durchzusetzen begann, dass die Zumutung einer Trauerüberwindung durch Abschied, Loslassen und Weitermachen nicht funktionieren *kann*. Einfach deshalb, weil es nicht möglich ist, die innere Repräsentanz einer*eines Verstorbenen im eigenen Bewusstsein loszulassen. Viele Trauernde haben immer gespürt, dass sie die Präsenz, die ein*e Verstorbene*r in der eigenen Lebenswirklichkeit hat, nicht eliminieren können. Sie haben weiter mit ihm*ihr gesprochen, weiter die Beziehung gelebt, Erinnerungen gepflegt und versucht, das Leben irgendwie *mit* dem Menschen zu meistern, den sie vermissten. Oft waren sie bei dem Versuch gescheitert, damit aufzuhören, und verbargen ihre Trauer, weil sie in der Gesellschaft keine Anerkennung hatte. Zudem hatten sie nicht selten den Eindruck, sie seien nicht ganz normal. Die Umwelt, einschließlich vieler Therapeut*innen, vertraten diese Meinung schließlich auch. Erst Mitte der 1980er-Jahre regte eine aus den USA kommende neuere Strömung auch in Deutschland ein Umdenken an. Es begann ein langsamer Weg, Trauer sach- und menschengerecht zu verstehen. Und es verwundert nicht, dass viele der klassischen freien Trauerredner*innen (ebenso wie auch ihre älteren Kund*innen) ganz selbstverständlich davon ausgehen, dass es bei einer Trauerfeier vor allem um Abschluss und Loslassen gehe.

Diese alte Trauerpsychologie konnte nicht funktionieren, weil sie übersah, dass ein nahestehender verstorbener Mensch ein bleibender Teil im psychischen System der Trauernden ist. Er ist schon darum nicht eliminierbar, weil er eine neuronale Repräsentanz im Gehirn derer hat, die mit ihm in Beziehung gelebt haben. Je tiefer die Beziehung, je länger, je intensiver (oder auch je konflikthafter), umso mehr sind diese Repräsentanzen bleibend. Und so ist ein Mensch für das Bewusstsein auch nicht im umfänglichen Sinne tot. Weil da einfach noch etwas lebt und zwar genau das, was auch zuvor die Beziehung hat präsent sein lassen. Der etwas platt anmutende Satz, der sich auf vielen Traueranzeigen findet: »Du lebst in unserer Erinnerung – nur wer vergessen wird, ist tot«, hat also eine neurobiologisch verifizierbare Wahrheit. Das liegt auch daran, dass im limbischen System unseres Gehirns, in dem die Beziehung zum*zur Verstorbenen emotional verankert ist, sowohl Zeitlosigkeit als auch Positivität herrscht. Wir können zwar mühsam denken, dass etwas nicht ist. Aber wir haben dazu keine anderen Bilder als die Existenz dessen, was nicht da sein soll. Wenn wir sagen »Da ist kein Blau«, dann leuchtet in uns die Farbe Blau auf. In jeder einzelnen Negation ist sie präsent. Ebenso unmöglich ist es, emotional aufzufassen, dass jemand »nicht mehr« da ist. Da er*sie emotional präsent ist, macht diese Aussage für unser Gehirn tatsächlich keinen Sinn. Es kann bei der Trauer also nicht darum gehen, einen Abschied zuzumuten, bei dem ein Mensch seine Präsenz einbüßt. Ein Trauerritual, dass diese Zielrichtung verfolgt, läuft nicht nur ins Leere. Es ist sogar geeignet, den inneren Konflikt eines*einer Trauernden noch zu verschärfen.

Tatsächlich besteht die Aufgabe der Trauer nicht in einer Leugnung, sondern in einer Akzeptanz der Nähe, Bedeutung und inneren Präsenz eines verstorbenen Menschen. Es geht nicht um Beziehungsabbruch, Beziehungsabwicklung oder Beziehungsende, sondern um positive Beziehungsveränderung. Es geht um eine Weiterentwicklung der Beziehung zur »inneren Person«. Und zwar um eine solche Weiterentwicklung, die dem Umstand Rechnung trägt, dass der*die andere gestorben ist und es einen endgültigen Abbruch jeglicher direkter sozialer Kommunikation mit ihm*ihr gegeben hat.

Welche Weiterentwicklung kann das sein? Das ist eine große und gute Frage, die zu beantworten letztlich einen Entwicklungsprozess erfordert, der bei jedem*jeder Trauernden ebenso einzigartig ist, wie es die Beziehung zur*zum Verstorbenen war und wie es die Lebens- und Krisenüberwindungsstrukturen in der*dem Trauernden sind. Man hat – noch im alten Modell der Trauer – versucht, ein Phasenmodell zu entwickeln, um Trauerstufen beschreiben zu können. Dementsprechend war es ein gängiger Zugang zur Frage der Trauerfeier, diese in bestimmte frühe Trauerphasen einzuordnen. Das Problem dabei ist aber: Es gibt diese Trauerphasen nicht. Das Modell hat sich als eine unzureichende Konstruktion erwiesen, sowohl wegen der Stufen selbst, die noch der freudschen Loslösungstheorie verhaftet sind, als auch im Blick auf die zeitliche Abfolge der Stufen, die sich in realen Trauerprozessen nicht in der Weise finden, wie sie sollten. Trauer ist ein viel komplexerer Wandlungs- und Transformationsprozess, als man gedacht hat.[35] Was man aber sagen kann, ist: Gelingende Trauer hat immer damit zu tun, dass die Beziehung zum verstorbenen Menschen einen neuen Ort im psychischen System eines Menschen findet. Es geht um eine Veränderung der Vernetzung der inneren Repräsentanz mit den anderen Bereichen, die das Leben, Lieben, Fühlen und Sich-Verstehen ausmachen. Es geht um einen guten Ort der*des Verstorbenen im zukünftigen Ich des Menschen. Gelingt es, einem »geliebten Menschen« diesen Ort zu geben, nimmt der Trauerschmerz ab. Denn die Suchbewegung des Bewusstseins, das immer wieder das verlorene Gegenüber vergeblich im Außen suchte, findet es nun in sich. Hatte ein Mensch zu Beginn der Trauer das Gefühl (metaphorisch gesprochen), wesentliche Fäden, die das Leben halten, seien abgeschnitten, findet er nun eine neue Verknüpfung. Und das ist tatsächlich auch das, was dann passiert ist: Die Vernetzung hat sich verändert – sowohl in dem sozialen System als auch im psychischen. Ruhe ist eingekehrt. Der*Die Verstorbene ist noch immer präsent. Er*Sie bleibt ein Teil des Lebens. Es gibt ein neues, verändertes Gleichgewicht im Innen und im Außen. Das ist das Ziel.

Die Trauerfeier steht in diesem Transformationsprozess relativ am Anfang. Sie ist nicht der Beginn der Bewegung. Diese beginnt teilweise schon vor dem Tod eines nahen Menschen, nämlich wenn es eine längere Phase gegeben hat, in dem dieser auf den Tod zuging. Oft ist das nicht der Fall, sei es aufgrund eines plötzlichen Todes oder sei es auch, dass sich ein trauernder Mensch bis zum Zeitpunkt des Todes gewehrt hat, diesen als eine kommende Wirklichkeit zu realisieren. So ist die Situation, in die eine Trauerrede fällt, immer sehr spezifisch. Sie hängt davon ab, wie es Angehörigen mit dem Tod geht, wie sie ihn erleben, bewerten und welche Weisen des Umgangs sie schon begonnen haben, umzusetzen. Ein gutes Trauerritual versteht es, auf diese Situation achtsam einzugehen.

Unabhängig davon, wie die Situation konkret aussieht: *Die Trauerrede ist immer eine freundliche, lebensbejahende Einladung, den Wechsel eines geliebten Gegenübers von außen nach innen geschehen zu lassen.* Sie ist eine Anbahnung des positiven Transformationsprozesses der Beziehung. Indem in der Trauerrede Erinnerungen aufgerufen werden, regt sie eine individuelle Entwicklung an, die emotionale Verbundenheit mit einem nahen Menschen anzuschauen und als bleibenden Teil des eigenen Lebens in sich hineinzunehmen. Die Trauerrede vergewissert auf diese Weise der Beziehung, wie sie ein Mensch für sich annehmen und bewerten möchte. Sie eröffnet einen Raum, *mit* der*dem Verstorbenen in die Zukunft zu gehen. Sie inszeniert diesen Übergang im Abschiedsritual. Und sollte die Trauerrede mit einer von dem*der Redner*in begleiteten Grablegung enden, konstituiert sie zugleich einen symbolischen äußeren Ort für die künftige Beziehung, die ein trauernder Mensch dann möglicherweise nutzen möchte. Das alles geschieht – und darin liegt eine große Wirksamkeit der Trauerfeier – nicht nur individuell, sondern zugleich im trauernden System der Familie bzw. dem Freundeskreis. Hier wie dort geht es um eine Unterstützung und weitergehende Einleitung eines entwicklungsfördernden Integrations- und Transformationsprozesses. Die Aufgabe einer Rednerin*eines Redners ist, diese Aspekte im Design der Rede bzw. des Rituals achtsam und einladend durchsichtig zu machen. Ob das durch Andeutungen, Symbole, Metaphern, Handlungen oder durch direktes, manchmal auch erklärendes Ansprechen geschieht, ist eine Frage der Situation, des Ritualdesigns und der künstlerischen Redegestalt.

5 Die Bedeutung der Erinnerung

Erinnerungen sind ein großer Teil des Materials, aus dem Redner*innen eine Rede gestalten. Und dies ist bei beiden Aufgabenfeldern der Fall. Hochzeits- und Trauerrede unterscheiden sich zwar im Anlass, aber nicht darin, dass sie mit Erinnerungen umgehen. Die Gestaltung eines Lebensübergangs in der Beziehung zu einem*einer Partner*in bei der Hochzeit (oder zu einer*einem Angehörigen bei der Beerdigung) hat wesentlich damit zu tun, was das »Ich«, das heiratet oder trauert, mit diesem Menschen erlebt hat. Denn es ist das vergangene Erleben, durch das sich die Beziehungsmuster und die Bewertungen entwickelt haben, die diesen Menschen eine wichtige Lebensbedeutung geben.

5.1 Was sind Erinnerungen?

Erinnerungen sind die Weise, in der ein anderer Mensch in uns präsent ist. Dieser Satz ist grundlegend. Im vorletzten Kapitel war davon die Rede, dass wir neuronale Netzwerke bilden, die eine Repräsentanz eines nahen Menschen in uns darstellen. Aber das ist die biologische

Ebene. Die Ebene, die wir wahrnehmen, ist die der Erinnerung. Fachlich spricht man hier von Erinnerungsnetzwerken. Potenziell jede Erinnerung in der Beziehung zu einem Menschen kann Teil dieses Netzwerkes sein. Wir schöpfen aus einem unüberschaubaren Reservoir an Erlebnissen, die wir als Erinnerung gespeichert haben. Das »geliebte Gegenüber«, das wir heiraten oder betrauern, ist in uns präsent in Form einer Vielzahl miteinander verknüpfter Erinnerungen.

Was wir landläufig als »Erinnerung« bezeichnen, ist dabei allerdings nur die Spitze des Eisbergs. Fragt man Menschen nach ihrer Erinnerung an einen Menschen, dann erzählen sie eine Geschichte, etwas, was er oder sie getan oder gesagt hat. Oberflächlich gesehen ist es ein Bild, das sie vor sich sehen, oder die Sequenz einer vergangenen Situation. Worum es in der Erinnerung aber eigentlich geht, wird meist nicht erzählt. Erst im Gespräch stellt sich heraus, was diese Erinnerung ausmacht, nämlich das *Erleben* dieser Situation. Und darum geht es.[36]

Wenn wir eine Erinnerung abspeichern, dann schreiben wir kein sprödes Geschichtsbuch, sondern wir speichern das Erinnerte ab
- mit den Gefühlen, die wir in dem Moment haben,
- mit den Eindrücken der Umgebung, die wir als relevant erlebt haben (die Situation, die anderen Menschen, die dabei waren, der warme Wind, der Sonnenuntergang),
- mit unserem Körpergefühl (weswegen eine Erinnerung unseren Herzschlag steigern und Schweißausbrüche hervorrufen kann),
- mit den Bewertungen, die wir der Erinnerung geben (war das Erlebnis schön, peinlich, gruselig oder erfüllend?),
- und mit der Bedeutung, also der Relevanz des Erlebens (ist es wichtig, eine Schlüsselerfahrung oder eine Ausnahme im Erleben dieses Menschen?).

Mit anderen Worten: Eine Erinnerung ist immer verknüpft mit einem Erleben, wie es uns in dieser Erinnerung geht. Sie ist nicht nur Erinnerung an ein Geschehen, sondern die Erinnerung an *ein Gesamterleben von uns selbst in dem Geschehen, das wir erinnern.*

Erinnern wir uns also, so rufen wir ein Erleben wach, das sich durch viele Teile dessen zieht, was wir als unser »Ich« ansehen. Es gibt Verknüpfungen zu anderen Erinnerungen, zu unseren Werten, zu unserem Körper, zu unseren Gefühlen, zu unseren damaligen

Wünschen (an die wir uns ebenfalls erinnern). Und es gibt Verknüpfungen zu alledem – heute!

Damit ist eine wesentliche Erkenntnis gewonnen, die für die Gestaltung einer Hochzeits- oder Trauerrede elementar ist. Erinnerung, sie passiert nicht in der Vergangenheit. Erinnerung, sie passiert in dem Moment, in dem man sich erinnert. Insofern ist sie tatsächlich auch nicht früher, selbst wenn das Erlebnis, das wir wachrufen, früher war. Indem sich ein Mensch erinnert, aktiviert er das Gesamterleben in der Gegenwart. Er aktualisiert die abgespeicherten Bewertungen, Gefühle, Bedeutungen etc. mit der Folge: Das Erleben einer Erinnerung ist ein Erleben *jetzt*.

In einer guten Trauerrede entsteht so der Eindruck, einen verstorbenen Menschen so vor sich zu sehen, wie er war (also wie man ihn erlebt hat). Und in einer guten Hochzeitsrede wird die Erinnerung an Schlüsselerlebnisse in einer Weise aktiviert, dass die Beziehungsbedeutung jetzt erlebt wird – in dem Moment des Rituals. Tatsächlich geht es genau darum.

Allerdings muss man sich – bei jedem Umgang mit Erinnerung – vor Augen führen: Was wir erleben, wenn wir uns erinnern, ist nicht das Erleben, das wir damals, als wir die Erinnerung erstmals abspeicherten, *hatten*. Es ist ein Erleben, das sich durch die Aktualisierung verändert, weil es in Zusammenhang mit dem steht, was die Erinnerung heute auslöst, also zu dem Zeitpunkt, in dem wir erinnern. Und das verändert auch die Erinnerung selbst. Zwar denken die meisten Menschen, dass eine Erinnerung auch wirklich so war, wie sie sie erinnern. Aber tatsächlich ist das eine Selbsttäuschung. Wenn sich jemand erinnert, dann fühlt er*sie ein *heutiges* Erleben. Und das ist immer anders. *Wer sich erinnert, erlebt nicht, was war, sondern was er*sie daraus gemacht hat.*

Das ist eine sehr grundlegende Erkenntnis für die Arbeit von Redner*innen: Erinnerungen sind Deutungen. Sie sind keine Wahrheit von früher. Das, was wir heute erinnern, ist nie ganz das, was passiert ist. Und was wir bei einer Erinnerung erleben, ist auch nicht genau das Gefühl, das wir damals hatten. Erinnerungen sind *Konstruktionen* eines früheren Erlebens. Sie sind immer verändert. Sie sind immer gedeutet. Sie sind immer mit späteren Erfahrungen verknüpft, die das erinnerte Erlebnis rückblickend in ein anderes Licht rücken. Sie sind auch immer situativ an die heutige Situation angepasst. Und das heißt: Sie sind immer *auch* ein *Fake* – also eine Manipulation.

Wenn Redner*innen mit Erinnerungen von Menschen arbeiten, arbeiten sie also mit den Manipulationen, die Menschen ihrer eigenen Geschichte und den Erlebnissen mit anderen geben. Genauer gesagt: Sie arbeiten an dieser Manipulation von Erinnerung mit, indem sie diese im Gespräch erheben, in Worte fassen und in einem Ritual verarbeiten. Warum? Weil es – wie wir noch sehen werden – genau ihre Aufgabe ist.

Zunächst trete ich einen Schritt zurück und nehme das Thema »Erinnerungen« auf und wende mich der Frage zu, wie Erinnerungen eigentlich entstehen und wie sie sich verändern.

5.2 Wie wir Erinnerungen schaffen und verändern

Erinnerungen, sie sind nicht einfach so da. Sie haben Voraussetzungen. Die wichtigste Voraussetzung ist die Entwicklung unseres Gehirns. Es gibt manche Menschen, die von sehr frühen Erinnerungen aus dem Säuglingsalter berichten oder sogar meinen, sie könnten sich an ihre Geburt erinnern. Das mag interessant klingen, ist aber Unsinn. Es zeigt lediglich, wie sehr wir in der Lage sind, uns Erinnerungen einzubilden. Tatsächlich braucht Erinnerung einen Rahmen, in den man Erlebnisse einordnen kann. Es braucht ein Verständnis dessen, was man sieht, muss erkennen können, wer das ist, mit dem ich etwas erlebe, etc. Und das braucht eine Gehirnentwicklung, die einige Jahre dauert. Deshalb erinnern wir uns nicht an die allerersten Jahre unseres Lebens. Es ist durchaus möglich, dass wir aufgrund von Erzählungen unserer Eltern oder aufgrund von Fotos Erinnerungen nachträglich erzeugen (»Mein Opa hat mich mit einem roten Porsche vom Kindergarten abgeholt, das war cool«). Und es ist auch unbestritten, dass uns die Erfahrungen und Erlebnisse der ersten Jahre oft entscheidend für unser Leben prägen. Aber wir haben daran keine bzw. nur sehr verschwommene Erinnerungen mit dem einfachen Grund, dass wir noch nicht die Fähigkeit entwickelt haben, Erinnerungen zu produzieren. Später – besonders als Erwachsene – geht das deutlich besser. Die Fähigkeit zu erinnern, entwickelt sich erst.[37]

Zumindest potenziell kann jede Erfahrung, die wir machen, auch eine Erinnerung werden. Allerdings verschwinden die meisten Erinnerungen sehr schnell wieder. Unser Kurzzeitgedächtnis (Wissenschaftler*innen sprechen von einer 30-Sekunden-Dauer) ermöglicht uns, vom Stuhl aufzustehen und zur Kaffeemaschine zu gehen, ohne dort schon vergessen zu haben, wozu wir eigentlich da sind. Aber danach haben wir daran in der Regel keine Erinnerung mehr. Und das ist ein Glück. Würden wir uns an jede Einzelheit immer erinnern, würde es uns völlig überfordern.

Erinnerungen, die länger halten, tun dies deshalb, weil sie eine physische Repräsentation in unserem Gehirn bilden, die zumindest einige Zeit bleibt – ein neuronales Netzwerk, das stabil ist. Zur Erinnerung: Neuronale Netzwerke bilden sich umso stärker aus, je stärker sie aktiviert werden und je stärker die neuronalen Bahnen benutzt werden. Das ist auch bei Erinnerungsnetzwerken so. Eine Erinnerung ist umso langanhaltender, je mehr sie aufgerufen, aktiviert oder wiederholt wird. Wenn wir auf eine Erfahrung öfter angesprochen werden, sie durch ein Foto aufrufen oder wenn eine Erfahrung für uns so große Bedeutung hat, dass sie immer wieder wichtig wird, dann erinnern wir uns lange daran. Wir bilden ein stabiles Netzwerk. Hat eine Erfahrung aber nur kurzfristige Bedeutung, wird über lange Zeit weder angesprochen und steht nicht in Verbindung mit wichtigeren Umständen, an die sie angedockt ist, erinnern wir uns über kurz oder lang nicht mehr.

Das (für unseren kurzen Einblick) Entscheidende an den neuronalen Netzwerken, die langfristige Erinnerungen repräsentieren, ist, dass sie viele verschiedene Verbindungen zu unterschiedlichen Bereichen in unserem Gehirn enthalten können. Bei der Bildung von Erinnerungsnetzwerken geht es weitgehend darum, dass bereits vorhandene Gehirnzellen miteinander verbunden bzw. bestehende Verbindungen verändert werden. Dies ist insofern entscheidend, als damit klar ist: Erinnerungen sind nie etwas Neues, was man erlebt und dann – wie ein Foto auf der Festplatte – abspeichert. Eine Erinnerung ist immer eine *Verbindung* von Erfahrungen, anderen Erinnerungen, Reizen und Eindrücken, die wir schon haben und schon gespeichert haben. Wenn wir etwas abspeichern, dann ordnen wir es ein. Wir geben ihm einen Rahmen. Wir schaffen ein Netzwerk, indem die Erinnerung eine *Bedeutung* erhält. Und diese Bedeutung erhält sie nicht aus dem, was wirklich geschehen ist, sondern aus dem, was wir schon mitbringen. Die Bedeutung eines Geschehens, sie liegt nicht im Geschehen selbst, sie liegt in uns. Wir speichern ein Erleben ab, indem wir es mit schon existierenden Strukturen verknüpfen und mit anderen Elementen verbinden. Die Bedeutung, die wir dem abgespeicherten Geschehen geben, erhält dieses durch die Bezüge, mit denen es assoziiert ist.

Für die Erinnerung eines Menschen heißt das: Was wirklich an ihr wichtig ist, ist nicht, was passiert ist. Wichtig ist, was das Geschehen mit dem*derjenigen gemacht hat, der*die sich daran erinnert. Wichtig ist seine *Bedeutung*. Darum geht es wirklich.

Nehmen wir ein Beispiel: Ein Mann erzählt, wie er von seinen häufigen Dienstreisen in die gemeinsame Wohnung zurückkehrt und seine Frau schon oben an der Treppe steht und ihn erwartet. Eine alltägliche Erinnerung. Warum ist sie gespeichert? Und warum wird sie erzählt? Ein*e gute*r Redner*in weiß, dass dahinter eine besondere Relevanz stecken muss. Ein Erleben, das für den Mann und seine Beziehung zu seiner Frau eine Bedeutung hat. Also fragt der*die Redner*in nach, nach den Gefühlen, wie es dem Mann denn dabei geht und wie er das findet. Und heraus kommt – je nachdem – etwas sehr Unterschiedliches. Möglicherweise ist es eine große Freude, sie wiederzusehen. Oder er erlebt es als Zeichen großer Liebe, dass sie ihn erwartet. Oder er assoziiert mit der Situation das Gefühl von Zuhause-Sein. Oder es ist eine Verbindung von alledem, versehen mit einer übergreifenden Lebensdeutung; dann könnte die Aussage sein: »Ich komme im Leben zu ihr nach Hause und bin dort angekommen.« In diesem Fall hat die Erinnerung für den Mann eine symbolische Relevanz: Sie steht für sehr viel mehr, als das Geschehen selbst hergibt. Dies ist auch der Fall, wenn der Mann zwar die Liebe der Frau in der Szene wahrnimmt, sich von dieser Liebe aber eingezwängt fühlt. Dann ist ihm die Erwartung oben auf der Treppe zu aufdringlich; er fühlt sich möglicherweise kontrolliert. Und die Relevanz der Szene liegt darin, dass der Mann mit dieser Erinnerung die Erkenntnis verknüpft hat, dass er gar nicht so gern nach der Dienstreise nach Hause kommt. Aber auch das würde erklären, warum diese Erinnerung sich verfestigt hat. Sie wird immer wieder aufgerufen, weil sie zur Bewertung der Beziehung gehört und diese transportiert.

Das Beispiel lässt es schon erkennen: Eine Erinnerung hat umso größere Bedeutung, je stärker die Assoziationen sind, die ein Mensch damit verbindet. Tatsächlich ist die Emotionalität, die mit einer

Erinnerung verbunden ist, der entscheidende Grund dafür, dass wir eine Erinnerung öfter aufrufen und damit als bleibende Erinnerung verstetigen.

Emotionen, sie entstehen nicht willkürlich. Sie sind Ausdruck einer Bewertung, die ein Geschehen hat. Und diese Bewertung hängt davon ab, ob die Bedürfnisse, die wir in einer Situation haben, erfüllt werden. Eine Situation hat – ebenso wie die Erinnerung daran – möglicherweise völlig unterschiedliche emotionale Konnotationen, je nachdem, ob sie ein Bedürfnis erfüllt oder nicht. In dem genannten Beispiel wurde das sehr deutlich. Der Mann, der seine Freiheit wollte und die Liebe seiner Frau deshalb als zu nah erlebte, hatte in der geschilderten Begegnung das Gefühl einer Beklemmung. Dagegen hat der Mann, dessen Hoffnung war, zu seiner Frau nach Hause zu kommen und dort in ihrer Nähe entspannen zu können, ein warmes Gefühl des Angenommenseins und der Freude erlebt.

Nun machen wir einmal ein Gedankenspiel. Stellen wir uns vor, es wäre der gleiche Mann. Und die freudige Erinnerung stamme aus dem Traugespräch vor der Hochzeit; die mit Beklemmung konnotierte dagegen aus dem Gespräch zur Vorbereitung einer Trauerfeier für dieselbe Frau, fünfzehn Jahre später. Dann hat sich mit der Bewertung der Erinnerung zugleich auch die Erinnerung verändert. Sollte der Mann nun rückblickend beschreiben, wie er die Begegnung mit seiner Frau nach der Rückkehr von seiner Dienstreise in Erinnerung hat, dann würde die letzte Erinnerungsdeutung die erste überlagern. Erinnert er sich an die Begegnungen von früher (als noch alles gut war), dann würde wohl der grobe Rahmen bleiben: Sie würde weiter oben auf der Treppe stehen. Aber mit großer Wahrscheinlichkeit würde er den Gesichtsausdruck und die Körperhaltung von ihr anderes beschreiben und bewerten. Er würde die Situation in ein anderes Licht stellen, manches aus der ersten Erzählung weglassen, manches würde hinzukommen. Mit anderen Worten: Die Erinnerung hätte sich verändert.

Forscher*innen haben herausbekommen, dass eine Erinnerung, wenn wir sie aufrufen, nicht einfach »angeschaut« und dann genauso wieder abgelegt wird. Sie wird überprüft. Hat sich seither irgendetwas verändert – in der Bewertung, in dem Rahmen, in den die Erinnerung eingeordnet wird, oder in der Situation, in die hinein die Erinnerung aufgerufen wird –, dann wird die Erinnerung neu abgespeichert, und zwar mit den Änderungen, die wir ihr geben. Es ist, wie wenn man einen Text am Computer aufruft, ihn überarbeitet und dann mit der neuen Version die alte überschreibt. Dieser Prozess geschieht jedes Mal, wenn wir uns erinnern. Und er geschieht bei jeder beliebigen Erinnerung, die wir in uns tragen.[38]

Dieser Prozess ist derselbe, durch den Erinnerungen überhaupt entstehen. Ein Geschehen, das wir erinnern, ist im ersten Moment vielleicht belanglos (da steht ein Mann in blauer Jacke an der Bierbude auf dem Fest). Wir würden diese Erinnerung normalerweise schnell wieder vergessen. Haben wir aber eine Stunde später ein paar Worte mit dem Mann gewechselt, dann speichern wir zugleich neue Informationen mit der ersten Erinnerung ab (er heißt Dirk, sieht unverschämt gut aus, hat eine warme Stimme). Die Erinnerung beginnt sich zu verstetigen, hat aber noch keine allzu große Bedeutung. Ein paar Wochen später, wenn sich ein intensiverer Kontakt im Chat ergeben hat, bekommt der Mann an der Bierbude rückblickend völlig neue Konnotationen (es war die *erste* Begegnung …). Und je nachdem, ob der Mann in der blauen Jacke in der Zeit danach ein guter Freund, ein Geliebter oder eine Enttäuschung wird, bekommt die Erinnerung an ihn völlig unterschiedliche Bedeutungen. Es geht dann nicht mehr um die Begegnung mit dem Mann an der Bierbude, sondern um den Beginn einer Liebe oder um einen krachend gescheiterten Fehlversuch. Erinnerungen entstehen immer in einem Prozess, in dem sich fortwährend Assoziationen an das Erinnerte anhäufen. Neue kommen hinzu, andere werden abgelöst und vergessen. Der entscheidende Punkt ist: Dieser Prozess ist nie zu Ende. Er setzt sich auch nach der ersten Verstetigung des Erinnerungsnetzwerkes fort – bei jedem einzelnen Abruf der Erinnerung. So wird aus dem Schöpfungsprozess einer Erinnerung ein Veränderungsprozess des Erinnerten.

Nicht selten verändert sich damit auch die Erinnerung selbst. Es kann durchaus passieren – und das ist dann ein völlig normaler Prozess –, dass wir nicht nur Deutungen, sondern auch Sequenzen zu dem Geschehen hinzufügen, obwohl diese gar nicht passiert sind – einfach, weil diese *heute* gut zu der Erinnerung passen. Unser Gehirn ist ständig auf der Suche danach, Erinnerungen und Erinnerungsspuren miteinander neu zu verknüpfen. Da kann es durchaus geschehen, dass der Mann in der blauen Jacke »damals schon« etwas Liebes gesagt hat, was er tatsächlich erst viel später gesagt hat. Und vielleicht hat er es auch nie gesagt, sondern wir haben nur rückblickend seine Worte so verstanden, wie wir sie heute verstehen wollen. Unser Gehirn hat im Grunde kein großes Interesse an Wahrheit. Es hat Interesse an einer guten Wirklichkeit, einer Geschichte, die passt. Ob etwas wirklich passiert ist oder in unserer Fantasie, das macht für das Erleben, das wir beim Erinnern haben, keinen Unterschied. Und deshalb merken wir auch nicht selbst, dass wir unsere Erinnerungen fortwährend manipulieren.

Diese Thematik ist auch ein großes Thema für Rechtspsychologen, die herausfinden müssen, was eigentlich in Wahrheit geschehen ist. Da Erinnerungen immer der Veränderung unterworfen sind, ist das gar nicht so einfach, herauszufinden. Denn es gibt die Erinnerung nur als spätere Deutung. Man hat diesen Sachverhalt untersucht und herausgefunden, dass manche Menschen sich an Straftaten erinnern können, die sie nachweislich nicht begangen haben. Oder Zeugen erinnern sich an Straftaten in einer so eklatanten Weise falsch, dass dies zur Verurteilung Unschuldiger führt. Das ist wirklich ein Problem.[39]

Redner*innen haben es da deutlich leichter. Denn es ist nicht ihre Aufgabe, den Wahrheitsgehalt einer Erinnerung zu überprüfen. Was sie aber wissen sollten, ist: Jede Erinnerung ist eine *rückblickende Deutung* der Wirklichkeit. Selbstverständlich ist es für die*den, die*der sie erzählt, auch wirklich so gewesen. Und subjektiv stimmt das auch: Die Wirklichkeit, die der*die Erzählende wahrnimmt, wird genauso erlebt. Ob es aber auch tatsächlich, unabhängig von der Erinnerung, so war, steht auf einem anderen Blatt. Es gilt also, allen Erinnerungen gegenüber eine vorsichtige Zurückhaltung zu wahren. Weder ist eine Verstorbene wirklich so gewesen, wie ein Angehöriger es erzählt – vielmehr hat er den verstorbenen Menschen nur so wahrgenommen (und eine andere Trauernde, die ebenfalls in der Feier sitzt, hat manche Situationen möglicherweis ganz anders in Erinnerung). Noch hat sich die Geschichte eines Brautpaars wirklich so zugetragen, wie sie erzählt wird. Was erzählt wird, ist die Gestalt der Geschichte, die sie im Erleben des Brautpaars gewonnen hat.

Wenn Redner*innen mit Erinnerungen arbeiten, dann arbeiten sie genau genommen also nicht mit der Geschichte, die Verstorbene, Angehörige von Verstorbenen mit diesen oder Brautpaare miteinander haben. Sie arbeiten mit Geschichten über diese

Geschichte, mit erlebnisveränderten Erinnerungsstücken. Und mit Deutungen, die darin transportiert werden.

Redner*innen sollten sich dessen bewusst sein. Und sie sollten vor Augen haben, dass sie selbst als Redner*innen an dem Prozess der Geschichtsdeutung und Erinnerungsveränderung teilnehmen. Jede Erinnerung, die sie in einer Rede aufrufen, bekommt in der Rede unvermeidlich neue Worte, Konnotationen, Zusammenhänge und Assoziationen. Durch die Wortwahl eines Redners*einer Rednerin, durch die Situation der Trauung oder Trauerfeier, durch die Anwesenheit der Gäste, durch implizite oder explizite Deutungen, die eine Rede in sich trägt, und durch den Zusammenhang, den eine Rede über einen Menschen oder ein Paar schafft. In dem allen ist ein*e Redner*in aktiver Teil im Prozess der Erinnerungsveränderung – ob er*sie das will oder nicht. Zudem wird durch die Trauung und die Trauerfeier ganz bewusst eine neue Erinnerung geschaffen – nämlich die an die Trauung oder Beerdigung. Und das ist eine Erinnerung, die für die Menschen, die es betrifft, eine große Lebensbedeutung hat und auch haben soll. Redner*innen sind gut beraten, genau zu reflektieren was sie tun, wenn sie mit Erinnerungen arbeiten. Denn die Rede hat eine mindestens mittelbare Wirkung auf die Identitätsbildung ihrer Kund*innen. Wer als Redner*in meint, dass ihn*sie das nicht interessiert, handelt letztlich selbstvergessen und unverantwortlich. Gerade als Ritual zielt eine Rede auf unbewusste Veränderungsprozesse. Sie sind kein Nebeneffekt, sondern es ist die definierte Aufgabe einer Hochzeits- und Trauerrede, an der Gestaltung der jeweiligen Lebensdeutung bewusst und fachkundig teilzunehmen. Sich von dieser Aufgabe zu distanzieren – nach dem Motto: »Ich mache eine Rede als Dienstleistung, was die Kund*innen daraus machen, geht mich nichts an« – wäre so betriebsblind, wie wenn ein Arzt statt eines Medikamentes ein süßes Placebo verschreibt (leere, wirkungslose Worte). Oder – was noch schlimmer ist – er verschreibt ein Medikament, ohne sich über absehbare Folgen für den Organismus der Patientin Gedanken zu machen. Hier liegt noch eine große Aufgabe für die Professionalität und die Berufsethik von Redner*innen. Aber das ist ein anderes Thema.

Schauen wir lieber genau hin, was eigentlich passiert, wenn Menschen ihre Erinnerung konstruieren – und wenn sie dies im Prozess der Vorbereitung und dann im Erleben einer Trauung oder Trauerfeier tun.

6 Lebensdeutung als Konstruktion eines Narratives

Bereits im Gespräch zur Vorbereitung einer Trauung oder Trauerfeier geschieht es: Menschen rufen Erinnerungen auf und erzählen sie. Meist sind es mehrere Menschen, die gemeinsam erzählen. Beim Brautpaar ohnehin – da sind es naturgemäß zwei. Bei Trauerfeiern sind es oft mehrere Angehörige, die auf unterschiedliche Weise mit dem verstorbenen Menschen in Beziehung stehen. Nun wird erzählt, und nach allem, was bisher gesagt wurde, ist klar: Es wird nicht erzählt, wie es war. Sondern es werden erlebnisveränderte Erinnerungen erzählt, welche die jeweils individuelle Bedeutung, das Erleben, die Emotionalität und die Bewertung der Beziehung enthalten, von der die Rede ist. Jedes Mal wird dabei eine Erinnerung aufgerufen. Sie wird in einen Erzählzusammenhang gestellt. Sie wird in Beziehung gesetzt zu dem Anlass der Trauung oder der Trauerfeier. Sie wird abgeglichen mit dem, was andere Gesprächsteilnehmer*innen aus ihrem eigenen Erleben erzählen. Und schließlich werden die Erinnerungen neu abgespeichert. Teils schon während des Gespräches, teils geschieht dies danach, wenn Gesprächsteilnehmer*innen über das Gesagte nachdenken, es noch einmal anschauen, überprüfen oder es mit anderen Erinnerungen abgleichen (die einem*einer Redner*in möglicherweise verschwiegen wurden).

Dieser Prozess ist vollkommen normal. Er geschähe auch, wenn ein ähnliches Gespräch mit Freund*innen oder Familienmitgliedern stattfände. Der Unterschied ist: Selten redet ein Paar so lange und strukturiert über sich. Selten erzählen auch Angehörige einander so viel (denn man geht ja davon aus, dass die anderen die Geschichte zum großen Teil schon kennen). Und noch seltener reden Paare oder Angehörige mit einer dritten, von außen kommenden Person über sich. Die Situation schafft also eine besondere Bedeutung. Sie trägt die Chance in sich, einmal das große Ganze einer Beziehung zu betrachten. Nicht selten nutzen die Kund*innen auch die Gelegenheit, sich eine Menge von der Seele zu reden oder ganz ausführlich zu schildern, wie es (ihrer Erinnerung nach) war.

Was dabei geschieht, ist das, was wir bei allen Menschen beobachten können: Sie konstruieren sich ihre Geschichte. Genauer gesagt: Sie konstruieren einen Zusammenhang vieler verschiedener Erinnerungen. Und sie drücken ihn aus mit Worten. Dabei geschieht sowohl auf der Ebene einzelner Erinnerungen als auch auf der Ebene der ganzen Geschichte eine Deutungsgebung. Nicht alles dabei ist neu. Selten wird auch etwas zum ersten Mal erzählt. Aber es wird doch als Geschichte im Ganzen angesehen, überprüft, in neue Worte gefasst und abgespeichert. Was dabei entsteht, nennt man fachlich ein *Narrativ*. Gemeint ist damit eine sinnstiftende Erzählung, die die Werte, Emotionen, Bewertungen und Deutungen der Erinnerungen für den erzählenden Menschen ausdrückt.[40] Dieses Narrativ ist es letztlich, mit dem wir Menschen uns selbst klar darüber werden, wer wir sind, als wen wir uns sehen und als wer wir gesehen werden wollen. Dieses Narrativ begründet, warum wir so geworden sind, wie wir geworden sind, tun wollen, was wir tun wollen (zum Beispiel: heiraten), und leben, wie wir leben. Jeder Mensch hat so sein ganz eigenes Narrativ. Und er erzählt es, wann immer es eine Gelegenheit gibt oder eine Notwendigkeit gefühlt wird, die Geschichte darzustellen, neu zu justieren oder auf eine neue Situation, neue Menschen oder neue Herausforderungen anzupassen.

Wie wir schon bei der Betrachtung einzelner Erinnerungen festgestellt haben, so ist es auch bei dem gesamten Narrativ: Es ist eine Konstruktion. Etwas, das Menschen sich machen. Ein Narrativ erzählt nicht, was geschehen ist, sondern was man erzählt haben will, weil man dem Erlebten eine Bedeutung geben möchte. Ein Narrativ erzählt nicht die objektive Wahrheit einer Geschichte, sondern erzählt die subjektive Wirklichkeit, die für den wahr ist, der sie erzählt. Wichtig zu wissen ist, dass dabei immer das große Ganze eine Rolle spielt: die Kultur, die gesellschaftliche Prägung, die Geschlechterrollen, die sozialen Herausforderungen usw. Es gibt keine Narrative, keine persönliche Geschichtserzählung eines Menschen, ohne dass sie eingebettet ist in die soziokulturelle Situation, die Werte der Familie und Gesellschaft, das Milieu oder die Hoffnungen einer bestimmten Generation. Wer als Hochzeits- und Trauerredner*in die Chance hat, sechzig Jahre alte und aktuelle Liebesgeschichten zu vergleichen, wird nicht nur feststellen, wie sehr sich die Selbstdeutungen von Menschen und Paaren verändert haben – und wie sehr sie auch Ausdruck einer Kultur, Denkweise und Zeit sind. Aus diesem Blickwinkel wird auch deutlich, dass die heutigen Lebenskonstruktionen nicht ganz so individuell und unnachahmlich sind, wie es scheint. Auch heute sind die Narrative von Paarbeziehungen oder Familienbeziehungen geprägt von Rahmenbedingungen und Werten unserer Zeit. Und es ist lohnend, bei dem Verständnis eines solchen Narratives zu begreifen, was ein Mensch damit über seine eigene Haltung zum Leben, zu sich selbst und zum anderen aussagt.

Kriterium für ein persönliches Narrativ, das ein Mensch sich konstruiert, ist – wie auch bei der Veränderung einzelner Erinnerungen – die *Stimmigkeit*. Was erzählt wird, soll zueinanderpassen. Und wir ahnen schon: Was nicht passt, wird unter der Hand passend gemacht. Ein Narrativ verändert sich ständig, einfach weil sich das Leben verändert. Und weil immer wieder eine Geschichte erzählt werden muss, die die Lebensveränderung in die eigene Lebenskonstruktion integriert. Es ist eine Geschichte, mit der wir uns selbst Aufschluss darüber geben, wer wir unserer eigenen Meinung nach sind.[41] Und weil wir soziale Wesen sind, ist es zugleich eine Geschichte, die wir anderen erzählen, damit sie uns so sehen, anerkennen und widerspiegeln, wie wir selbst sein möchten. Wir erzählen unser Narrativ also sowohl anderen als auch uns selbst. Und je nach Typ erzählen wir ihn anderen, damit wir ihn auch selbst hören (denn woher soll ich wissen, was ich denke, ohne zu hören, was ich sage). Besonders alte Leute neigen dazu, anderen Geschichten zu erzählen, damit sie sie auch selbst in sich sortieren können.

Es ist für Redner*innen von großer Bedeutung, zu verstehen, dass die Erzählungen von Menschen über sich oder die Beziehung zu einem*einer anderen immer eine Message haben. Sie wollen eine Deutung rüberbringen, ausdrücken, wie man sich selbst wahrnimmt oder bewertet. Und wie man will, dass andere das tun. Kein einziger Kunde erzählt einer Rednerin etwas, ohne solch eine Intention zu haben. Was macht eine Rednerin damit: Die erste Aufgabe ist, diese Message zu erkennen. Und das meint nicht nur, zu hören, was ein Mensch sagt, sondern auch, mit welcher Intention er das tut.

Ein Beispiel macht es vielleicht klar. Die sportaffinen Leser*innen werden sich an die Boxlegende Muhammad Ali erinnern (oder, wie er vor seiner Konversion zum Islam hieß: Cassius Clay). Von ihm ist ein Narrativ überliefert, das nicht kürzer und prägnanter sein könnte: »Ich bin der Größte!« Ali sagte das immer und immer wieder. Seine Geschichte mündete in diesen Satz. Wahrscheinlich würden manche den Ausnahmesportler für größenwahnsinnig halten, ein Narzisst erster Ordnung. Und mancher wird es vielleicht abstoßend gefunden haben, dass er das immer wieder wiederholte. Aber möglicherweise verändert sich diese Sicht etwas, wenn man die Aussageintention berücksichtigt, die Ali später einmal in einem Interview offenbart. Sein Satz »Ich bin der Größte« war für ihn wie ein Gegengift zu seiner Unsicherheit. Seine Hoffnung war: Wenn er so oft sagt »Ich bin der Größte«, dass andere glauben, er sei der größte Boxer – dann (so hoffte er) glaubt er es am Ende auch selbst. Das Narrativ war ein Weg, es über die Reflexion der anderen sich selbst zu sagen. Es war ein Weg, sich selbst zu helfen, um sein Leben meistern zu können.

Eine Intention der Narrativbildung im Blick auf die Herausforderungen des Lebens heute gibt es auch bei den Dingen, die Redner*innen in der Vorbereitung einer Trauung und Trauerfeier erzählt werden. Da die Erzählungen eine Lebensschwelle zum Anlass haben, sind sie immer auch Ausdruck einer Anpassung der eigenen Lebensdeutung an den neuen Zustand. Der Rückblick (sei es auf die Beziehungsgeschichte zu einer*einem Verstorbenen oder die Paargeschichte) wird der Tatsache angepasst, dass sich die Beziehung durch den Tod oder die Hochzeit (möglicherweise entscheidend) verändert. So ist die Geschichte, die Redner*innen erzählt wird, immer auch eine rückwärtsgewandte Selbstvergewisserung der Beziehungsdeutung, mit der man in die Zukunft gehen möchte. Sie ist ein Element in der Lebenskonstruktion eines Menschen, der seinen Narrativ gestaltet.

Diese Bewegung, sich im Erzählen und in der eigenen Lebensdeutung über sich selbst Aufschluss zu geben, hat in unserer postmodernen Gesellschaft einen besonderen Stellenwert. Vor der starken Betonung der Individualität war – etwas vereinfacht gesagt – eine Lebensdeutung vorgezeichnet. Das Narrativ hatte vor allem den Sinn, sich selbst in die vorgezeichneten Linien einzuordnen und sich damit des eigenen Lebens zu vergewissern. Man erkennt das noch daran, was an früheren Lebensläufen wichtig war: Stand und Beruf der Eltern, Geburt und kirchliche Initiationen, Eheleben, Berufsstand, ggf. hervorzuhebende Lebensleistung, eigene Kinder. Heute hat dies in der Lebensdeutung eine viel geringere Relevanz. Es geht stattdessen darum, wie Menschen ihr Leben selbst mündig verstehen und leben wollen in einer Gesellschaft, die viele verschiedene, sich teilweise widersprechende und höchst unterschiedliche Lebensentwürfe bereitstellt. Es ist heute eben nicht von Anfang an klar, was ein Mann oder eine Frau sein soll, was das heißt, welches Rollenverständnis damit verbunden ist, welche sexuelle Moralvorgabe und welche Lebensperspektive. Es ist auch nicht klar, welche Bedeutung Herkunft, Nationalität, Religion, Familie oder Beruf haben oder haben sollen. Die Aufgabe eines jeden Menschen (oder eines Paares oder einer Familie), sich in den verschiedenen Optionen zu verorten und dem eigenen Leben eine Gestalt zu geben, ist eine persönliche Herausforderung, der sich heutzutage kaum jemand entziehen kann. Das gibt dem Narrativ des eigenen Lebens eine große persönliche Relevanz. Man wird nicht mehr von selbst von der Gesellschaft getragen, die einem in vorgefertigten Schubladen Sicherheit gibt (heute würde man vielleicht sagen, dass diese einen einzwängen, aber früher gaben die Schubladen des Rollenverständnisses einfach Sicherheit – und das ist zu einem gewissen Teil auch heute noch so). Vielmehr hat jeder postmoderne Mensch die Aufgabe, sich selbst irgendwie zu »erfinden« – oder sich zumindest ein Konstrukt unter vielen Angeboten auszusuchen, um nach Möglichkeit dort ein schützendes Dach für seine Lebenskonstruktion zu finden. Hinzu kommt: Da sich das Leben – hat man einmal eine Lebensdeutung für sich gefunden – mitunter sehr schnell verändert, ergibt sich diese Herausforderung immer wieder neu – sei es durch Scheidung, durch eine wechselvolle Berufsbiografie, sei es durch Umzug oder Migration oder sei es auch durch neue Beziehungen oder durch Tod eines*einer Angehörigen. Mit jedem Akt der neuen Selbstdeutung entsteht auch ein verändertes Narrativ: Eine Geschichtsdeutung des Lebens, in dem ein Einzelmensch (oder ein Paar) sich selbst und anderen Aufschluss darüber gibt, wer er (oder es) ist, wie er*sie zu anderen Menschen steht, wie eine entscheidende Lebenssituation bewertet wird etc. Hochzeiten und Beerdigungen haben dabei als Einschnitte in der Lebensgeschichte einen besonders großen Stellenwert. Sie sind herausragender Anlass für die Bildung eines Narratives. So herausragend, dass man sogar eine*n Redner*in bucht, um die Geschichte öffentlich zu verkünden.

7 Freie Reden als Veröffentlichung von Lebensdeutung

Hochzeits- und Trauerreden sind öffentliche Darstellungen eines Narratives der Lebensdeutung. Das ist ihre Aufgabe. Sowohl als gesellschaftliche Kunst wie auch als individuelle Kunst. Jede

Geschichts- und Selbstdeutung, die ein Mensch bildet, bedarf der Erzählung nach außen. Da unser individuelles psychisches System nur im sozialen funktioniert, ist dies sogar (mit) entscheidend dafür, dass eine Selbst- und Lebensdeutung Bestand hat. Etwas Eigenes zu leben, ist gegen den Widerstand der Familie, der Freund*innen, der Kolleg*innen und der Gesellschaft sehr schwierig. Also wird mit der Erzählung immer die Hoffnung verbunden sein, dass das Erzählte auf Verständnis, Zustimmung und Anerkennung stößt. Nur auf diesem Weg versichert sich ein einzelner Mensch selbst seines Weges (würde Muhammad Ali nur sich selbst sagen: »Ich bin der Größte«, würde er es nicht glauben können; dazu brauchte er, dass andere diese Meinung zumindest teilweise übernahmen). Je größer die Öffentlichkeit, die ein Narrativ bekommt, desto stärker kann seine Wirkung sein. Die Größe der Öffentlichkeit ist nicht der einzige Parameter, der die Wirkung ausmacht – es kann ebenso die Qualität der Darstellung sein oder die Auswahl weniger entscheidender Hörer*innen. Aber die Öffentlichkeit spielt eine wichtige Rolle. Wird ein öffentliches Narrativ als gut befunden, wird es akzeptiert und gefeiert, dann ist es eine wirksame Wirklichkeit geworden. Es wird (subjektiv) wahr.

Wie sehr dieses Muster die Gesellschaft bestimmt, kann man an dem unbeschreiblichen Boom von sozialen Netzwerken erkennen, in denen Menschen ihre Meinungen veröffentlichen oder ihr Leben darstellen. Das Kalkül der Selbstveröffentlichung zielt dabei auf möglichst viele Likes oder möglichst gute Bewertungen. Es wird eine Öffentlichkeit gesucht, um durch sie und in ihr Identität zu vergewissern. Ob diese virtuell ist oder nicht, spielt zunächst keine so große Rolle. Tatsächlich ist das Bedürfnis, das eigene Narrativ zu veröffentlichen, durch die Möglichkeiten digitaler Medien rasant angewachsen. Das betrifft selbstverständlich auch Trauer- und Hochzeitsnarrative. Videos der eigenen Hochzeit und Geschichten der Beziehung sind ebenso im Netz zu finden wie virtuelle Trauerportale, in die jede*r ihre*seine Gedanken zu einem*einer Verstorbenen eintragen kann.

Die freie Hochzeits- und Trauerrede erscheint dagegen fast traditionell, obwohl sie sozialgeschichtlich erst eine sehr neue Form ist. Tatsache aber ist: Sie ist eine *Veröffentlichung*. Und sie hat in den vielfältigen heutigen Möglichkeiten, das Narrativ einer Lebensdeutung zu veröffentlichen, eine besondere Bedeutung: Diese liegt darin, dass die Hochzeits- und Trauerrede ein Narrativ nicht nur individuell zum

Besten gibt – etwa so, als wenn jemand eine persönliche Geschichte im Internet postet. Sondern sie wird von dafür gebuchten Redner*innen in einem eigens dafür geschaffenen Setting veröffentlicht, das dazu geeignet ist, die jeweils als relevant angesehene Öffentlichkeit auch zu erreichen: die Trauerfeier oder Trauung. Zugleich wird das Narrativ in ein Ritualdesign integriert, das zum Ziel hat, die dargestellte Lebensdeutung im Bewusstsein der Hörer*innen rituell zu *verankern*. Während die erste Seite – das Setting einer Veranstaltung – die Rede in den Horizont anderer Formen der öffentlichen Kunst stellt (vergleichbar mit der Tätigkeit von Schriftsteller*innen, Publizist*innen, Journalist*innen oder auch Geschichtenerzähler*innen), so gibt die zweite Seite – das Ritualdesign der Rede – der Hochzeits- oder Trauerrede eine eigene künstlerische Relevanz. Es wird ein Narrativ erzählt, das nicht nur darstellt, sondern die teilnehmenden Menschen zugleich in einer gemeinschaftlichen Handlung ihrer Lebensdeutung vergewissert – und zwar zielgerichtet auf die Beziehung entweder zu einem verstorbenen Menschen oder im Blick auf ein Brautpaar. Es geht um partielle Vergewisserung der Lebensdeutung im Blick auf einen bestimmten Lebensbereich. Und es geht um die rituelle, gemeinschaftliche und öffentliche Verankerung eines Narratives, das dieser Lebensdeutung Ausdruck gibt.

Man hat in der Diskussion, ob Redner*innen steuerrechtlich oder sozialversicherungsrechtlich als Künstler*innen anzusehen sind, immer wieder gegen das Interesse von Redner*innen auf Anerkennung deutlich zu machen versucht, dass keine Kunst vorliege, weil es sich lediglich um private Feiern mit eingeschränkter Öffentlichkeit und beschränktem Zugang handle. Und man hat vorgebracht, es handle sich bei Reden um letztlich seelsorgerliche Rituale, die mit öffentlicher Kunst nichts zu tun haben. Diese Argumentationen greifen in mehrfacher Hinsicht zu kurz. Zum einen hat bereits der Bundesfinanzhof in dem zu Beginn erwähnten Urteil deutlich gemacht, dass die besonderen äußeren Bedingungen einer Trauung oder Trauerfeier einem Charakter der Darbietung als Kunst nicht notwendig entgegenstehen. Tatsächlich kann von einer Beschränkung der Öffentlichkeit nicht die Rede sein, wenn zu einer Trauerfeier mittels Zeitungsanzeige öffentlich eingeladen wird – oder wenn eine Einladung mit Trauerbriefen einkalkuliert, dass die Information über die Feier von Hand zu Hand geht und weitergegeben wird (was regelmäßig geschieht). Bei Trauungen ist die Veranstaltung zwar meist auf einen Personenkreis beschränkt, allerdings handelt es sich definitiv nicht um eine private Familienveranstaltung. Freund*innen, Kolleg*innen, auch einzelnen Brautleuten gänzlich unbekannte Partner*innen von geladenen Gästen sind willkommen. Zudem gibt es Zaungäste, weil freie Trauungen in der Regel unter freiem Himmel in öffentlich zugänglichen Locations stattfinden. Nicht nur Servicemitarbeiter*innen, sondern nicht selten auch Spaziergänger*innen oder Neugierige bilden im Hintergrund eine zweite Öffentlichkeit. Die Grenze der Öffentlichkeit hat tatsächlich keine prinzipiellen, sondern vor allem praktische und finanzielle Gründe. Sie liegen in der Begrenzung der Location, verbunden mit der Unmöglichkeit, die ganze Welt einzuladen. Dies ändert aber an der prinzipiellen Veröffentlichungsintention nichts, die tatsächlich aller Welt sagen will: »Wir sind ein Ehepaar, und uns macht eine besondere Geschichte aus« oder »Herr XY ist verstorben; er ist mein Vater und ein Mensch, der das Leben seiner Familie auf unnachahmliche Weise bereichert und geprägt hat«. Es liegt in der gesellschaftlichen Bedeutung von Trauer- und Eheschließungsfeiern, dass sie offen sind für die Wahrnehmung durch alle. Die Konzentration der Öffentlichkeit auf die Menschen, für die das Ereignis eigene Relevanz hat, schränkt die Öffentlichkeit nicht prinzipiell ein, sondern steht *pars pro toto* für das Ganze.

Diese Öffentlichkeit ist für die Wirkung des Rituals entscheidend. Wer sich entschließt, nicht nur eine stille Beisetzung oder eine personenstandsrechtliche Eheschließung am Standesamt zu machen, sondern eine Trauer- oder Trauungsfeier wählt, hat eine Form gewählt, das Beziehungsnarrativ öffentlich zu machen, um *auf diese Weise* eine andere Qualität im Umgang mit der Lebensschwelle zur erreichen. Dieser Umgang wird gerade nicht im seelsorgerlichen Bereich belassen, der tatsächlich und völlig zu Recht im privaten Raum seinen Ort hat. Er wird nach außen gestellt, um auf diese Weise die Bedürfnisse zu erfüllen, die mit der Statusveränderung des Lebens verbunden sind. Die zum Thema »Ritual« bereits beschriebenen Bedürfnisse
- Vergewisserung durch die Gemeinschaft,
- gemeinsamer Beschluss eines Lebensweges,
- Initiation und
- Feier

sind allesamt soziale Bedürfnisse und zielen auf ihre Erfüllung in einem gesellschaftlichen Rahmen. Es braucht diesen öffentlich akzeptierten und definierten Rahmen, damit auch das fünfte Bedürfnis,
– der Ausdruck von Emotionalität,
einen Raum erhält, der die weitergehenden emotionalen Aspekte aufnimmt, die nicht durch die intime Selbstvergewisserung eines Paares oder die stillen Tränen eines trauernden Menschen ausgedrückt werden können. Auch wenn – natürlich – eine Lebensschwelle immer Dimensionen hat, die in den privaten Bereich, in eine Lebensberatung oder ein vertrautes Gespräch gehören, so ist doch definitiv eine Hochzeits- oder Trauerrede keine Seelsorge. Sicher nimmt ein*e gute*r Redner*in psychologische Aspekte der Identitätsbildung in die Rede auf. Aber nicht, um Therapeut*in zu sein, sondern weil diese Aspekte wesentlich zum Narrativ gehören, das erzählt werden soll. Wird die Geschichte, die ein Mensch mit einem anderen hat, oder die Geschichte, die ein Mensch auf dieser Welt mit seinen Mitmenschen erlebt, so erzählt, dass das Narrativ der darin enthaltenen Lebensdeutung öffentlich vertieft und auf diesem Wege subjektiv verankert werden soll, dann gehört es zum grundlegenden Handwerk eines Redesigns, dass Redner*innen die psychologischen Dimensionen ihrer Arbeit kennen. Aber die persönlichen Dinge, die zur Verarbeitung der Lebensschwelle gehören, sind nicht selbst Gegenstand der Veröffentlichung – schon allein nicht, um die Emotionalität der Protagonist*innen in der Öffentlichkeit zu schützen. Die lebensbegleitenden Dimensionen der Rede laufen im Hintergrund der Rede mit, in Andeutungen, in versteckten Signalen, in Stilmitteln der Redekunst und nicht selten in offenen Stellen, die ein*e Hörer*in selbst mit eigener Lebensdeutung füllt. Was veröffentlicht wird, ist ein Narrativ, das Öffentlichkeit verträgt und auch braucht – nämlich die Geschichte eines Lebens oder einer Beziehung, die nach außen gestellt werden will, damit sie nach innen wirken kann.

Mit der mündlichen Veröffentlichung als Rede nehmen Redner*innen an der Geschichtsdeutung von einzelnen Menschen, Familien und Paaren teil. Sie schaffen damit Wirklichkeit: eine Deutungswirklichkeit des Lebens. Einerseits eine Deutungswirklichkeit von Beziehungen, von Familie oder vom Leben eines*einer Verstorbenen oder des Lebens mit ihm*ihr. Andererseits schaffen sie auch eine Bedeutungswirklichkeit dessen, was Hochzeit, was Trauung oder was

Trauerfeier und Umgang mit Trauer und Liebe heute sein können. Die Verbindung von Öffentlichkeit und Ritualqualität der Erzählung deutet die Wirklichkeit; und in dem sie sie deutet, verändert sie die Wirklichkeit. Was einem Paar seine ganz eigene Trauung bedeutet oder was einer Familie Trauer oder ein Abschied bedeutet, wird sichtbar, spürbar, hörbar und erlebbar. Es wird Teil des Lebens, Teil auch der Meinungsbildung der Hörer*innen. Durch die Gestaltung der Rede (nicht nur als Informationsdarbietung, sondern) als Ritualrede bekommt das Narrativ *einerseits* eine Verankerung bei den Protagonist*innen selbst. Die Lebensbedeutung der Beziehung für das Brautpaar wird besiegelt. Und die Lebensbedeutung eines*einer Verstorbenen für die Angehörigen wird offenkundig, wird ausgesprochenes Bewusstsein (und nicht nur inneres Gefühl).

Andererseits bekommt dieses Narrativ auch eine Verankerung im Bewusstsein der anderen, weiter entfernten Gäste und Hörer*innen. Und letztlich wird es auch ein Teil der gesellschaftlichen Bewegung, die dem Thema »Trauung« oder »Beerdigung« eine postmoderne Deutung gibt. Redner*innen nehmen bei jedem Auftrag an der Veränderung der Hochzeits- oder Trauerkultur teil.

C Die Ritualrede als Kunstform

Manch ein*e Leser*in dieses Buches wird das nun kommende Kapitel mit Spannung erwartet haben. Und manche*r wird das Buch auch an dieser Stelle zuerst aufschlagen. Denn es geht bei der Frage nach dem künstlerischen Stellenwert von Trauer- und Hochzeitsreden um einen wichtigen Status für Redner*innen. Es geht um die Frage, ob sie lediglich Dienstleister*innen sind, die Kund*innen mit anlassbezogenen Reden versorgen; oder ob sie in einer anderen Liga mitspielen, in der es um künstlerische Fragen des Designs, der Performance und der Ästhetik geht. Einiges Interesse an diesem Kapitel mag sich womöglich auch aus dem (nicht nur schnöden) Anliegen speisen, darin eine Begründung zu finden, für sich den erniedrigten Umsatzsteuersatz in Anspruch nehmen zu können, der für Kunst erhoben wird. Ist dies der Fall, geht es um Status und um Geld. Allerdings möchte ich (auch wenn mich das Interesse als Autor natürlich freut) die hochfliegenden Erwartungen wenigstens teilweise bremsen. Das Ziel dieses Buches ist auch in diesem Kapitel vor allem eine berufsfachliche Reflexion für Hochzeits- und Trauerredner*innen. Zwar gehört dazu ein Anspruch an die Gestalt von Ritualreden, der sich (das ist tatsächlich die Aussage dieses Kapitels) nur erfüllen lässt, wenn Trauer- und Hochzeitsreden als *Kunst* angesehen und gestaltet werden. Es geht insofern durchaus darum, dass freie Reden nicht nur Kunst sein können, sondern auch Kunst sein müssen. Allerdings wird damit ein Anspruchsniveau aufgemacht, das durchaus nicht alle Redner*innen erfüllen werden, die in diesem Beruf arbeiten. Besonders auf der (in Teil I genannten) Dienstleistungsautobahn gibt es durchaus Kolleg*innen, die ihre Arbeit als Auftragsdienstleistung ohne künstlerischen Anspruch ausüben. Das ist auch respektabel – nur eben keine Kunst. Wenn dieser Abschnitt dagegen freie Ritualreden dezidiert als eine Kunstform vorstellt, dann geht es nicht darum, dem Berufsstand freier Redner*innen eine allgemeine Anerkennung als Künstler*innen zu ermöglichen. So wünschenswert das auch wäre, es ist kaum erreichbar, weil die Kriterien für Kunst einfach nicht überall vorliegen. Vielmehr geht es darum, das Wesen und die Gestalt freier Ritualreden fachlich als Kunst zu beschreiben. Wem es gelingt, die eigene Arbeit als Redner*in auf diesem Niveau anzusiedeln, der darf sich allerdings auch Hoffnungen machen, in diesem Kapitel Argumente zu finden, um die eigene Kunst als Kunst plausibel darzustellen und die dafür zustehende Anerkennung zu erhalten. So ist die Leitfrage dieses Kapitels: Unter welcher Bedingung, warum und in welcher Hinsicht erfüllt der Kunstbegriff das fachliche Anforderungsprofil an freie Trauer- und Hochzeitsreden? Und: Warum und in welcher Hinsicht liegt es im ureigenen Auftrag von freien Redner*innen, Kunst zu schaffen?

1 Notwendige und hinreichende Bedingungen für Kunst

Wenn wir über Kunst sprechen, ist zunächst einmal darüber aufzuklären, was Kunst denn eigentlich ist. Allerdings ist das gar nicht so leicht. Denn Kunst entzieht sich der Definition. Artikel 5 Abs. 3 des Grundgesetztes schützt zwar die Kunstfreiheit auf Verfassungsrang.

Es handelt sich bei der Kunst also um eines der höchsten Güter unserer bundesdeutschen Gesellschaft. Es wird aber mit gutem Grund unterlassen, zu definieren, was Kunst denn sei. Tatsächlich würde jede Definition, die Kunst abschließend beschreibt, die Gefahr mit sich bringen, Kunst einzuschränken.[42] Besonders angesichts dessen, dass Kunst sich immer wieder neu erfindet, sich entwickelt und neue Formen ausbildet, die es noch nicht gegeben hat (etwas den Rap oder die Performance-Kunst), würde ein klar definierter Kunstbegriff die Kunstfreiheit begrenzen, statt sie zu eröffnen. Diese fehlende Definition macht es auf der einen Seite leicht, etwas als Kunst zu bezeichnen. Denn potenziell kann erst einmal alles, was sich Kunst nennt, den verfassungsmäßigen Schutz der Kunstfreiheit des Grundgesetzes für sich in Anspruch nehmen. Auf der anderen Seite macht das Fehlen einer Definition von Kunst es schwierig, Kunst auch zu begründen. Besonders, wenn die künstlerische Anerkennung durch die herrschende Meinung nicht ohnehin schon gegeben ist. Dies ist der Fall bei allgemein anerkannten Kunstformen wie Malen, Bildhauen, Dichten, Theater, Musik. Auch das Verfassen und Publizieren von Texten wird dem Kunstbereich nach gängiger Auffassung zugeordnet. Man spricht hier von einem *formalen Kunstbegriff*, bei dem nicht geklärt wird, was Kunst eigentlich ist, sondern es geht rein um die Zuordnung zu einer anerkannten Kunstform.[43] Allerdings gibt es immer auch Grenzfälle, und die haben es schwer, weil sie *einerseits* nicht ohne Weiteres einer der genannten Kunstformen zugeordnet werden können (sonst wären sie kein Grenzfall) und sich *andererseits* nicht auf eine allgemeine Definition von Kunst berufen können (weil es die nicht gibt).

Man hat deshalb nicht vermeiden können, zumindest Anhaltspunkte dafür festzustellen, was Kunst denn eigentlich der Sache nach sein soll. Nicht im Sinne einer abschließenden Bewertung. Diese würde, wie gesagt, die Kunstfreiheit einschränken. Sondern in der Beschreibung von kennzeichnenden Merkmalen, an denen man, wenn Kunst vorliegt, das auch erkennen soll. Noch immer wird deshalb, wenn Kunst nicht mit dem formalen Kunstbegriff eingeordnet werden kann, auf das sog. Mephisto-Urteil des Bundesverfassungsgerichtes von 1971 zurückgegriffen.[44] Demnach habe Kunst als kennzeichnendes Merkmal, dass durch eine freie schöpferische Gestaltung ein*e Künstler*in bestimmte Eindrücke und Erfahrungen zum Ausdruck bringt. Man bezeichnet das als einen *materiellen Kunstbegriff*, weil er wenigstens zu beschreiben versucht, was Kunst ihrem Wesen nach ist. Allerdings ist auch dieses Kennzeichen nur ein Anhaltspunkt. Es ist weder ausschließend, also ein Kennzeichen, das jede Kunst haben muss, um Kunst zu sein. Noch ist es erschöpfend in dem Sinne, dass alles, was dieses Kennzeichen hat, auch automatisch Kunst ist. Die Sache bleibt offen – und schwierig. Und weil das so ist, hält man sich in der Praxis an das, was klar ist: nämlich an den formalen Kunstbegriff, und nur wenn der nicht »zieht«, an den materiellen.

Für Hochzeits- und Trauerredner*innen führen beide Kunstbegriffe nicht zu einem eindeutigen Ergebnis. Denn es handelt sich, nimmt man den formalen Kunstbegriff, zwar um eine Form der mündlichen Publikation von Texten. Aber diese unterscheidet sich in Anlass und Form erkennbar von anderen Formen der Wort-Kunst. So ist zumindest nicht eindeutig, dass Hochzeits- und Trauerreden im Sinne der formalen Definition Kunst sind. Um dies zu klären, müsste man den Unterschiedsgrad definieren, den die Arbeit von freien Redner*innen gegenüber anderen Publikationsweisen haben darf. Tatsächlich hat man diese Frage in einem Teilbereich der Materie zu klären versucht, nämlich im Künstlersozialversicherungsgesetz (KSVG). Da die Künstlersozialversicherung vor der Notwendigkeit steht, mittels behördlichen Bescheiden Künstler*innen mitzuteilen, ob sie das Recht haben, als Künstler*innen sozialversichert zu sein, stand der Gesetzgeber vor der Aufgabe, den formalen Kunstbegriff für diesen Zweck zu spezifizieren. Für diesen Zweck – damit ist gemeint: Es geht nicht darum, zu spezifizieren, was Kunst überhaupt oder was Kunst in anderen Rechtsbereichen ist (etwa dem Steuerrecht). Sondern es geht darum, was *formal* als Kunst im Sinne des KSVG gilt. Hier liegt also ein eigener Kunstbegriff vor. Bis 2011 lautete die Spezifizierung, als Künstler*in im Sinne des KSVG könne gelten, wer als Publizist*in oder »in *anderer* Weise« publizistisch tätig sei. Der Unterschied wurde weit gefasst. Dementsprechend wurden freie Redner*innen von der Künstlersozialkasse als Künstler*innen anerkannt. Dies änderte sich aber, als der Bundestag Anfang 2012 ein Wort im Gesetzestext änderte. Künstler*innen im Bereich »Wort« können im Sinne des KSVG nun lediglich die sein, die der künstlerischen Tätigkeit »in *ähnlicher* Weise« wie Publizist*innen nachgehen.[45] Seither sieht man den Unterschied bei freien Redner*innen als zu groß an, weswegen sie seit 2012 nicht mehr in die Künstlersozialversicherung aufgenommen werden. Zur Begründung wird im Widerspruchsverfahren bis heute ausgerechnet auf das Argument verwiesen, das vom Bundesfinanzhof im Blick auf das Steuerrecht schon 2015 verneint wurde, nämlich dass ein nichtöffentlicher Charakter der Feier vorliege, der es ausschließe, dass es sich um Kunst handle. Die Argumentation steht meines Erachtens auf wackeligen Füßen, da beide Auslegungen einander widersprechen. So kann man erstens darüber streiten, ob es der Kunstfreiheit entspricht, dass das KSVG einen eigenen Kunstbegriff hat, der den Kunstbegriff gegenüber anderen Rechtsbereichen verengt. Und man kann darüber streiten, ob die Verengung auf eine »ähnliche« statt »andere« Weise der Publizität freie Redner*innen überhaupt trifft. Ist die mündliche Veröffentlichung einer Rede auf einer Feier wirklich schädlich für den Charakter als Publikation, wenn tatsächlich (wie schon ausgeführt) die Öffentlichkeit *pars pro toto* angezielt ist und eine allgemeine Veröffentlichung nur deshalb im Regelfall nicht erfolgt, weil die Persönlichkeitsrechte der Kund*innen, als ebenso hohes Rechtsgut, es einem*einer Redner*in datenschutzrechtlich verbieten, alle seine*ihre Reden zugleich mit der Feier auch ins Internet zu stellen? Das alles ist hier nicht juristisch zu bewerten. Allein die komplexen Fragestellungen aber machen eines klar: Der formale Kunstbegriff führt mit Blick auf den Kunstcharakter von freien Ritualreden zu keinem *eindeutigen* Ergebnis – weder in positiver noch in negativer Hinsicht.

Nicht anders ist es mit dem materiellen Kunstbegriff, also dem eigenschöpferischen Selbstausdruck des Künstlers*der Künstlerin. Gegen eine Anerkennung als Künstler*in spricht vordergründig, dass Hochzeits- und Trauerreden ausschließlich Auftragsarbeiten sind, bei denen erst plausibel werden muss, dass darin ein eigenschöpferischer Selbstausdruck des Künstlers*der Künstlerin bestimmend ist. Werben nicht viele Redner*innen geradezu damit, dass sie ihre Reden (im Unterschied zur Kirche) »ganz nach den Wünschen des Brautpaares« oder der Trauernden gestalten? Ist das so, dann wäre das materielle Kennzeichen von vornherein nicht erfüllt. Die Bedingung der eigengestalterischen Gestaltungshöhe des Textes wird nicht plausibel, wenn erkennbar ist, dass eine Rede nach Maßgabe der Kund*innen design wird und sich darin weitgehend erschöpft. Wer nur nach Maßgabe seiner Kund*innen eine Rede gestaltet, wird durch die materielle Definition nicht als Künstler*in erfasst. Und das ist auch nicht der Fall, wenn dies auf kreative und jedes Mal eigenständige Weise geschieht. Ein Finanzgericht hat einmal festgestellt, die Arbeit einer Rednerin entspräche damit eher der einer Werbetexterin, die ebenfalls nach Maßgabe der Auftraggeber*innen arbeitet.[46] Allerdings – nun kommt die andere Seite – kann man auch hier widersprechen. Sind freie Reden, auf dem fachlichen Niveau, das sie als Ritual haben, einem Werbetext vergleichbar? Oder läuft diese Sichtweise an der künstlerischen Qualität von freien Reden gerade vorbei, weil es eben nicht um eine anlassbezogene, festlegende Laudatio geht, sondern um *performative* Rede, die einen Übergang der Lebensdeutung initiiert?[47] Wir werden darauf noch zu sprechen kommen. Tatsächlich haben freie Reden (zumindest diejenigen mit höherem Anspruchsniveau) durchaus einen maßgeblichen eigenschöpferischen Anteil des Künstlers*der Künstlerin. Dieser liegt nicht nur in der Gestaltung der Rede, die von Redner*in zu Redner*in stark differiert. Sie liegt auch darin, dass die Performance des Rituals nicht von der Person des Redners*der Rednerin ablösbar ist. Eine Rede ist immer ein Beziehungsgeschehen zwischen dem*der, der*die redet, und denen, die sie hören. Der Kontakt, der in den Gesprächen, die der Feier vorausgehen, entstanden ist, trägt maßgeblich dazu bei, dass eine Rede ihre Gestaltung und ihre Sprache findet. Redner*innen sind – dies wird im Kapitel III.A über die Person der Rednerin*des Redners noch näher erläutert – selbst Teil des Beziehungsgeschehens, das im Ritual gestaltet wird. Der künstlerische Selbstausdruck vermittelt die Beziehung zu den Kund*innen mit der Gestaltung des Beziehungsgeschehens der Liebe oder Trauer, um das es im Ritual geht. So wird eine Rede niemals abgelöst von der Stimme, der Ausstrahlung und der Person des Künstlers*der Künstlerin von einem*einer anderen vorgetragen werden können, ohne dass sie ihre Wirkung völlig verliert. Und selbstverständlich findet eine Ritualrede bei jedem*jeder Redner*in eine eigene Gestalt, weil die Emotionen, Informationen und Deutungen jeweils unterschiedlich aufgefasst und in Auseinandersetzung mit der eigenen Emotion des Künstlers*der Künstlerin verarbeitet werden. Tatsächlich geht es bei Ritualreden durchaus um den eigenschöpferischen Selbstausdruck eines Künstlers*einer Künstlerin. Letztlich gestaltet der Blick des Redners*der Rednerin den ästhetischen Erfahrungsraum der Rede und des Rituals. Ohne eigenschöpferische Interpretation und Gestaltung kann dieser überhaupt nicht entstehen. Jedoch fasst der materiale Kunstbegriff das Kunstgeschehen nicht vollständig, weil es nicht nur um den künstlerischen Selbstausdruck des Künstlers*der Künstlerin geht, sondern zugleich um die Gestaltung des Selbstausdrucks der Protagonist*innen, denen ein*e Redner*in Sprache, Stimme, und Gestaltung gibt. So ist der materielle Kunstbegriff nicht ausreichend, um freie Reden umfassend und hinlänglich als Kunst zu beschreiben. Allerdings muss man festhalten: Dieser materielle Kunstbegriff ist weder ausschließend noch erschöpfend. Er sagt nichts darüber, inwiefern freie Reden aufgrund weiterer Bestimmungen Kunst sein können. Er sagt lediglich, dass sie es nicht hinreichend aufgrund einer materiellen Bestimmung der Kunst sind. Auch hier liegt also keine Eindeutigkeit vor.

Dass dies so schwierig zu fassen ist, mag auch damit zusammenhängen, dass Trauer- und Hochzeitsreden in den letzten Jahrzehnten »im gängigen Verkehrsverständnis« durchaus nicht der Kunst zugeordnet wurden, sondern ganz klar der kirchlichen Seelsorge. Es ging um Begleitung, nicht um Kunst. Oder es ging mit der Gestaltung eines Begräbnisses oder einer Trauung, religionsneutral formuliert, um die Pflege von kulturellen Gebräuchen. Bei alledem war Kunst nicht im Fokus. Dies stimmt zwar ebenfalls nicht, weil die kirchliche Fachtheologie ihre Rituale durchaus als Kunst betrachtet und die ästhetische Wirkung der Feiern liturgiewissenschaftlich genau komponiert (vgl. Kapitel C.2.1).[48] Aber diese binnenkirchliche Fachlichkeit ist gesellschaftlich nicht bekannt, und in der oft flachen kirchlichen Umsetzung von immer gleichen Ritualformen ist dieser Anspruch auch nicht von außen ohne Weiteres ersichtlich. So haben freie Ritualreden als Kunstform weder eine Tradition noch eine Lobby. Es scheint, dass sich freie Reden – wenn überhaupt – nur als eine neue Kunstform etablieren können, die sich erst im Zuge einer postmodernen und individualitätsbezogenen Wende im Verständnis und in der Gestalt von öffentlichen Übergangsritualen entwickelt. Dies ist natürlich schwer plausibel zu machen, solange eine spezielle künstlerische Qualität nicht überall augenfällig ist. Dann dominieren – was derzeit der Fall ist – frühere Deutungsmuster, und Argumente freier Redner*innen werden möglicherweise auch deshalb nicht nachvollzogen, weil sie einfach das bisherige Bild verändern würden, das man von freien Redner*innen hat.

Zudem stellt sich die (eigentlich nicht sachbezogene) Frage nach der Motivation des Anspruchs freier Redner*innen, Kunst zu schaffen. Wenn es schon seit Langem freie Reden gibt und es freie Redner*innen ursprünglich nicht in Anspruch genommen haben, Künstler*innen zu sein: Woher – so fragt sich manche*r – kommt das plötzliche Interesse? Kommt es wirklich aus einer neuen künstlerischen Qualität, die es vorher nicht gab? Oder besteht nicht der Verdacht, dass das Interesse an Kunst lediglich aufgrund möglicher finanzieller Vorteile gesucht wird, und es Redner*innen ansonsten egal wäre, ob man sie als Künstler*innen sieht? Wollen Redner*innen einfach auf den lohnenderen Zug aufspringen und deshalb ihre Arbeit zur Kunst upgraden? Ist die Kunst wirklich ihr Metier oder ist es ihr Vehikel zu mehr Einnahmen? Diese Anfragen beeinflussen die Beurteilung des Kunstcharakters von freien Reden untergründig. Und nicht immer kann man ihnen ihr Recht absprechen. Redner*innen, die sich jahrelang völlig damit zufriedengegeben haben, als Dienstleister*innen zu fungieren, sind nicht schon einfach deshalb Künstler*innen, weil sie das gern hätten. Sie sind es auch nicht allein schon dadurch, dass sie künstlerische Mittel verwenden, die auch in anderen Kunstformen Anwendung finden – etwa die eigengestaltete Rede, der kunstfertige Vortrag, die mündliche Publikation oder auch die in dem Ritual sowie der Feier geschehende Inszenierung. Alle diese Elemente sind berechtigte Argumente, um die Frage nach der Kunst aufzuwerfen. Sie rücken die freien Reden so stark in die Nähe der formal bestimmten Kunstformen, dass sich die Frage nach der Kunst überhaupt als eine fachliche Frage stellt. Was von Redner*innen bisher vorgetragen wurde, sind unbestritten notwendige Bedingungen sowohl für eine professionelle Gestaltung einer Feier als auch für ihre Anerkennung als Kunst. Deshalb ist es richtig und angemessen, dass sie vorgetragen werden. Und sollte dieser Vortrag seine Motivation darin haben, steuerliche oder versicherungsrechtliche Vorteile zu erreichen, so tut das der Qualität der Argumente keinen Abbruch. Wenn freie Reden aufgrund ihrer künstlerischen Mittel als Kunst zu sehen sind, dann verbietet sich die Frage danach, wieso Redner*innen das wollen oder warum dies nicht schon immer so gesehen wurde. Dann ist es Kunst und es besteht auch ein Anspruch darauf, dies anzuerkennen.

Das Problem ist: Die bisher vorgetragenen Argumente begründen noch keine *hinreichende* Bedingung dafür, dass freie Reden als Kunst anzusehen sind. Ein Text ist einfach nicht schon deshalb Kunst, weil er mit Herzblut und »nach den Regeln der Kunst« geschrieben und vorgetragen wurde. So wenig wie ein kunsthandwerkliches Objekt nicht schon deshalb Kunst ist, weil bildhauerisches Know-how dazu nötig war und am Ende ein individuelles Objekt gefertigt wurde. All dies sind notwendige Bedingungen für Kunst. Der Unterschied zwischen einer notwendigen und einer hinreichenden Bedingung ist, dass die notwendigen Bedingungen zwar unabdingbar erfüllt sein müssen. Aber mit ihrer Erfüllung ist das Ziel noch nicht erreicht. Erst die hinreichende Bedingung macht das Match, holt den Punkt, bringt den Ball ins Tor. Die hinreichende Bedingung ist das fehlende neue Argument, das notwendig ist, um klar zu machen, warum freie Reden auf einem bestimmten Qualitätsniveau tatsächlich nicht mehr anders beurteilt werden können denn als Kunst.

Mit der Unterscheidung von notwendigen und hinreichenden Bedingungen kommen wir zum dritten Weg zur Bestimmung von Kunst. Er wird beschritten, wenn der formale und der materielle Kunstbegriff kein eindeutiges Ergebnis liefern. Dieser dritte Weg besteht darin, dass der*die künstlerisch Handelnde von sich behauptet, dass er*sie Künstler*in sei und Argumente vorlegt, um dies zu begründen. Sind die Argumente plausibel, dann gibt es im Idealfall einen Spezialisten*eine Spezialistin, der*die dies bestätigen kann. Es kommen dann Selbstanerkennung und Drittanerkennung zusammen – und auch dieser Weg steht für die Anerkennung von Kunst offen. Nur nach welchen Kriterien kann denn überhaupt begründet und bestätigt werden, dass freie Reden Kunst sein können bzw. in einem vorliegenden konkreten Fall auch Kunst sind? Behaupten kann es schließlich jede*r. Hier ist nun die Unterscheidung von notwendigen und hinreichenden Bedingungen hilfreich, weil sie eine differenzierte Plausibilität herstellt.

Notwendige Bedingungen für den Stellenwert freier Redner*innen als Kunst sind, dass sie mit künstlerischen Mitteln arbeiten. Zu nennen sind:

1. das eigengestalterische Texten einer Rede, das die Handschrift des*der Redenden und einen eigenen konzeptionellen Blick auf die jeweilige (künstlerische) Situation erkennbar macht;

2. die Redekunst des Vortrags, einer der ältesten Kunstformen überhaupt (nicht ohne Grund wird der Begriff »Rhetorik« als Redekunst übersetzt);
3. eine kreative Inszenierung, die das Setting, auch die eigene Performance mit Stimme und Gestik sowie die szenische Einbindung der Protagonist*innen umfasst;
4. notwendige Bedingung ist außerdem, dass das Kunstwerk öffentlich gemacht wird.

1. Die erste Bedingung habe ich oben schon angesprochen. Sprechen wir von Reden auf professionellem Niveau, die jeweils für die Situation und die Hörer*innen individuell neu formuliert werden, dann kann diese Bedingung als gegeben gelten. Eine Rede, die nicht jedes Mal neu und selbst geschrieben ist, sondern auf textgleichen Bausteinen aufbaut, kann nicht Kunst sein.

2. Mit der zweiten Bedingung ist es schon schwieriger. Die Rede galt schon im Römischen Reich als hohe Kunst, und sie wird besonders im angelsächsischen Raum bis heute stark gepflegt. In Deutschland hat die Rhetorik dagegen einen stiefmütterlichen Stellenwert. Erst langsam bekommt sie hier mehr Wertschätzung und zwar dadurch, dass die rhetorische (Debatten-)Kultur des angelsächsischen Raums zunehmend nach Deutschland überschwappt. Inzwischen gibt es in Deutschland Redner*innenausbildungen nach amerikanischem Vorbild. In dieser Tradition geschulte Redner*innen bezeichnen sich dann als »Speaker«. Dieser Rednertyp findet sich vornehmlich in der Wirtschaft. Es sind Redner*innen zu ökonomischen Themen, zur Personalführung, Motivation etc. Demgegenüber hat etwa die kreative Verwendung von Stilmitteln oder die Schulung von Stimme und Auftreten bei Hochzeits- und Trauerredner*innen seltener einen fachlich geschulten Hintergrund. Wenn eine Rede gar abgelesen wird, was auch bei freien Redner*innen nicht selten der Fall ist, dann ist von Redekunst nicht wirklich zu sprechen. Selbstverständlich sollte man voraussetzen, dass professionelle Redner*innen über eine virtuose Rhetorik verfügen und in der Performance erfahren und kreativ sind. Allerdings ist das schwer zu messen und einer Rede auch nicht an der Schriftform abzulesen. Rhetorik zeigt sich letztendlich erst in der Performance selbst. Setzen wir die Rhetorik einmal als gegeben

an, so ist aber auch sie nicht hinreichend, um eine Rede als Kunst zu charakterisieren, einfach weil die Rhetorik auch eine handwerkliche Dimension der Rede sein kann. Sie wäre dann Kunsthandwerk, und allein die Rhetorik macht die Rede noch nicht zur Kunst.

3. Die dritte Bedingung, die Inszenierung, ist die Dimension, die eine Rede zu einer Ritualrede macht. Sie ist eingebettet in einen gestalteten Gesamtrahmen, der – wenn er gut gemacht ist – regelmäßig künstlerische Qualität hat. Der Rahmen hat einen für die individuelle Situation jedes Mal eigens gestalteten Ablauf, nutzt und gestaltet den Raum (in tatsächlich räumlicher und in emotionaler Hinsicht), bindet Musik ein, spricht Hörer*innen interaktiv an, gestaltet Rituale, erzeugt Emotionalität mit Stimme und Gestik, Bewegung im Raum usf. Es ist hier nicht nur Wort-Kunst, um die es geht, sondern darstellende Kunst. All diese Aspekte zusammen deuten darauf hin, dass hier Kunst inszeniert wird. Würde es sich bei der Rede um ein Kabarett handeln und der Unterhaltungsaspekt in Vordergrund stehen, dann würde das Zusammenspiel von Inszenierung und Redekunst als künstlerischer Akt nicht strittig sein. Da es sich um Hochzeits- und Trauerreden handelt, werden solche Argumente aber nicht als hinreichend angesehen, weil die Gestaltungshöhe etwa bei einem Kabarettisten eine höhere Evidenz hat. So gilt auch hier: So sehr viele Aspekte auf den Kunstcharakter der Hochzeits- und Trauerrede deuten, hinreichend überzeugend sind sie selten. Allerdings kann man sagen: Wer diese inszenatorische Qualität nicht beherrscht, sondern mit monotoner Stimme statisch vorn stehend eine Rede vorträgt, bewegt sich künstlerisch auf äußerst brüchigem Eis.

4. Kommen wir zur letzten Bedingung, der formalen Publizität, dann ist darüber in Kapitel II.B.7 schon alles gesagt. Sie sollte kein Problem sein, da eine Veröffentlichung mündlich erfolgen kann, sie bei jeder Feier tatsächlich erfolgt und der Bundesfinanzhof die besondere Art der Feier nicht als schädlich für den Kunstcharakter angesehen hat. Als Veröffentlichung eines Narratives der Lebens- und Beziehungsdeutung hat die Rede zudem einen Anteil am gesellschaftlichen Meinungsbildungsprozess. Dass diese über eine Veröffentlichung erfolgt, die zunächst für den Sozialraum der Protagonist*innen gestaltet ist, hindert nicht ihre prinzipielle Bedeutung als publizisti-

schen Akt. Das Sozialgefüge einer Hochzeitsgesellschaft und Trauergemeinde steht *pars pro toto* für die Gesamtgesellschaft, in der ein Paar in den Ehestand tritt oder ein Mitglied des Gemeinwesens dieses durch den Tod verlässt. In der Feier ist immer das Ganze repräsentiert, weil diejenigen anwesend sind, die dieses Ganze für die*den Verstorbene*n bzw. das Brautpaar repräsentieren. Wer die Publizität von Hochzeits- und Trauerfeiern wegen des spezifischen Publikums bestreitet, hat dessen soziologische Bedeutung nicht bedacht.

Wenn alle diese Bedingungen erfüllt sind – so sollte man meinen –, müsste der Kunstcharakter freier Reden eigentlich in ausreichendem Maße plausibel sein. Leider ist das nicht der Fall. Selbst wenn eine erkennbar eigene Gestaltung vorliegt und in der Öffentlichkeit dargeboten wird, selbst wenn das rhetorisch versiert geschieht und inszenatorische Mittel einbezieht, selbst dann ist noch nicht in allen Fällen klar, dass es sich um Kunst handeln *muss*. Es *könnte* möglicherweise auch etwas anderes sein – besonders gutes Redner*innenhandwerk oder ein Text, der wie eine Laudatio präsentiert wird, oder ein Akt der Begleitung für Trauernde oder die Moderation eines Hochzeitsevents. Diese Unsicherheit liegt sicher auch darin, dass Hochzeits- und Trauerreden die genannten Kriterien von Kunst bisher oft unterschritten haben. Es hat früher viele freie Redner*innen gegeben, die fertige Redemanuskripte nur ein bisschen angepasst haben; das hat dem Ansehen von freien Redner*innen im Blick auf die Anerkennung als Kunst sehr geschadet. Daher sind stärkere Argumente nötig, um eine künstlerische Gestaltungshöhe plausibel zu machen, als wenn der Kunstcharakter schon *etabliert* wäre (manche etablierte Künstler*innen schaffen zwar Dinge, die künstlerisches Niveau vermissen lassen, werden aber als Künstler*innen anerkannt, weil die Etablierung sie auch dann trägt, wenn sie diese nicht einlösen). Um diese Etablierung zu erreichen, ist es nötig, die künstlerische Qualität stärker zu begründen. Und das wird nur gelingen, wenn eine künstlerisch *spezifische* Qualität von Hochzeits- und Trauerreden plausibel gemacht werden kann. Dafür allerdings reichen die bisherigen Argumentationen tatsächlich nicht aus. Und zwar deshalb nicht, weil sie lediglich verschiedene Kunst*aspekte* aufzählen. Das ist zu wenig. Der Kunstbegriff erschöpft sich nicht darin, künstlerische Handlungsformen zu subsummieren. Kunst ist nicht die bloße Addition der künstlerischen Einzelaspekte. Nur deshalb, weil ein den Anspruch als Kunst erhebender Akt verschiedene künstlerische Aspekte aufweist oder auch künstlerische Dimensionen hat, ist er noch nicht *hinreichend* als Kunst plausibel.

Und was wäre hinreichend?

Hier kommt die Antwort: Hinreichend wäre die *künstlerische Eigenaussage* der Hochzeits- bzw. Trauerfeier. Kunst ist eine Ritualrede dann, wenn sie nicht nur durch die verwendeten Mittel, sondern *durch die Eigenaussage der gesamten Handlung* als Kunst plausibel ist. Und hier kommen wir endlich zum entscheidenden Argument. Es geht nicht allein darum, was die Kunst vonseiten des Künstlers*der Künstlerin ist (also ob er sie kunstfertig gestaltet und künstlerisch findet); sondern es geht zudem darum, dass die Kunst ein Kunsterlebnis bei dem*derjenigen hervorruft, der*die sie sinnlich aufnimmt – durch Hören, Sehen, Fühlen und eigene Interaktion. Bisher hat der Fokus in diesem Abschnitt auf dem*der Künstler*in gelegen, seiner*ihrer Tätigkeit und Beziehung zu anderen Kunstformen. Dabei wurde nicht betrachtet, dass die Kunst das Ziel verfolgt, ein spezifisches *Erleben* hervorzurufen, das nur durch Kunst zu erreichen ist.

Dieses Erleben wurzelt – dies ist das Recht des materiellen Kunstbegriffs – in einem »Ineinander von bewußten und unbewußten Vorgängen, die rational nicht aufzulösen seien«.[49] Diese Bestimmung bezieht sich auf das künstlerische Schaffen. Zugleich ist es eine aussagekräftige Beschreibung dessen, was Kunsterleben ist: ein Ineinander von bewussten und unbewussten Vorgängen, die durch das Kunstwerk ausgelöst werden. Ein*e Künstler*in teilt mittels des Kunstwerks eigene intuitive, Bewusstes und Unbewusstes verbindende Vorgänge und Deutungen mit. Diese lösen ihrerseits ein Ineinander von bewussten und unbewussten Deutungen aus. Für dieses Kunstverständnis ist es wesentlich, dass sich das Kunstwerk dem Kunsterleben *frei* erschließt. Es ist also nicht festgelegt auf vorgegebene Deutungen, sondern diese entstehen im Erlebnis der Kunst in einem freien, für verschiedene Deutungen offenen Prozess, der unterschiedlich interpretiert werden kann.[50]

Ist dies in freien Reden der Fall, dann ist das Argument vom Tisch, es handle sich um so etwas wie einen Werbetext, eine Laudatio oder eine andere Redeform, die zwar künstlerisch daherkommen kann, aber nicht selbst einen Kunstcharakter hat. Sollte sich erweisen, dass es sich bei freien Redner*innen um eine Ritualkunst handelt, die in ihrem Wesen nicht eine Mitteilung ist, sondern ein Ausdruck, der freie Assoziationen auslöst, dann wäre dies das hinreichende Argument. Es würde klar machen, dass es sich bei der Arbeit von Redner*innen wirklich um Kunst handelt.

2 Ritualkunst als inszenierter Gestaltungsraum von Lebensdeutung

Kunst hat immer eine Tradition und Herkunft. Sie hat immer eine gesellschaftliche Aufgabe. Und sie hat immer eine spezifische Weise, unbewusste und bewusste Vorgänge so auszulösen, dass diese Aufgabe interpretiert, kritisiert oder auch positiv erfüllt wird. Gleiches gilt für die Ritualkunst.

2.1 Zur Tradition und postmodernen Aufgabe von Ritualkunst

Dass sich in Ritualen Kunst gestaltet, ist keine neue These heutiger Redner*innen. Im Gegenteil. In der Gestaltung von Ritualen liegen wesentliche Wurzeln sowohl des Schauspiels als auch der Musik sowie verschiedener Formen der gegenständlichen Kunst. Schon immer hat es zur Gestaltung von rituellen Übergängen szenische und gegenständliche Darstellungen gebraucht. Schon immer ist deshalb Kunst entstanden.[51] Diese Verbindung von Ritual und Kunst erschließt sich unmittelbar aus der Ähnlichkeit ihrer Aufgaben. Bei sozialen Ritualen geht es seit jeher (und in allen Kulturen) darum, etwas gemeinschaftlich zu symbolisieren, was nicht rational zu greifen ist: Eine über das Sicht- und hörbare hinausgehende kollektive Sinndeutung. Sei es (in der voraufklärerischen Einheit von sozialem Ritual und religiösem Ritus) das Göttliche und die menschliche Beziehung zu ihm. Oder sei es (nachaufklärerisch) die symbolische Repräsentation kultureller, persönlicher und sozialer Konstruktionen und Identitäten.[52] So ging es schon immer darum Unbewusstes und Bewusstes im Ritual zu verbinden, um für den Deutungsüberschuss des Rituals ein symbolisches Erleben zu schaffen. Und nichts kann besser diese Verbindung von unbewusstem und bewusstem Erleben hervorrufen als die Kunst, die eben darin ihr hervorstechendes Merkmal hat. Entsprechend war Kunst das Mittel der Wahl, um Rituale zu gestalten. Dies hat der Entwicklung der Kunst einen grundlegenden Schub gegeben. Es wurde nicht nur Kunst verwendet, um Rituale damit zu gestalten. Es wurde eigene Kunst geschaffen, um Rituale gestalten zu können. Und diese rituelle Kunst wirkte wiederum in die Entwicklung der Kunst hinein.

Diese Geschichte dieser Wechselbeziehung zieht sich durch die Jahrhunderte. Noch heute kann man in der katholischen Messe unzählige Spuren künstlerischer Ritualgestaltung und ritueller Kunst entdecken. So wird die eine ästhetische Wirkung des Ritus erzeugt durch das Zusammenwirken von Musik, bedeutungsaufgeladenen Worten, Schauspiel, inszenierter Liturgie, Bildern und Skulpturen, Kleidung, Geruch und Architektur, bis hin zur interaktiven sinnlichen Kommunikation des religiösen Deutungsgehaltes in der Eucharistie. Gottesdienste sind ursprünglich als Gesamtkunstwerke gestaltet, die im Zusammenspiel verschiedener künstlerischer Elemente eine transzendente Sinndeutung symbolisieren. Da diese Riten ehemals ein Zentrum der gesellschaftlichen und individuellen Lebensdeutung bildeten, wundert es nicht, dass die kirchlichen Rituale eine treibende Kraft für die Entwicklung der Kunst waren.

Im Laufe der Zeit hat sich die Kunst weitgehend von ihren Wurzeln im kirchlichen Ritualausdruck emanzipiert. Sie wurde zu einem eigenständigen Metier. Und sie wurde das immer mehr, je mehr sich die Lebens- und Weltdeutungen der jeweiligen Gesellschaften säkularisierten. Eigene, moderne Formen wurden notwendig, um neue Deutungsräume zu schaffen. Mehr und mehr hat sich die Kunst von der religiösen Ritualgestaltung abgelöst. Allerdings blieb die Affinität von Ritual und Kunst bestehen. Parallel zu der Wandlung des Ritualbegriffs zu einer allgemeinen Theorie symbolischer Handlungen haben sich Kunstformen entwickelt, die sich – fern von jedem religiösen Bezug – als rituelle Handlung verstehen. Ritualität ist nach wie vor (und in mancher Hinsicht auch wieder) eine wichtige Dimension von Kunst.[53] Dies zeigt, dass noch immer das Design von Ritualen die Frage nach ihrer künstlerischen Gestaltung aufwirft – ebenso wie umgekehrt die Kunst aus sich heraus die Frage nach dem Ritual stellt. Tatsächlich kann es anders als mittels der

Kunst auch nicht gelingen, dass die Aufgabe von Ritualen erreicht wird, Lebensdeutung nicht nur mitzuteilen, sondern ihr einen symbolischen Raum zu geben, der über die gegenwärtige Situation hinausgeht und die nicht greifbaren, emotionalen und systemischen Dimensionen von Leben erfahrbar macht.

Diese Aufgabe stellt sich insbesondere in der gegenwärtigen Postmoderne, in der sich gesellschaftlich-kulturelle und individuelle Lebensentwürfe zu je eigenen Konstruktionen verbinden, über die jeder Mensch sich selbst Rechenschaft gibt – und geben muss. Das weitgehende Fehlen übergeordneter, sinnstiftender Lebensorientierung konzentriert die Lebensdeutung auf die individuellen Konstruktionen Einzelner. Es geht darum, wie sie selbst sich sehen. Und es geht darum, wie die eigene Selbstsicht sich sozial vernetzt und verbindet mit den Lebensdeutungen der Umwelt. Ritualisierte Kommunikation ist dazu unverzichtbar, weil sie es ist, die »kollektive Repräsentationen darstellt und persönliche, soziale und kulturelle Identitäten konstruiert«.[54]

Man hat – das muss man zugeben – in der Entwicklung freier Reden als Auftragsdienstleistung zu wenig gesehen, dass sich in den Übergängen des Lebens bei Trauer- und Trauungsfeiern grundlegende individuelle Lebenskonstruktionen zeigen und als Ritual manifestieren wollen. Es geht um Tod. Es geht um Liebe. Es geht in beidem um soziale Beziehungen. Und in allem geht es um Schlüsselmomente des Lebensvollzugs, in dem die bewusste und unbewusste Lebensdeutung von Menschen sich in einem Moment verdichtet. Was unbewusst und bewusst Menschen bewegt, gerinnt in diesem Moment zu einem verdichteten Eindruck. Diesen Eindruck nicht im unbewussten Inneren zu belassen, sondern ihm einen Ausdruck zu geben, der ein persönliches und soziales Erleben ermöglicht, das ist die Aufgabe freier Hochzeits- und Trauerreden. Damit haben sie – gerade in der Verbindung von persönlicher Deutung und sozialem Vollzug – eine wichtige Funktion im gesellschaftlichen Prozess der Lebensdeutung. Letztlich geht es bei der Ritualkunst freier Redner*innen darum, Lebensschwellenrituale durch eine neue, postmoderne Gestalt in die Zukunft zu führen. Sicher ist es notwendig dafür, sie aus ihrer Verflachung zu bloßer Auftragsdienstleistung herauszuführen. Eben dazu sind die Ausführungen dieses Buches da. Es geht darum, Hochzeits- und Trauerritualen ihren rituellen

Wert unter den individualisierten und säkularisierten Bedingungen der Postmoderne neu zu eröffnen und sie zu dem zu machen, was sie ihrer potenziellen Bedeutung nach sein sollen: nämlich zu in der Gesellschaft präsenter Kunst, welche die Lebensdeutung von Menschen anschaubar und erlebbar macht.

2.2 Kunst als originäre Aufgabe der Ritualgestaltung

Die Aufgabe von freien Reden als Ritualkunst wird konkret, wenn man in der Zusammenschau der Kapitel »Freie Reden als Rituale« (Kapitel II.A) und »Identität und Beziehung« (Kapitel II.B) die Ziele formuliert, die Ritualreden erfüllen sollen. Es wird deutlich, dass im Erleben einer Trauungs- oder Trauerfeier Folgendes eintreten soll:

1. Es soll eine Erzählung im Sinne eines Narratives der Beziehungsdeutung im Sozialraum der Protagonist*innen veröffentlicht werden.
2. Die Lebensdeutung von Menschen soll einen Ausdruck finden, der nicht nur eine individualgeschichtliche Information oder Beschreibung wiedergibt, sondern eine emotionale Anschauung entstehen lässt.
3. Es soll im Erleben der Ritualfeier ein Raum für freie, assoziative Beziehungsdeutung entstehen, in dem die Hörer*innen ihr eigenes Beziehungserleben assoziieren, spiegeln und konstruktiv entwickeln können.
4. Es soll ein gemeinschaftlicher und individueller Prozess inszeniert und initiiert werden, der die Transformation der Lebens-, Beziehungs- und Selbstdeutungen realisierbar macht, die durch den Tod oder die Hochzeit entstehen.
5. Es soll ein Raum entstehen, in dem die vielfältigen, starken und inhomogenen Emotionalitäten auf einer Lebensschwelle ausgedrückt werden können.
6. Es soll eine offen in die Zukunft weisende potenzielle neue Ebene der Lebens- und Beziehungsdeutung rituell inszeniert und verankert werden.
7. Zugleich soll der gesellschaftliche Statusübergang inszeniert werden, der sich durch Heirat oder durch den Tod eines Menschen für diejenigen ergibt, die dadurch betroffen sind.

8. Es soll bei Menschen, die sich je unterschiedlich zu den Protagonist*innen und zu sich selbst verhalten, das Gefühl einer situativen Gemeinschaft des sich wandelnden Lebens erzeugt werden.
9. Es soll die konstruktive Deutung, welche eine Bestattung oder Eheschließung in der Erfahrung der Hörer*innen findet, als Beitrag zum gesellschaftlichen Umgang mit beiden Institutionen kommuniziert und präsent werden.

Dies alles sind Ziele einer Hochzeits- oder Trauerrede, die sich unmittelbar aus dem Wesen eines öffentlichen Schwellenrituals ergeben. Bei allen diesen Zielbestimmungen spielen bewusste und unbewusste Lebensdeutungen die Hauptrolle. Erst indem sich die Menschen in einer Ritualfeier selbst in Beziehung setzten zu dem Brautpaar oder dem*der Verstorbenen, kann das Ritual zum Ziel kommen. Eine Hochzeits- oder Trauerrede, die lediglich eine anlassbezogene Rede »über« etwas ist, nicht aber die eigenen Assoziationen und Deutungen der Hörer*innen auslöst und mitnimmt, wird nie ihre Aufgabe erfüllen. Eine bloß äußere Darstellung einer Rede, die lediglich eine Lebens- oder Liebesgeschichte kommuniziert, wird den Anforderungen einer Trauer- und Hochzeitsrede in keiner Weise gerecht. Deutungsprozesse würden dadurch nicht ausgelöst, sondern festgelegt. Freies assoziatives Erleben würde begrenzt. Dagegen geht es in allen neun Punkten um die *Bahnung* eines freien unbewussten Erlebens und dessen Vermittlung mit den individuellen und sozialen Lebens- und Beziehungsdeutungen.

Eben damit aber ist es die originäre Aufgabe von Hochzeits- und Trauerreden, Kunst zu sein. Denn nur Kunst ist in der Lage, die unbewussten Deutungen, die Menschen verbinden, öffentlich darzustellen. Nur Kunst kann einen Raum schaffen, in dem *zugleich*
- freie Selbstdeutung gebahnt und ausgelöst wird,
- Beziehungs- und Lebensdeutung inszeniert wird,
- sinnrelevante Themen wie Liebe und Tod ästhetisch wahrgenommen werden,
- Gemeinschaftserleben inszeniert wird sowie
- unbewusste und bewusste gesellschaftliche Deutungen von Lebensübergangsinstitutionen vermittelt werden.

Geschieht dies, dann handelt es sich um Kunst. Es ist keine alternative Weise denkbar, in der ein solches Geschehen inszeniert und performt werden kann, außer durch Kunst und als Kunst. Dabei sind es nicht allein die künstlerischen Mittel, die eine Feier zur Kunst machen. Diese sind künstlerische Mittel zum Zweck. Der Zweck ist das Kunsterleben selbst, das durch künstlerische Ritualgestaltung, Rededesign und Performance ausgelöst wird. Der Kern der Ritualkunst wird also nicht zureichend erkennbar durch das, *was* der*die Künstler*in sagt. Noch weniger ist es allein an einem Redekonzept ablesbar. Das Wesen der Ritualkunst zeigt sich im ästhetischen Erleben der Hörer*innen. Der Kern der Ritualrede ist die *Performance.* In ihrem Vollzug und im gemeinsamen Erleben entsteht eine durch Kunst ausgelöste Anregung von unbewusster und bewusster Lebensdeutung in einem zugleich individuellen und gemeinsamen Assoziations-, Denk- und Lebensprozess. Mehr kann man von Kunst nicht erwarten.

Freie Reden, die in ihrem Design, ihren Mitteln und ihrer Performance dieses Ziel verfolgen, können darum nur als Kunst bewertet werden. Ihnen den Kunstcharakter abzusprechen, hieße, ihnen das Recht zu nehmen, Rituale sein zu können. Tatsächlich wird das aber in der derzeitigen, besonders in der juristischen Diskussion getan. Verhandelt wird oft lediglich über den Status von ritualkastrierten Redekonzepten, denen unter Absehung von Aufgabe, Ziel und Performance dann natürlich die künstlerische Gestaltungshöhe fehlen muss. Nur »überall dort, wo das momentane Ereignis, wo nicht das Fixieren und Bewahren im Vordergrund stehen, […] wo der Prozess das Produkt selbst ist […], da ist Kunst als rituelle Performance sichtbar«.[55] Die Frage, ob eine geschrieben vorliegende Ritualrede Kunst sein könne, wird nie eine hinreichend positive Antwort bekommen können, weil sie die entscheidende Dimension der Ritualkunst von vornherein ausblendet: die rituelle Handlungsdimension der Performance. Bezieht man dagegen die Aufgabe und Wirkung des Ritual*erlebens* ein, kommt man nicht daran vorbei, zuzugestehen, dass es sich um ein Kunsterleben handelt.

Es sollte damit hinreichend deutlich sein, dass freie Reden, die sich erkennbar dem Anspruch und der Aufgabe von Ritualen stellen, Kunst nicht nur sein können, sondern auch Kunst sein müssen. Dies ist nicht der Fall, wenn die genannten notwendigen Bedingungen fehlen (also Eigengestaltung, Rhetorik, Inszenierung und Veröffentlichung). Dies ist ebenfalls nicht der Fall, wenn ein Verständnis für die Herausforderungen von Ritualkunst und ihre Beantwortung im Ritualdesign und in der Performance fehlen. Ist dies alles vorhanden, ist aber hinreichend klar, dass es sich um Kunst handelt. Mehr geht nicht. Und mehr braucht es auch nicht.

3 Besonderheiten der Kunstform von Ritualfeiern

Allerdings hat die Ritualkunst gegenüber der sonst gewohnten Unterhaltungskunst, der bildenden Kunst oder der Publizistik Besonderheiten. Es sind drei Besonderheiten, die mit ihrer spezifischen Aufgabe zusammenhängen. Man kann sie beschreiben in den Schlagworten:
- personale Fokussierung
- spezifische künstlerische Situation
- Unwiederholbarkeit

3.1 Personale Fokussierung

Die Personalität des Kunstbezuges ergibt sich daraus, dass Ritualkunst im Falle von Trauer- und Hochzeitsreden immer auf einzelne Menschen fokussiert. Es sind einzelne Verstorbene – bei jeder Trauerfeier steht eine Person im Fokus. Und es sind jeweils zwei einzelne Brautleute, die sowohl als Einzelne als auch als Paar im Vordergrund stehen. Eine solche Fokussierung ist im Kunstbereich nicht unüblich; man findet sie in der Porträtmalerei ebenso wie bei Biografien. Beides ist Auftragskunst, die Einzelpersonen in den Vordergrund stellt. Was wird aber nun im Kunstgeschehen des Rituals zur Darstellung und Anschauung gebracht? Es ist nicht die Person selbst, sondern das Erleben *mit* der Person. Es ist das Erleben des verstorbenen Menschen im konstruktiven Erinnern der Angehörigen und Freund*innen. Und es ist das Paarerleben der Brautleute in ihrer eigenen Selbstdeutung. Immer ist dabei die Aufgabe von Rede, Ritualdesign und Performance, die überschießenden, durch worthafte Definition nicht fassbaren Dimensionen der Beziehung zu symbolisieren und so die Eigendeutung der Hörer*innen freizusetzen. Das gilt für die unmittelbar betroffenen Protagonist*innen ebenso wie für die im Sozialsystem an einer ferneren Stelle zugehörigen Menschen. Dies zu inszenieren, ist die künstlerische Aufgabe, die freie Reden umsetzen. Redner*innen haben oft den Fehler gemacht, den personalen Bezug zu verengen und die Rede als eine Auftragsdienstleistung misszuverstehen, welche die Geschichte von Verstorbenen oder Paaren nach Maßgabe der Auftraggeber*innen erzählt. Erschöpft sich die Rede darin, dann handelt es sich tatsächlich um Dienstleistung und nicht um Kunst. Das Wesen einer Ritualrede zielt darauf, dass die Erzählung nicht nur mitgeteilt wird, sondern ein inneres Weitererzählen in den Hörer*innen auslöst. Es geht darum, dass die Hörer*innen ihre eigenen Bilder, Erinnerungen und Erfahrungen assoziieren. So entsteht ein freies Spiel der bewussten und unbewussten Deutungen der Beziehung, das in jedem*jeder Teilnehmer*in der Feier ein individuelles Bild entstehen lässt: ein jeweils eigenes Bild der verpartnerten Protagonist*innen über sich und ihre Beziehung; ein eigenes Bild des Paares und seiner Liebe in den Augen ihrer Gäste; und ein eigenes Bild der*des Verstorbenen und der Beziehung zu ihm*ihr bei denen, die die Trauerfeier erleben. Die Trauer- und Hochzeitsrede ist im Blick auf die personale Bindung der Rede und Feier dann Kunst, wenn sie bewusst eigene und freie Deutungen anbahnt. So wie ein Porträt von jedem*jeder Betrachter*in auf eigene Weise betrachtet, gesehen, verstanden und bewertet wird, so muss auch die Ritualrede offen sein für dieses freie Spiel der Deutungen und inneren Bilder. Die künstlerische Aufgabe besteht darin, die bewusste, materiale Darstellung in der Beschreibung eines Person- oder Beziehungsbildes für die unbewussten Deutungen zu öffnen, die jede*r in die Feier mitbringt. Künstlerisch arbeitende Redner*innen kommunizieren immer und bewusst mit den unbekannten Deutungskonstruktionen, Erinnerungen und Bildern der Hörer*innen. Nur so lässt sich erreichen, dass die Bewegung des Bewusstseins entsteht, die eine Trauung oder Beerdigung zu einem Ritualerleben macht. Gleichzeitig wird damit auch deutlich, dass der materiale Personenbezug einer Rede die künstlerische Gestaltung nicht begrenzt, sondern vielmehr eröffnet. Dem Dramatiker Sigmund Graff wird der Satz zugeschrieben: »Jedes Kunstwerk ist eigentlich eine Skizze, die erst durch unsere Fantasie vollendet wird.« Tatsächlich geht es darum. Dass sie Skizze, die Ritualreden zeichnen, in der Imagination der Hörer*innen zu eigenen Bildern vollendet werden. Ein Kennzeichen künstlerischer Gestaltungshöhe ist, dass die Rede solche freien Deutungsräume eröffnet.

3.2 Spezifische künstlerische Situation

Jede Kunst hat als Voraussetzung eine Situation, auf die sie als Kunst antwortet. Nie ist Kunst voraussetzungslos. Immer hat sie einen »Sitz im Leben«[56]. Und mitunter, etwa in der Performance-Kunst, schafft sich die Kunst ihren eigenen Anlass auch selbst. Bei Trauer- und Hochzeitsreden muss man den »Sitz im Leben« nicht lange suchen. Die spezifische künstlerische Situation ist bei Ritualkunst durch den Anlass vorgegeben. Es handelt sich um eine Trauung im Zusammenhang einer Eheschließung. Oder es handelt sich um eine Trauerfeier im Zusammenhang mit einer Beisetzung. Zu beiden Situationen hat es schon eine Vielzahl von Kunstwerken gegeben, besonders in der Musik (Hochzeits- und Trauerlieder, vom Mozart-Requiem bis zum Titel »Ja« von Silbermond). Im Unterschied zur Musik sind diese Anlässe bei freien Reden aber nicht einige unter vielen. Sondern sie schaffen die Kernsituationen der künstlerischen Arbeit (natürlich gibt es auch Willkommensrituale für Neugeborene, Initiationen, Ehejubiläen etc., für die Redner*innen ihre Kunst anbieten, aber dies sind meist Randerscheinungen). Das heißt: Die Kunst ist begrenzt auf spezifische Anlässe. Dies tut der künstlerischen Aufgabe keinen Abbruch, schafft aber für die Ritualkunst eine eigene und spezielle Situation. Sie geht ausschließlich mit Schwellensituationen im individuellen und gemeinsamen Leben um. Sie hat bei Trauungen immer mit den Themen »Liebe«, »Paarbeziehung« und »Ehedeutung« zu tun. Und sie hat bei Trauerfeiern immer mit den Themen »Tod« und »Beerdigungsdeutung« zu tun (und ebenfalls mit den Themen »Liebe« sowie mit »Familienbeziehung« oder »Freundschaft«). Man kann dieses Spektrum eng nennen. Oberflächlich betrachtet ist es das auch. Tatsächlich aber öffnet sich darin das weite Feld der sinnrelevanten Lebensdeutung. Weder der Tod noch die Liebe werden selbst von den bei *einer* Feier Anwesenden auf gleiche Weise erlebt und eingeordnet. Zudem ist die Situation völlig unterschiedlich, je nachdem, ob ein Paar heiratet, das im ersten Lebensdrittel die Liebe entdeckt, oder ein Paar, das im zweiten (oder dritten) Lebensdrittel eine lebenserfahrene Deutung von Beziehung mitbringt, zum zweiten Mal heiratet, Kinder mitbringt oder durch einschneidende Lebenskrisen gegangen ist. Es ist auch nur scheinbar der gleiche Anlass eines Todes, wenn man einen alten oder jungen Menschen beerdigt, einen einsamen oder beliebten, einen durch Krankheit oder durch Suizid verstorbenen. Hinter jedem einzelnen Erleben der zwei Grundsituationen tut sich ein weites Feld des Lebens auf, sowohl im Blick auf die konkrete Situation als auch im Blick auf die Milieus, in denen sie gedeutet werden. Deshalb handelt es sich nur oberflächlich betrachtet um eine Einschränkung. Tatsächlich eröffnen die beiden Anlässe reichlich Lebensdeutung für eine individuelle künstlerische Gestaltung. Sicher gibt es eine Einschränkung der Stimmungs- und Gefühlsdimensionen, die an den Anlässen liegt. Eine Trauung wird immer in fröhlicheren Farben gezeichnet sein, eine Trauerfeier dagegen eher in gedeckten Tönen. Die Schattierungen darin ermöglichen aber ein weites Spektrum der künstlerischen Gestaltung. So gerät eine Trauerfeier oft zu einer Lebensfeier, die mitunter Tanzmusik oder Hardrock integriert. Und eine Trauung changiert von einem abgefahrenen Lebensevent bis zu einem tief, innig und ernst inszenierten Beziehungserleben. Die künstlerische Gestaltungshöhe von freien Redner*innen wird auch darin erkennbar, dass sie diese unterschiedlichen Facetten zum Ausdruck bringen können.

3.3 Unwiederholbarkeit

Die Unwiederholbarkeit der Ritualkunst ergibt sich durch den Anlass. Und sie macht die Ritualrede wirklich zu einem einzigartigen künstlerischen Geschehen. Jedes Kunstwerk wird nur einmal performt. Und es *kann* nur einmal performt werden. Es handelt sich um ein Ritual, dass nur ein einziges Mal stattfinden kann, weil die Situation nur ein einziges Mal vorkommt. Niemand stirbt zweimal. Und wer ein zweites Mal heiratet, steht in einer völlig anderen Lebens- und Deutungssituation, mit anderen Gästen und einem anderen Erleben. Es handelt sich also um situative Kunst, die nur in einem Moment ihre Bedeutung als Kunst entfaltet. Das macht den Charme der Arbeit als Ritualdesigner*in und Redner*in aus. Zugleich aber ergeben sich dadurch besondere Bedingungen sowohl für den*die

Künstler*in als auch für die Kunst. Für die Redner*innen, die ihrem Anspruch als Künstler*innen gerecht werden möchten, bedeutet die Unwiederholbarkeit, dass wirklich jede einzelne Feier eigens vorbereitet und designt werden muss. Eine Rede von einem auf den anderen Anlass zu übertragen, funktioniert in keinem einzigen denkbaren Fall, ohne dass Abstriche hingenommen werden müssen im Blick auf das Erleben, das durch die Feier ausgelöst werden muss. Es kann keine gleichen oder auch nur weitgehend ähnliche Reden geben, wenn es wirklich darum geht, dass individuelle Lebensdeutungen in einem unwiederholbaren Moment, in einer je eigenen Welt von Familien, Freund*innen, Beziehungsmustern, Milieus und Geschichten gestaltet werden. Wer findet, dass das trotzdem funktioniert, hakt den künstlerischen Anspruch zugunsten eines leichter verdienten Dienstleister*innenhonorars leichtfertig ab. Unwiederholbarkeit heißt: richtig viel Arbeit. Das ist die eine Seite. Die andere ist die Bedeutung der Unwiederholbarkeit im Blick auf das Verständnis von Ritualreden als Kunst. Es haben wiederholt Redner*innen versucht, ihre Qualität als Publizist*innen dadurch hervorzuheben, dass sie die Reden ihren Kund*innen gedruckt zur Verfügung stellen. Manche haben sogar urheberrechtliche Argumente geltend gemacht. Aus einer Kunstperspektive geht dies völlig an der Sache vorbei. Liegt die künstlerische Qualität der Arbeit von Redner*innen im situativen Auslösen und Vermitteln von unbewussten und bewussten Lebensdeutungen in der konkreten individuellen und gemeinsamen Lebens-Schwellensituation, dann ist eine ausgedruckte Rede nichts anderes als ein Konzept für Kunst. Aber sie ist damit noch nicht selbst Kunst und enthält auch nicht den Kern der Ritualkunst. Weil Ritualkunst eben nicht gelesen werden kann, sondern nur erfahren. Sie wird in der unwiederholbaren Performance erlebt. Nur dort entfaltet sie ihre Wirkung als Kunst. Nirgendwo sonst. Trennt man die Rede von dem emotionalen Erleben in der Feier, hat man nur die Bruchstücke des künstlerischen Schaffens in der Hand. Das Kunsterleben lösen sie nicht aus. Es geht also völlig an der Sache vorbei, wenn Redner*innen ihre Reden veröffentlichen oder gar (auch das kommt vor) ihren Kund*innen vorher zur Absegnung des Inhaltes zur Kenntnis geben. Wer das tut, entwertet die eigene Kunst zur handwerklichen Auftragsarbeit. Es ist nicht verwunderlich, dass Richter*innen und Finanzämter, die in steuerrechtlicher Hinsicht

Reden zur Verfügung gestellt bekommen, meist keine Kunst in ihnen sehen. Tatsächlich ist der Rede-Text nicht schon für sich die Kunstschöpfung, sondern Kunstschöpfung ist die Gesamtperformance in der Interaktion mit dem Publikum in einer unwiederholbaren Situation. Von Marie von Ebner-Eschenbach wird das Zitat überliefert: »Im Entwurf, da zeigt sich das Talent, in der Ausführung die Kunst.« Das gilt für Rituale im Besonderen. So gesehen müsste ein*e Richter*in für die Beurteilung der Gestaltungshöhe die Feier eines*einer zu beurteilenden Redners*Rednerin selbst miterleben und zwar bestenfalls aus der Perspektive eines betroffenen Menschen, der mit den Protagonist*innen in Beziehung steht. Das ist nicht machbar und darum eine echte Schwierigkeit. Auch Videos können das Problem nur schwer lösen, zumal sie nur selten gemacht und aus Datenschutzgründen noch seltener zur Verfügung gestellt werden. Für die Anerkennung als Kunst ist das ein Dilemma. Für den Charakter als Kunst aber ist die Unwiederholbarkeit gerade der Aspekt, der Lust am Gestalten und Performen entstehen lässt. Die Unwiederholbarkeit ist Motivation und Schwierigkeit zugleich.

3.4 Ritualkunst als eigene Kunstform?

Die spezifischen Besonderheiten von Ritualkunst werfen die Frage auf, ob es nicht sinnvoll wäre, Ritualkunst als eine eigene Kunstform zu bewerten. Ritualkunst wirkt als Kunst. Und sie enthält darin alle Kennzeichen, die für ein Kunsterleben signifikant sind. Zugleich ist Ritualkunst aber weder in formaler Analogie zu den herkömmlichen Kunstformen sachgerecht zu fassen, noch beschreibt sie der materiale Kunstbegriff zureichend. Dass beide herkömmlichen Definitionen nicht greifen, liegt daran, dass Ritualkunst ein Gesamterleben erzeugt, dass nicht nur Elemente der Wortkunst und inszenatorischen Darstellung verbindet, sondern sich zusätzlich auf spezifische Situationen bezieht und nur darin eine unwiederholbare Performance zulässt. Ritualkunst bildet damit ein Beispiel für Gesamtkunstwerke, deren künstlerische Relevanz sich eben nicht durch Reduktion auf einzelne Kunst- oder Nichtkunstelemente erschließt, sondern durch die Verbindung mit der Wirklichkeit, welche die Teilnehmer*innen an der Performance mitbringen. Von Kurt Schwitters wird als einem Vertreter des »Dada« das Zitat überliefert:

»Die höchste Form der Kunst ist das Gesamtkunstwerk, in dem die Grenzen zwischen Kunst und Nichtkunst aufgehoben sind.« Tatsächlich geht es bei Kunst darum, dass sich das Erleben der Kunst von dem Kunstwerk ablöst und einen eigenen imaginären Raum der Anschauung von Wirklichkeit betritt. Die Ritualkunst nutzt für diese Wirkung die starken Emotionen der Trauer, der Freude, der Liebe etc. und gestaltet emotionale Räume. Durch diesen spezifischen Sitz im Leben erhält Ritualkunst ihre Gestalt und ihre künstlerische Relevanz als eine spezielle Art von Kunst. Eine auf die Anlässe der Lebensübergänge durch Tod und Liebe spezialisierte Kunst. Eben eine eigene Art. Spricht das gegen Kunst? Nein. Der Kunstbegriff ist per definitionem offen dafür, dass sich Kunstformen entwickeln und etablieren, die man bisher noch nicht auf dem Schirm hatte. Die kulturelle Situation, die dazu führt, freie Reden als mögliche eigene Art in den Blick der Kunst zu nehmen, ist die Entwicklung der Postmoderne mit ihrer Notwendigkeit, neue Formen von Ritualen zu entwickeln, die unbewusste und bewusste Lebensdeutung zugleich individuell und gesellschaftlich anschaubar, erlebbar und erfahrbar machen. Freie Rituale als Kunst zu entwickeln, ist einerseits ein kulturelles Erfordernis im Zeichen einer konstruktivistischen Lebenssicht. Andererseits besteht das Bedürfnis, den religiösen Leerraum, den die Kirchen in der Postmoderne hinterlassen haben, angemessen mit zeitgemäßem Sinnerleben zu füllen. Ritualkunst ist auf beide Erfordernisse eine *künstlerische* Antwort. Man darf vielleicht auch sagen: eine überfällige künstlerische Antwort. Nachdem das Bedürfnis der rituellen Gestaltung von Lebensübergängen wie Trauung und Hochzeit nicht mehr durch die Ästhetik der Kirche beantwortet wird, stehen alle die im Regen, die nach einer neuen Ästhetik des Rituals suchen, die freie Lebensdeutungen symbolisiert. Dieses Bedürfnis nach Ästhetik des Rituals ist umso größer, als es eine Jahrhunderte währende Konditionierung darauf gibt, Lebensübergänge mit ästhetischen Ritualfeiern zu gestalten. Akzeptiert man, dass in dieser kulturellen Situation Ritualgestaltung eine eigene künstlerische Relevanz hat, dann wäre Ritualkunst eine eigene, spezielle Spezies der Kunst.

Teil III
Perspektiven des Ritualdesigns

Hinweise für das Design von Ritualreden und Ritualfeiern hat es in diesem Buch an verschiedenen Stellen bereits gegeben. Dort, wo von Identität und Beziehung die Rede war. Und dort, wo es um die Bedürfnisse ging, die ein Ritual erfüllen soll. Beide bisherigen Perspektiven gehen von den Menschen aus, für die Ritualkunst gemacht ist. Dieser Zugang ist notwendig, nicht nur weil der personale Bezug für die Wirkung von Ritualkunst entscheidend ist, sondern weil für Kunst allgemein gilt, was Ernst Barlach einmal so formulierte: »Zu jeder Kunst gehören zwei: einer, der sie macht, und einer, der sie braucht.«[57] Im zweiten Teil des Buches stand der im Vordergrund, der die Kunst braucht. Es wurde gezeigt, was Rituale leisten können, in welche Situation hinein Ritualreden sprechen, wie sie symbolisch wirken und warum dies in vollem Umfang nur geschehen kann, wenn sie als Kunst begriffen und gestaltet werden. Im dritten Teil wechselt nun die Blickrichtung. Es geht um die*den, die*der die Kunst »macht« (A). Und es geht um Perspektiven für das künstlerische Design (B).

A Die Person der Rednerin*des Redners

Die Person eines Redners*einer Rednerin im Kapitel über das Ritualdesign zu behandeln, hat seinen Grund darin, dass Redner*innen selbst Teil des Geschehens sind, das sie performen. Ritualkunst ist personenbezogene Kunst nicht nur im Blick auf die Protagonist*innen, für die die Kunst gemacht ist. Sie ist auch personenbezogene Kunst in der Hinsicht, dass sie nicht abgelöst von dem*der Künstler*in selbst vorstellbar ist. Es wäre nicht vorstellbar, dass eine vorbereitete Rede und fertige Texte für die Gesamtgestaltung einer Feier bei Verhinderung der Rednerin von einem Kollegen gleichsam in Vertretung vorgetragen werden können. Klar kann man das machen. Aber die Wirkung des Rituals wäre dahin. Und mit ihm auch die Kunst und die Qualität der Performance. Was steckt dahinter, dass in der Ausübung von Ritualkunst Redner*innen nicht außerhalb ihrer Kunst stehen, sondern ein Teil von ihr sind? Worin besteht genau die Rolle von Redner*innen? Und wie können sie sich selbst als Teil des Ritualdesigns verstehen, reflektieren und das eigene Auftreten angemessen und professionell gestalten?

1 Der*Die Redner*in im Vorgespräch

1.1 Zur Relevanz der Vorgespräche und den damit verbundenen Kompetenzanforderungen

Die Gespräche von Redner*innen vor einem Trauungs- oder Trauerritual enthalten – zumindest, wenn am Ende Ritualkunst herauskommen soll – viele Facetten, deutlich mehr, als man auf den ersten Blick meint:

1. Sie sind Priming für die Ritualfeier, bahnen also Wege für das Erleben der Feier.
2. Sie sind Begleitung der Gesprächspartner*innen in Lebensübergängen.
3. Sie erkunden das emotionale Beziehungssystem eines Paares oder der Angehörigen zum verstorbenen Menschen, soweit diese das mitteilen möchten.
4. Sie erkunden das soziale System, in dem die Feier mit Gästen, Familienmitgliedern und Freund*innen stattfindet.
5. Sie erkunden die Sprache, die Ausdrucksweise, die Symbole und Metaphern, mit denen sie die relevanten Beziehungen beschreiben.
6. Sie erkunden die Selbst- und Lebensdeutungen der Gesprächspartner*innen, insofern sie für das Ritual wichtig sind.
7. Sie erkunden die Narrative, mit denen die Gesprächspartner*innen ihre Geschichte bzw. die Beziehungsgeschichte beschreiben.
8. Sie erfassen relevante Daten, Schlüsselmomente und Abläufe in der Geschichtsdeutung der Personen, um die es geht.
9. Sie besprechen mögliche Elemente und Inhalte der Ritualgestalt.
10. Sie legen eine Struktur für den Ablauf fest.

Manche Trauer- und Hochzeitsredner*innen beschränken sich auf die letzten drei Punkte. Es werden Daten erhoben (z.B. mit einem

Fragebogen, der die Geschichte äußerlich erfasst). Und es werden Absprachen über Ablauf und Inhalt der Feier getroffen. Dies scheint für eine Redediestleistung offenbar auszureichen. Allerdings kann dann von Ritualkunst schon im Ansatz nicht die Rede sein. Tatsächlich finden sich die interessanten, relevanten und entscheidenden Punkte für das Redesign vor allem in den Ziffern eins bis sieben. Soll es sich um Übergangsrituale handeln, welche die Bedürfnisse an ein Ritual erfüllen (siehe Kapitel II.A), dann müssen sie Bezug nehmen auf die komplexe Verflechtung von Identität und Beziehung (siehe Kapitel II.B) und einen Erlebnisraum schaffen, der die eigenen bewussten und unbewussten Deutungen, Erinnerungen und Emotionen aufnimmt und symbolisiert (siehe Kapitel II.C). Daher sind die ersten Punkte zu besprechen, *bevor* überhaupt davon die Rede sein kann, welche Elemente und möglichen Abläufe infrage kommen. Denn wie sollen Redner*innen ein Ritual als Kunst gestalten, wenn sie nur die Ergebnisse der letzten drei Fragestellungen haben? Es ist schlichtweg unmöglich. Aber eben das zeigt auch deutlich: Wenn Rituale Kunst sind, dann fängt diese Kunst im Gespräch an.

Für Redner*innen bedeutet das: Es gibt hohe Anforderungen an die Gesprächsführung, die Haltung und die Selbstreflexion von Redner*innen. Wer mit Menschen so redet, dass Emotionen, Beziehungsmuster und Lebensdeutungen zur Sprache kommen dürfen, braucht eine stabile *Vertrauensbasis* mit seinen Gesprächspartner*innen. Er*Sie braucht eine *Fachkompetenz,* mit den mitgeteilten persönlichen Befindlichkeiten professionell umzugehen. Er*Sie braucht reflektierte *Methoden* der Gesprächsführung. Und er*sie braucht eine klare *Haltung*, die sowohl ethisch als auch gesprächspsychologisch reflektiert ist. Ansonsten besteht die Gefahr, dass man mit den Gefühlen der Gesprächspartner*innen unangemessen umgeht, sich wie die Axt im Walde benimmt, die eigene Geschichte mit der der Protagonist*innen vermischt, Bewertungen vornimmt oder einfach missversteht, was einem mitgeteilt wird.

Was die Fachkompetenz der methodischen Gesprächsführung und Begleitung der Gesprächspartner*innen angeht, setzt Ritualkunst im Grunde eine professionelle Berater*innenausbildung voraus. Auch die dafür nötige Haltung kann man weder trocken lernen noch in einem kleinen Kurs, sondern sie muss mit Feedback und Supervision eingeübt werden. Es ist dabei nicht so wichtig, ob es sich um eine Ausbildung zum*zur Trauerbegleiter*in oder Paarberater*in handelt, zum*zur Coach*in, Mediator*in, Seelsorger*in, systemischen Berater*in oder was auch immer. Alle diese Formate fußen auf ähnlichen kommunikationspsychologischen Grundlagen. Jede*r Redner*in soll und darf diesbezüglich einen eigenen Hintergrund mitbringen. Wichtig ist, dass ein solcher professioneller Hintergrund da ist. Mit ihm ist in mehrfacher Hinsicht einiges gewonnen:

1. *Sicherheit.* Redner*innen bekommen professionelle Sicherheit, mit den Lebenssituationen der Gesprächspartner*innen angemessen umzugehen. Sie sind geschult ihre Grenzen zu erkennen. Sie haben Möglichkeiten, sich angesichts schwieriger Situationen wie Familien- und Beziehungskonflikten sachgerecht zu verhalten. Sie können mit starken Emotionen angemessen umgehen, die etwa bei plötzlichem Tod, Krankheit, Unfällen oder Suizid auftreten und nicht nur bei Trauerfeiern, sondern auch in der Geschichte von Brautpaaren nicht selten eine Rolle spielen.
2. *Haltung.* Als Berater*innen haben Redner*innen gelernt, ihre Haltung und Rolle auf einer Metaebene zu reflektieren. Wie wir noch sehen werden, mischen sich im Gespräch die Rollen des Begleiters*der Begleiterin und des Interviewers*der Interviewerin. Beides ist immer wieder zu reflektieren.
3. *Wahrnehmung.* Geschulte Berater*innen haben gelernt, strukturiert wahrzunehmen. Was sagen Gesprächspartner*innen mit dem, was sie sagen? Welche Bedeutung hat das Gesagte für sie? Warum sagen sie dies und nicht etwas anderes? Was sagen sie nicht und welche Bedeutung hat dies? Welche verschiedenen Dimensionen hat eine Äußerung – als Ich-Aussage, als Beziehungsaussage zu einem*einer anwesenden anderen Gesprächspartner*in sowie zum*zur Redner*in oder als Appell für eine spätere Verwendung im Ritual?[58]
4. *Verstehen.* Professionelles Verständnis ist weder ein solidarisches Gefühl noch ein persönliches Einverständnis. Es ist eine gesicherte Theorie darüber, wie ein Mensch sich selbst verstehen möchte. Richtiges und gesichertes Verstehen ist wesentlich dafür, dass Ritualdesign einen Raum eröffnen kann, in dem sich Lebensdeutung und Emotionsausdruck ereignen kann. Eine Ausbildung in Gesprächsführung trägt dazu bei, dass Redner*innen ihr Verstehen von Mutmaßung oder eigener assoziativer Übereinstimmung unterscheiden können.

5. *Empathie*. Einfühlungsvermögen ist eine wesentliche Kompetenz von freien Redner*innen. Das künstlerische Gespür für den zu gestaltenden emotionalen Raum hat seine Wurzel in der Einfühlung in die Lebensdeutung und Emotionalität der Gesprächspartner*innen. In der Empathie arbeiten Redner*innen immer auch mit ihrer eigenen Emotionalität, weil sich in ihr spiegelt, was Gesprächspartner*innen durch Worte, Mimik, Stimmfarbe, Gestik und Interaktion mitteilen. Zugleich unterscheidet professionelle Empathie diese eigene Einfühlung von der Emotionalität des Beraters*der Beraterin. Professionelle Empathie nimmt die eigene Einfühlung mit gleichzeitiger Distanz zu ihr wahr. Empathie im professionellen Sinne bedeutet, nicht in die Emotion der Gesprächspartner*innen zu kippen, sondern diese von außerhalb zu spüren, aus einer empathischen Metaposition. Ein*e Künstler*in steht denen, für die er*sie ein Ritual designt und performt, immer gegenüber. Zugleich handelt er*sie im empathischen Kontakt. Professionelle Empathie muss man trainieren. Begabung ist zwar nötig, allein reicht sie aber nicht, weil es zur Bildung der nötigen Haltung ein strukturiertes Außenfeedback braucht. Konnte professionelle Empathie in einer Ausbildung trainiert werden, ist sie eine unschätzbare Ressource für die Arbeit als Ritualredner*in.

Haben Redner*innen die genannten Fähigkeiten, gelingt ihnen eine Menge. *Zum einen* gelingt ihnen ein vertrauensvoller Kontakt zu den Menschen, für die sie Rituale gestalten. Professionalität als Berater*in fördert die Bildung von Vertrauen. Ohne Vertrauen kann sich niemand auf ein Ritual einlassen, dass ihn*sie über entscheidende Lebensschwellen führt. *Zum anderen* gelingt es in einer professionellen Gesprächsführung, den Deutungsraum und Stoff für das Ritualdesign zu erkunden. Menschen erzählen, wie sie ihre*n Partner*in erleben oder erlebt haben. Sie erzählen von ihren Hoffnungen und Ängsten. Sie beschreiben ihre subjektive Sicht auf familiäre Konflikte, bewerten die Beziehung der Gäste zu ihnen oder zu einem*einer Verstorbenen etc. Was sie dabei mitteilen, wie sie es mitteilen und was auch ungesagt mitgeteilt wird – dies alles macht das *Material* aus, aus dem dann Ritualkunst entsteht. Der *Stoff,* mit dem und aus dem Redner*innen als Künstler*innen eine Rede und Ritualfeier gestalten, er wird im Gespräch zur Verfügung gestellt. Je versierter Redner*innen in Gesprächsführung sind, desto besser ist die Qualität des Materials, aus dem und mit dem er*sie Kunst gestalten. Es gibt einen direkten Zusammenhang zwischen der Qualität, die Redner*innen im Gespräch haben, und der potenziellen Qualität der späteren Rede.

Allerdings steckt gerade aufgrund dieses Zusammenhangs eine Herausforderung in der Rollendefinition von Redner*innen. Es überschneiden sich nämlich im Gespräch zwei verschiedene Rollen. Redner*innen sind auf der einen Seite Interviewer*innen ihrer Gesprächspartner*innen. Auf der anderen Seite sind sie in der Gesprächssituation deren Begleiter*innen. Die Verbindung von beidem in der speziellen Gesprächssituation vor einer Trauer- oder Trauungsfeier bedarf einer eigenen Reflexion.

1.2 Die Haltung von Redner*innen als Interviewer*innen und Begleiter*innen

Die Gespräche von Redner*innen mit ihren Kund*innen im Zuge der Vorbereitung der Ritualfeier sind zunächst einmal Interviews. Dies ist sowohl die Erwartung der Kund*innen als auch das Interesse von Redner*innen. Der Auftrag der Ritualgestaltung setzt zwingend ein Interview voraus, und dies ist auch – ausgesprochen oder unausgesprochen – beiden Parteien klar. Selbstverständlich kann man dies auch im Gespräch im Sinne einer Auftragsklärung kommunizieren, etwa mit Worten wie: »Um die Trauer/Hochzeitsrede vorzubereiten, ist es wichtig, dass Sie mir etwas mitteilen über …, damit die Rede zu Ihnen/Ihren Gästen/zum*zur Verstorbenen passt. Sind Sie damit einverstanden, dass ich Ihnen dazu ein paar Fragen stelle?« Damit ist der Interviewcharakter offenkundig. Aber dies ist nur die eine Seite.

Die andere Seite ist, dass freie Redner*innen nicht als Journalist*innen auftreten, die einen Artikel verfassen, sondern ein lebensbegleitendes Schwellenritual vorbereiten sollen. Also etwas, das nicht nur über etwas spricht, sondern etwas mit den Menschen machen soll, die an der Feier teilnehmen. Die Bedürfnisse der Menschen an ein Ritual haben allesamt einen lebensbegleitenden Bezug. Und damit ist das Thema »Lebensbegleitung« faktisch gegeben. Begleiter*innen sind freie Redner*innen aus zwei Gründen: *Erstens* dadurch, dass sie ein Ritual designen, das als lebensbegleitende Kunst nur in den spezifischen Lebensübergängen ihre Wirkung entfaltet. Und *zweitens* sind Redner*innen Lebensbegleiter*innen, weil sie als dafür gebuchte Profis mit Menschen in Lebensübergängen über Gefühle sprechen. Indem Menschen Redner*innen buchen, um ihnen von Trauer und Liebe zu erzählen, damit diese ein Ritual für sie gestalten, setzen sie Redner*innen in die Situation der Lebensbegleitung. Dies geschieht nicht dadurch, dass es einen eigenen Auftrag der Kund*innen für die Begleitung gibt. Trauer- und Hochzeitsredner*innen treten nicht als Lebensbegleiter*innen auf und es besteht im Allgemeinen auch nicht die Erwartung, dass sie das tun. Lebensbegleitung ist schlichtweg nicht der explizite Auftrag. Dieser besteht in der Vorbereitung des Rituals. Lebensbegleitung ist die *faktische* Gesprächssituation. Und sie kann nicht abgewiesen werden, weil es sich mit dem Interesse der Rednerin*des Redners trifft, ein Übergangsritual zu gestalten, das genau zur emotionalen Situation der Paare oder Trauernden passt. Redner*innen sind also nicht Lebensbegleiter*innen durch einen Auftrag zur Lebensbegleitung im Sinne eines Beratungsgespräches. Das ist nicht ihr Metier. Sie sind es aber durch die Gesprächssituation und die Anforderung an ihren Auftrag des Ritualdesigns. Manch ein*e Redner*in mag das möglicherweise nicht gern hören. Die Verantwortung und Kompetenzanforderung ist im Lebensbegleitungskontext deutlich höher, als wenn man sich nur als Interviewer*in sieht. Man kommt daran aber nicht vorbei, besonders wenn man als Redner*in nicht nur eine kunstlose und äußerliche Rede halten, sondern mit bewussten und unbewussten Lebensdeutungen und mit Emotionen arbeiten möchte.

Wie aber lässt sich ein Interview führen, das die lebensbegleitenden Dimensionen fachgerecht mitnimmt? Dies ist – die Gesprächskompetenz zur Begleitung vorausgesetzt – vor allem eine Frage der Haltung.

Die Haltung eines *Interviewers**einer *Interviewerin* hat als Motivation ein Eigeninteresse. Er*Sie hat den Auftrag, eine Ritualrede mit dem Gesamtsetting einer Ritualfeier vorzubereiten. Dafür brauchen Redner*innen Informationen und diese zu erhalten, ist die Agenda des Interviews. Es geht zum einen um Sachinformationen zur Geschichte eines Paares oder eines verstorbenen Menschen, über die zu erwartenden Gäste der Feier, über das anvisierte Setting etc. Und da dies der kleinste Teil ist, den es für die Gestaltung eines Kunstwerks braucht, das ein Ritualerleben auslöst, geht es zum anderen um weiche, persönliche Informationen: Es geht um die Deutungen, Bewertungen, persönlichen Emotionen im Erleben eines Paars oder im Erleben eines*einer Verstorbenen. Es geht um die Beziehungen zueinander. Es geht um das Erleben der Schwellensituation. Es geht um das soziale Umfeld, in dem und mit dem gefeiert wird. Es geht um mögliche schwierige Punkte wie familiäre Konflikte. Es geht um aktuelle Hoffnungen und mit dem Ritual möglicherweise verbundene Ängste. Es geht – kurz gesagt – um das Leben in seiner Gesamtheit, fokussiert auf die aktuelle Situation, in die hinein und für die das Ritual gestaltet wird. All diese Auskünfte bilden den Stoff, aus dem eine Rede bzw. eine Feier gestaltet wird. Redner*innen brauchen sie. Und deshalb haben sie ein Interesse, dass sie auch mitgeteilt werden. Die Haltung des Interviewers*der Interviewerin macht dieses Interesse im besten Fall transparent. So kann ein*e Redner*in zum Beispiel erklären, wozu er*sie eine Information möglicherweise im Ritualdesign braucht und wie er*sie sie verwenden (oder auch als Hintergrundwissen für sich behalten) will. Diese Transparenz ist wichtig. Sie gibt Sicherheit. Denn die Gesprächspartner*innen wissen: Was sie im Interview sagen, kann veröffentlicht werden. Es wird potenziell Teil der Rede.

Für die meisten Gesprächspartner*innen ist es weitgehend unproblematisch, über alle diese Dinge interviewt zu werden. Sie haben wenig Vorbehalte gegenüber der Agenda des Redners*der Rednerin. Allein deshalb, weil es in die Situation passt. Normalerweise wird ein Paar einem fremden Menschen kaum offen Auskunft darüber geben, was es bewegt, wie es seine Geschichte erlebt hat, was es sich von der Zukunft wünscht, wie es seine Beziehung gestalten und wie seine Liebe von der Familie erlebt wird. Die Situation des Gespräches vor einer Trauung macht dies aber meist möglich. Denn die Trauung ist einer der wenigen Punkte, an dem es gesellschaftlich akzeptiert ist, dass Paare ihre Liebe auch zeigen. Deshalb darf dort zur Sprache kommen, was eigentlich nur das Paar angeht. Das Interesse des Redners*der Rednerin trifft sich hier mit dem Eigeninteresse des Paares, seine Geschichte und Emotionalität ein Narrativ werden zu lassen, das erzählt werden kann. Auch die Situation der bevorstehenden Trauerfeier macht es Redner*innen leicht, ein Interview zu führen. Sehr bereitwillig wird erzählt, weil es einfach ein Bedürfnis gibt aufseiten der Trauernden, die Beziehung zum verstorbenen Menschen zu erzählen. Das Erzählen ist selbst Teil der Verarbeitung von Trauer. Einer*Einem Redner*in einmal alles zu erzählen, entlastet und wird als wohltuend wahrgenommen. So trifft sich bei beiden Anlässen das Eigeninteresse der Gesprächspartner*innen mit dem der Redner*innen. Ist dies der Fall, passen Redner*innen und Gesprächspartner*innen zusammen. Und es scheint für die Haltung des Interviewers*der Interviewerin ausreichend, dass er*sie gut zuhört und das Gehörte strukturiert aufnimmt. Er*Sie bleibt in einer Beobachtungshaltung, macht die eigene Agenda transparent und fragt gezielt und achtsam nach, wo noch etwas für das Rededesign fehlt. Am Ende kann man dann über die Gestaltung des Rituals sprechen. Ganz einfach.

Aber so einfach ist es dann doch nicht. Und zwar deshalb nicht, weil die Agenda von Redner*innen nicht identisch ist mit dem Interesse der Gesprächspartner*innen. Diese haben nicht vor Augen, was Redner*innen mit dem Gesagten eigentlich tun und vorhaben. Sie haben noch nie eine solche Rede vorbereitet, können das Erleben der Feier nicht antizipativ vorwegnehmen und wissen nicht, wie ein*e Redner*in etwas verarbeitet, was sie erzählen. Ihre Eigenmotivation zum Erzählen liegt nicht auf der gleichen Ebene wie die Agenda von Redner*innen. Sie erzählen aus einem persönlichen Bedürfnis heraus. Etwa weil es guttut und entlastend wirkt in der Trauer. Oder weil es in der Paarbeziehung ein Moment ist, in dem man sich einmal sagen kann, wie man sich erlebt hat (weil man sonst im Alltag weder dazu kommt noch Worte dafür findet). Deshalb wird auch das erzählt, was zu erzählen sich gut anfühlt oder befreiend oder einmal ausgesprochen werden will. Die Gesprächspartner*innen reden aus ihrer eigenen Emotionalität und in ihrer Beziehung. Mit der Agenda einer Rednerin*eines Redners hat das erstmal nichts zu tun.

Das aber heißt: Die Agenda eines Redners*einer Rednerin beißt sich an zwei Stellen mit derjenigen der Gesprächspartner*innen. *Einerseits,* wenn die Gesprächspartner*innen etwas erzählen, was der*die Redner*in gar nicht wissen will. Dann kann es geschehen, dass Trauernde ebenso wie Liebende sehr wortreich werden und mit hohem Mitteilungsbedürfnis signalisieren, dass sie sich womöglich entlasten möchten oder das Erzählen für ihre eigene Emotionalität, ihre Lebensdeutung oder für ganz unbekannte Intentionen brauchen. An diesen Stellen kann ein*e Redner*in nur seine*ihre Agenda beiseitelegen und zuhören, bis man wieder die Spur aufnehmen kann.

Dabei befindet sich der*die Redner*in in einer Begleitungssituation und nicht im Interviewmodus, egal ob er*sie sich auf die Bedürfnisse der Gesprächspartner*innen einlässt oder nicht. Aber das ist nur die eine Seite. *Andererseits* beißt sich die Agenda von Redner*innen mit denen der Gesprächspartner*innen, wenn Redner*innen etwas wissen wollen, was Trauernde oder Liebende nicht aus ihrer Eigenmotivation heraus mitteilen möchten. Spätestens an dieser Stelle ist die Rolle des Interviewers*der Interviewerin unzureichend. Aus der Interview-Perspektive würde man möglicherweise erklären, wozu etwas wichtig ist, und versuchen, die Gesprächspartner*innen zu überzeugen, ein Bild zu vervollständigen. Aber wieso sollte ein trauernder Mensch beispielsweise Lebensdaten und Lebensphasen eines*einer Verstorbenen beschreiben wollen, die er nicht erlebt hat und die subjektiv keine Bedeutung haben – nur damit ein*e Redner*in ein vollständiges Lebensbild hat? Wieso sollte ein Paar die eigene Kennenlerngeschichte beschreiben, wenn sie für das Paar keine Bedeutung hat – nur weil ein*e Redner*in die Kennenlerngeschichte auf seiner persönlichen Agenda hat? Wieso sollte ein Paar beschreiben, was sie aneinander toll finden, wenn sie der Meinung sind, dass das eigentlich niemanden etwas angeht – bloß, weil ein*e Redner*in das wichtig findet? Die Beispiele lassen sich fast unendlich fortsetzten. Sie zeigen alle, dass die Agenda von Redner*innen zu Schwierigkeiten führt, wenn sie zum Leitmotiv für die Fragen eines Interviews wird. Dass ein*e Redner*in »nachbohrt«, sollte sich von selbst verbieten. Nicht nur aus ethischen Gründen, die jede Entblößung der Gesprächspartner*innen verbieten. Informationen, die nicht gern mitgeteilt werden, lösen abwehrende Gefühle aus und sind deshalb für die Gestaltung von Rede und Ritual unbrauchbar. Was ein*e Redner*in erfahren haben mag, nur weil er*sie geschickt Interviews führt und Menschen zum Reden bringt, ist für ein stimmiges emotionales Erleben einer Trauung oder Trauerfeier oft kontraproduktiv. Redner*innen sollten eine achtsame Haltung bewahren, die nur vorsichtig nachfragt, nie aber bohrt. Schon in ihrem eigenen Interesse. Aber was wird dann aus der eigenen Agenda?

Alle diese Schwierigkeiten verblassen, wenn man als Redner*in eine Haltung einübt und einnimmt, in der die Agenda des Redners*der Rednerin zurücktritt hinter der Agenda der Gesprächspartner*innen. Tatsächlich ist dies auch die für ein Ritualdesign einzig angemessene und sachgerechte Haltung. Es geht ja gerade nicht darum, dass Redner*innen ihre vorgefertigten Vorstellungen über die Situation von Brautpaaren oder Trauernden legen. Rituale sind *für* die Menschen. Und sie sind *mit* ihnen. Alles, was bisher in diesem Buch gesagt wurde, zielt darauf, dass die Bedürfnisse, die Liebende oder Trauernde an einer Lebensschwelle bewegen, beantwortet werden in einem Ritual, das ihre *eigenen* Lebensdeutungen, Gefühle und Beziehungen aufnimmt, symbolisiert, anschaulich macht und in ein initiatorisches Erleben überführt, das ihnen ermöglicht, eine neue Phase oder Qualität des Lebens zu gestalten. Die Agenda von Redner*innen muss sein, *dafür* einen Ausdruck zu schaffen. Es kann also nicht um die Vorstellungen von Redner*innen gehen, deren sich Paare oder Trauernden gleichsam fügen und auf die sie sich einlassen müssen. Sondern umgekehrt: Redner*innen lassen sich auf ihre Gesprächspartner*innen ein. Und sie schauen, wohin sie das führt, bevor überhaupt eine Gestaltung in den Blick genommen werden kann, in der dann Redner*innen ihren künstlerischen Ausdruck schaffen. Das heißt für die Gesprächssituation: *Die Agenda der Gesprächspartner*innen muss die Agenda des Redners*der Rednerin leiten.*

Damit ergibt sich dann ein völlig anderes Bild der Rollenverteilung von Interviewer*in und Begleiter*in: Der*Die Interviewer*in tritt hinter den*die Begleiter*in zurück. Oder anders gesagt: Redner*innen begleiten ihre Gesprächspartner*innen in der *Form* eines Interviews.

Das bedeutet in der Praxis: Die*Der Redner*in hört vor allem zu, was Menschen von sich aus erzählen. Er*Sie geht – man kann das Bild eines *Begleiters*einer Begleiterin* da metaphorisch nehmen – neben dem Gesprächsfaden her, den die Gesprächspartner*innen selbst finden. Die Aufgabe der interviewenden Begleiter*innen ist, diesen immer anders verlaufenden Faden aufzunehmen und zu halten, die persönlichen Narrative zu entdecken, die eigene Sprache der Protagonist*innen zu notieren. Die Methode, in der dies geschieht, ist *aktives Zuhören*. Ein Zuhören, das man in jeder Beratungsausbildung lernt: Es hört, es reformuliert und spiegelt, versichert sich des Verständnisses und hört weiter. Sind mehrere Gesprächspartner*innen anwesend, wird vorsichtig moderiert, sodass jede*r für sich zu Wort kommt. Die Haltung ist dabei immer eine allparteiliche, ohne sich auf eine Seite zu schlagen.[59]

Auf diese Weise wird die eigene Agenda der Gesprächspartner*innen offenbar: was sie in ihrer Liebe, Trauer, Beziehung, Lebensgeschichte bewegt und was womit zusammenhängt. Es wird deutlich, wie sich die eigenen Lebensdeutungen mit dem Anlass der Hochzeit oder des Todesfalls verbinden. Es werden die Beziehungsdimensionen zu wichtigen Gästen deutlich. Die Emotionen treten zutage, die Beweggründe, die Motivationen und die Intentionen. Auch die Interaktionen der Gesprächspartner*innen miteinander zeigen sich, ihre Reaktionen aufeinander und was sie sich gegenseitig mitteilen. Dies alles geschieht gerade dadurch, dass Redner*innen nicht voreilig mit eigenen Fragen kommen, sondern die Geduld und Präsenz haben die individuellen Fragestellungen der Gesprächspartner*innen zu *lernen,* um dann den Weg ihrer eigenen Lebens- und Beziehungsdeutung mitzugehen. Die Grundhaltung ist dabei die genauer Beobachter*innen und Zuhörer*innen, die mit echtem Interesse die Erzählung verfolgen. Immer achtsam. Nicht bewertend oder gar sich identifizierend. Nicht kommentierend in dem Sinne, dass er*sie eigenen Senf hinzugibt. Sondern es gilt, aufzunehmen, was Leute sagen und es nachzuvollziehen.

Das Interesse liegt dabei darin, zu verstehen, was Menschen eigentlich damit sagen, dass sie etwas sagen. Was bewegt sie? Was bedeutet ihnen das, was sie sagen? Wozu sagen sie etwas? Begleiter*innen fragen nach, um besser zu verstehen. Weil sie spüren, dass ihr eigenes Verständnis noch kein Bild des Ganzen gibt und sie noch nicht gut »in den Schuhen ihrer Gesprächspartner*innen« laufen können. Möglicherweise wollen Menschen auch nicht, dass sie so gut verstanden werden, und möchten nicht, dass der*die interviewende Begleiter*in zu sehr in den eigenen Schuhen geht. Dann ist auch das zu spüren, zu verstehen und als eigene, wichtige Information aufzunehmen. Wird das Bild, das sich einem*einer Redner*in zeigt, für ihn*sie selbst nicht rund, weil es Lücken hat, dann darf man das ansprechen, durchaus auch transparent eingeleitet durch ein »Ich verstehe noch nicht …«. Gerade die Dinge, die nicht gesagt werden, haben manchmal eine große emotionale Bedeutung. Warum werden sie eigentlich als nicht wichtig erachtet? Wo liegt die Relevanz ihrer Nicht-Relevanz? Was bewegt Menschen eigentlich, wenn sie Dinge so sagen und nicht anders und diesen Gesprächsweg wählen und keinen anderen?[60]

Hört man auf diese Weise aktiv zu, übernimmt man als Redner*in die Rolle einer Begleiterin*eines Begleiters, ohne in irgendeiner Weise beratend, coachend oder gar therapeutisch tätig zu werden. Zugleich erfährt man das, was für die Gesprächspartner*innen relevant ist. Dies ist durchaus nicht immer deckungsgleich damit, was für eine*n Redner*in relevant wäre. Und es ist auch nicht das, was herausgekommen wäre, wenn ein Interview nach der Agenda eines Interviews geführt worden wäre. Tatsächlich aber ist es das, was es braucht. Gerade auch in den Leerstellen. Weil die Rede die Situation, Emotionalität und Lebenskonstruktion der Gesprächspartner*innen spiegeln und ausdrücken soll, wird jede Rede anders sein müssen. Nicht nur im Inhalt, sondern auch im Aufbau, in der Diktion, in der Stimmung und in der Intention. Geht man als Redner*in mit vorgefertigten Strukturen an ein Gespräch heran, bei dem lediglich die Schubladen verschiedener Informationen gefüllt werden müssen, entgeht einem, welche Besonderheit ein Paar, ein*e Verstorbene*r oder die Beziehung zu ihr*ihm eigentlich hat. Möglicherweise passt er*sie in kein Schema. Möglicherweise lebt dieses Paar kategorial anders als die hundert Paare davor. Nur die begleitende Haltung ermöglicht die Neugier, das Leben wirklich so zu erkunden, wie Menschen selbst es sehen. Natürlich kann das dazu führen, dass es eine Trauerrede ohne Lebenslauf gibt oder eine Hochzeitsrede ohne Kennenlerngeschichte. Oder eine Trauerfeier ohne Traurigkeit und eine Trauung ohne romantische Stimmung. Eben weil es nur so zum Leben der Protagonist*innen passt. Es ist nicht die Aufgabe eines Redners*einer Rednerin, Kund*innen in eine Richtung zu lenken, bei der nur Dinge herauskommen, mit denen ein*e Redner*in gewohnt ist, umzugehen. Sondern es ist Aufgabe, aus dem Stoff Ritualkunst zu machen, der da ist und gestaltet werden will. Egal, ob es Bruchstücke sind oder eine Überflutung von Stoff. Die Grundregel ist: Alles, was mitgeteilt wird, hat eine Bedeutung für die, die es mitteilen. Welche das ist, das gilt es, zu erkunden. Was man damit dann im Ritualdesign macht, ist die nächste Frage.

1.3 Die Rolle der Ritualdesigner*innen

Erste Ideen für das Design einer Ritualrede und -feier entstehen während des Gesprächs im Kopf einer Rednerin*eines Redners. Es sind

Bruchstücke, vielleicht Redefetzen der zukünftigen Rede, vielleicht einzelne Sätze, die sie*er notiert hat. Es sind Gedankenverläufe. Und es sind Ideen, wie man etwas in der Feier gemeinsam umsetzen kann, vielleicht in einer Aktion mit mehreren Leuten, vielleicht mit traditionellen rituellen Formen oder mit Musik. Dass dies geschieht (also sich Redner*innen während des Gespräches fragen, wie denn eine Umsetzung aussehen könnte), ist notwendig. Denn ein Gespräch hat als letzten Teil auch Absprachen über die Feier und zum Inhalt. Es geht um mögliche Elemente des Rituals. Und es geht auch um einen formalen Ablauf, der abgesprochen wird.

Dabei machen Redner*innen häufig den Fehler, dass sie aus ihrem handwerklichen Baukasten ein paar Möglichkeiten vorschlagen und die Wahl den Gesprächspartner*innen überlassen. Damit ist dann jedes Selbstbewusstsein als Ritualdesigner*in dahin. Und auch, wie schon erläutert, jede Kunst. Wer selbst in der Situation ist, die eigene Hochzeit zu planen oder die Beerdigung eines nahen Menschen, begegnet einer einmaligen emotionalen Situation. Sie kann nicht antizipiert werden. Man kann nicht *vorher* wissen, wie man sich *dann* fühlt. Und deshalb ist es eine Überforderung für die Kund*innen, zu entscheiden, wie die Ritualkunst aussehen soll, die sie in eine neue Lebensphase führt. Es ist für die Menschen im Regelfall schlichtweg unmöglich. Ritualdesigner*innen aber sind genau dazu da. Es ist ihre Profession und Kompetenz. Und es ist auch ihre künstlerische Begabung, eine Ästhetik zu komponieren, die den Bildern, Bedürfnissen, Konstruktionen und Emotionen, die mit dem Anlass individuell und sozial zusammenhängen, Ausdruck verleiht.

Für das Gespräch heißt das: Die Rolle wechselt von dem*der interviewenden Begleiter*in zum*zur kundigen Ritualdesigner*in. Hier dreht sich die Haltung. Gehen Redner*innen vorher die Wege ihrer Kund*innen mit, schlagen sie nun Wege vor. Hier ist die Stunde für die Kreativität von Redner*innen und für ihre Verantwortung gekommen, aus dem Gehörten nun etwas zu machen. Es gibt sicher unterschiedliche Wege, dies im Gespräch umzusetzen. Manche Ritualdesigner*innen gehen demokratischer vor und stimmen viel genauer ab. Manche treten auch stärker auf und bestimmen das Ritualdesign weitgehend selbst. In jedem Fall handelt ein*e Redner*in hier (im Unterschied zu den vorherigen Gesprächssequenzen) in eigener Agenda. Und diese Agenda ist: eine künstlerische Umsetzung zu finden, die zu der Individualität der Gesprächspartner*innen, ihren Gästen und ihrer Situation passt. Das Gespräch über das Ritualdesign ist dabei weniger eine Absprache als vielmehr ein Priming, also eine Anbahnung des zukünftigen Erlebens, das es den Gesprächspartner*innen ermöglicht, sich auf das Ritual vertrauensvoll und zuversichtlich einzulassen. Gelingt diese Bahnung, ist mehr erreicht als ein Einverständnis. Es ist eine innere Bewegung initiiert, die Paare und Trauernde auf ein Erleben vorbereitet, das sie über eine wichtige Schwelle in ihrem Leben trägt.

2 Der*Die Redner*in in der Performance

Zwischen der Situation des Gesprächs und der Performance liegt Vorbereitungsarbeit am Schreibtisch. Sie ist die Zeit der Transformation der Bilder, Eindrücke, Worte, Informationen und allem Material, das im Gespräch gewonnen wurde, in das Design eines Rituals. In dieser Zeit spielt natürlich auch die Person des Redners*der Rednerin eine Rolle. Denn was als Redemanuskript für das Ritual entsteht, ist geprägt aus der Verbindung, die der Eindruck des Gespräches mit der Kreativität des Künstlers*der Künstlerin eingeht, der*die ein Ritual designt. Dabei spielt Erfahrung ebenso eine Rolle wie die Möglichkeiten, die jede*r Redner*in für die Performance mitbringt: sprachlich, stimmlich, in Ausstrahlung und Auftreten und auch in der Erfahrung und Emotionalität. Was vorbereitet wird, zielt auf die Performance und hat eine unverwechselbare Handschrift des Künstlers*der Künstlerin. Mit alldem geht es aber nicht um den*die Künstler*in, es geht nicht einmal um die Rede als Kunstwerk und Narrativ einer Lebensdeutung. Es geht einzig um das Erleben des Gesamtkunstwerks in den Augen und Ohren der Feiernden. Das heißt: Im Ritualdesign stellt sich ein*e Künstler*in als Person in den Dienst des Rituals, dem er*sie vorstehen wird. Er*Sie arbeitet zwar mit der eigenen Person, eigener Sprache, Stimme, Bewegung, tritt aber zugleich hinter das Erleben des Gesagten zurück. Es wird also eine Handlung vorbereitet, in der die Person eines Redners*einer Rednerin zugleich wichtig und unwichtig ist. Wichtig, um ein Erleben für die Feiernden zu inszenieren, mit seiner*ihrer Person und als Person. Und unwichtig, weil es um ihn*sie in der Handlung in keiner Weise geht.

Diese Haltung einzunehmen, ist wichtig für das Gelingen einer Ritualfeier – und es ist eine Gratwanderung, bei der jede*r Redner*in eine eigene Weise finden muss, vor Publikum präsent zu sein. Zeichen für ein Nicht-Gelingen sind beispielsweise, wenn ein*e Trauredner*in als Entertainer*in auftritt und sich selbst gegenüber einem Brautpaar in den Vordergrund stellt. Sei es durch Witze über sich, durch auffallende Kleidung oder auch durch ein Setting, in dem ein*e Redner*in zentral an einem Stehtisch steht, als wäre er ein Speaker vor Publikum, und das Brautpaar seitlich im Abseits sitzt. Ebenso ist die Zurückhaltung vergessen, wenn ein*e Redner*in bei einer Trauerfeier in ihrer*seiner kunstvollen Rede die Ich-Form als Stilmittel wählt. Das alles geht nicht. Ein*e Redner*in verhält sich selbst dann kunstvoll, wenn er*sie in der eigenen Stimmfarbe, den Worten, der Gestik und der Mimik einen Raum schafft, der offen ist für die *Projektionen* der Hörer*innen. Nie darf ein*e Redner*in den Assoziationsraum, den er*sie bereitet, mit sich füllen. Zugleich sollte er*sie nicht einmal auf den Gedanken kommen, dass ein Ritual schon wirken würde, wenn man eine Rede in aller Zurückhaltung abliest oder sich als Person hinter einem zu großen Pult versteckt. Es geht jedes Mal um eine bewusst erzeugte und ausnahmslos vorher geprobte und geübte Darbietung. Die Wirkung einer Rede, sie geschieht immer als bewusst designte Interaktion zwischen dem Publikum und dem*der Redner*in. Sie geschieht als gezieltes Geschehen zwischen Redner*in und Hörer*in. Zugleich besteht sie darin, dass sich ein ästhetischer Raum öffnet, in dem die Hörer*innen ein spontanes eigenes Erleben von unbewusster und bewusster Lebensdeutung erfahren. Und dieser eröffnet sich nur, wenn er sich zwar im Kontakt mit dem*der Redner*in aufbaut, zugleich aber von diesem ablöst und Raum lässt für Eigenes. Dieses Geschehen ist entscheidend. Erst in ihm entsteht die Kunst des Rituals. Darum muss man, um Redner*innen beurteilen zu können, sie auch erleben. Es ist an einem Redemanuskript nicht erkennbar, ob ein*e Redner*in die künstlerische Fähigkeit hat, Erfahrungsräume durch Wort, Stimme und Bewegung aufzubauen und zugleich hinter ihnen zu verschwinden. Es wird sichtbar an der Darbietung und dem emotionalen Raum, der sich in der Situation selbst aufbaut.

B Perspektivenradar für das Ritualdesign

Damit eine Trauer- oder Hochzeitsrede die Qualität einer Ritualrede bekommt (und damit eine Trauung oder Trauerfeier auch fachlich ein Schwellenritual wird), werden im Ritualdesign eine Menge Dimensionen verarbeitet, aufgenommen, gestaltet und inszeniert. In diesem Buch sind sie bereits an verschiedenen Stellen diskutiert, begründet und beschrieben worden. Nun geht es darum, alles im Blick auf das Ritualdesign zu bündeln.

1 Die Gestaltung eines emotionalen Weges

Die wichtigste Aufgabe für das Ritualdesign ist, einen emotionalen Weg zu gestalten. Es ist ein Weg über die Lebensschwelle, sowohl für die Protagonist*innen als auch für alle, die an der Feier teilnehmen. Dieser Weg beginnt bereits beim Setting und den damit verbundenen nonverbalen Aussagen, die durch die Gestaltung des Raumes und der Situation wirken. Dazu gehören auch die Bewegung im Raum, ein möglicher Einzug und die Musik zu Beginn. Immer geht es darum, eine emotionale Bahnung zu gestalten, welche die Hörer*innen als Gemeinschaft des Erlebens anspricht und mit ihnen einen Weg geht. Die Begrüßung hat entscheidende Bedeutung für den Kontakt, sowohl zur*zum Redner*in als auch zwischen den Menschen, die feiern. Dann geht es in der Rede darum, ein Erleben zu schaffen, das die bewusste und unbewusste Lebensdeutung sowie die damit verbundenen Emotionen der Schwellensituation spürbar und vollziehbar macht. Das Design gestaltet jedes Mal einen eigenen und individuellen Weg für die hörenden und mitfeiernden Menschen. Es achtet darauf, dass jede*r diesen Weg sowohl in sich selbst als auch im Miteinander gehen kann. Das Design von Rede und Feier bahnt diesen Weg und führt achtsam das Erleben. Zugleich gestaltet es definierte Punkte freier Assoziation, die ein je eigenes Erleben ermöglichen. Das Ritualdesign ist ein Weg, der die verschiedenen Dimensionen des Erlebens miteinander kreativ verknüpft und einen Erlebnisraum schafft. Zugleich ist es eine Einladung, diesen Erlebnisraum zu betreten und eigene Erfahrungen zu machen – im Blick auf die Liebe und die Beziehung zueinander und zum Brautpaar bzw. zu einem*einer Verstorbenen. Der individuelle und gemeinsame Weg gipfelt in den gemeinsamen Handlungen des Schwellenrituals – sei es der Abschiednahme eines*einer Verstorbenen oder der Vergewisserung eines Brautpaares. Das Ziel ist, dass diejenigen, die an der Feier teilnehmen (ganz gleich in welcher Position sie sind als Brautpaar, als engste Angehörige, als Freund*innen oder als Gast), jeweils auf ihre eigene Weise ankommen. Ankommen in der neuen Lebensdimension, die durch das Ritual Gestalt gewonnen hat.

Wichtig ist, dass das Ritualdesign diesen Weg genau plant. Die Komplexität der Perspektiven, von denen in diesem Buch bisher die Rede war, erfordert eine sehr präzise Vorbereitung. Emotionale Wege werden rhetorisch ja nicht durch Sachaussagen gebahnt, sondern durch Andeutungen, kleine Hinweise und Links, Sprachbilder, Humor, gekonnte Pausen, Zitate etc. Manchmal hat ein einziges Wort wesentliche Bedeutung für eine ganze Feier. Und oft ist es ein halber Satz, der Emotionen und Assoziationen freisetzt. Jedes Wort wirkt. Jedes inhaltsreiche ebenso wie jedes überflüssige Wort. Genau zu wissen, wann welches Signal gesetzt wird, trägt erheblich zum Gelingen der Trauung oder der Trauerfeier bei. So ist eine jedes Mal neu geschriebene und wörtlich durchformulierte Rede Voraussetzung dafür, dass von einem Ritualdesign überhaupt die Rede sein kann. Diese genaue Planung ist auch die Voraussetzung dafür, dass sich dann in der Performance aufgrund der Stimmung und der Interaktion mit den Gästen etwas frei gestaltet und von dem vorbereiteten Weg abweicht. Diese Freiheit ist unbedingt gegeben, sie fußt allerdings auf einer klaren Vorbereitung. Ein*e Redner*in muss sich jederzeit im Klaren sein, was er*sie mit einer Abweichung vom Redekonzept auslöst und warum das in dieser Situation wichtig und geboten ist. Andernfalls führt er*sie die Hörer*innen nicht über die Lebensschwelle, sondern in das Dickicht der eigenen Emotionalität.

Wesentlich ist für das Ritualdesign auch, dass der gestaltete Weg nicht nur über das Hören verläuft, sondern auch über ein gemeinsames Handeln. Dies geschieht immer dann, wenn der Ritualweg eine Veränderung des räumlichen Settings oder der Körperhaltung (Sitzen, Aufstehen, Klatschen, in den Himmel blicken etc.) mit sich bringt. In räumlicher Hinsicht wird das Setting während der Feier regelmäßig durch rituelle Handlungen, Aktionen und Ortswechsel verändert. Sei es durch Inszenierungen, die neben dem Ohr auf das Auge zielen, sei es durch gemeinsame kreative Elemente in einer Trauung oder Trauerfeier oder sei es durch eine Grablegung zum Beschluss einer Trauerfeier. Auch bei diesen Elementen, die auf das Auge oder die Bewegung zielen, ist immer darauf zu achten, was ein Element mit den Feiernden macht. Trägt es etwas zur gemeinschaftlichen Symbolisierung der Lebensdeutung bei oder ist es ein Event- oder Traditionselement, das von der Fokussierung des Erlebens ablenkt? Besonders bei freien Trauungen erlebt man mitunter ein Übergewicht von Unterhaltungselementen, die mit der Lebensdeutung des Paares überhaupt nichts zu tun haben, vielmehr sogar von ihr ablenken oder im Stil gar nicht zum Paar passen. Umgekehrt erlebt man bei Trauerfeiern häufig Traditionselemente, die unreflektiert der Kirche entlehnt sind und die Aufmerksamkeit vom eigenen Erleben ablenken können. Gelingendes Ritualdesign ist dagegen von vorn bis hinten emotionale Fokussierung der Aufmerksamkeit auf die Bedeutung der Lebensschwelle für diejenigen, die sie im Ritual übersteigen.

Diese Fokussierung ist der Leitgedanke vom ersten bis zum letzten Moment. Dies ist gerade dann wichtig, zu bedenken, wenn diese Fokussierung bewusst geöffnet wird für gemeinschaftsstiftende Elemente sowie für eigene und freie Deutungen der Hörer*innen, die sich von dem Gesagten ablösen. Die Kunst der Ritualrede und des Ritualdesigns liegt darin, die Hörer*innen erstens in der Gemeinschaft der Feier ankommen zu lassen und sie zweitens in ihrer Aufmerksamkeit dahin zu leiten, definierte Lebensdeutungen (eines Brautpaares oder eines*einer Verstorbenen) mit freien eigenen Deutungen der Liebe, des Verlustes und der Beziehung zu verknüpfen. Am Ende steht ein gemeinschaftliches Erleben, in dem jede*r Teilnehmende die Bedeutung der Hochzeit oder des Abschiedes für sich vollzieht und damit einen neuen Weg initiiert – nämlich den künftigen Weg mit dem Brautpaar (bzw. des Paares miteinander) oder den künftigen Weg mit dem verstorbenen Menschen als innerer Dimension des Lebens.

Wie dieser Weg konkret geplant und designt wird, ist schwer in einem Buch zu erklären. Ritualdesign hängt von der Situation einer Hochzeit oder einer Beerdigung ab. Es hängt ab von Trends und (gesellschaftlichen) Erwartungen. Es hängt ab von der Person der Rednerin*des Redners. Dies alles zu lernen, erfordert Ausbildung in Form einer Verbindung von Theorie, Workshops, gegenseitigen Besuchen bei Ritualfeiern und Videoauswertungen. Es in einem Buch zu beschreiben, wäre zwar für Anfänger*innen hilfreich, würde aber so wenig zum künstlerischen Ritual führen wie Malen nach Zahlen zur Malerei. Letztlich bleibt die Umsetzung der künstlerischen Freiheit und Kreativität überlassen, die jede*r Redner*in mitbringt. Allerdings gibt es Perspektiven, die in der Umsetzung jedes Mal eine Rolle spielen und in der Gestaltung eines gelungenen Designs immer eine reflektierte Umsetzung finden werden.

2   Perspektiven und Ebenen des Designs im Radar

Als Metapher für die Struktur der Perspektiven soll ein Radar dienen. Ein Radar scannt einen Bereich mit elektromagnetischen Wellen. Überall dort, wo es eine Reflexion der Wellen gibt, sie also gegen etwas stoßen, wird dies auf dem Bildschirm angezeigt. So ist der folgende Radar auch zu nutzen. Überall dort, wo auf den Feldern, die im Folgenden dargestellt werden, im Gespräch mit einem Brautpaar oder mit Trauernden eine Information, eine Anspielung, ein Bedürfnis, ein impliziter Bezug, eine Deutung oder eine emotionale Gestimmtheit erfasst wird, sollte es bei Redner*innen klingeln. Und sie sollten das, was sie gespürt oder erfahren haben, als einen Teil des Gesamtkunstwerkes in das Ritualdesign aufnehmen. Die folgenden Ausführungen geben Hinweise auf die möglichen Perspektiven. Sie sollen die Blickschärfe erhöhen. Dabei wird der Weg des Erlebens, den ein*e Redner*in bahnen möchte, die jeweiligen Felder nicht nur an einer Stelle verarbeiten. Manche Felder werden immer wieder aufgerufen, manche auch nur implizit angedeutet. Der Radar hat vor allem die Aufgabe, die Dimensionen des Streifzuges zu kennzeichnen, durch die ein Schwellenritual führt.

Die grundlegenden Perspektiven des Rituals nehmen die in Kapitel II.A genannten Bedürfnisse auf, die ein Lebensschwellenritual beantworten soll. Es sind – bei einer Zusammenfassung von »Abschluss« und »Initiation« in ein Feld – die vier Perspektiven:

1. Feier
2. Abschluss und Initiation
3. Vergewisserung
4. Emotionsausdruck

Diese vier Perspektiven lassen sich auf drei Ebenen durchdeklinieren. Es handelt sich erstens um relevante Perspektiven für die Lebensdeutung der Protagonist*innen in der Schwellensituation, also um Perspektiven auf der *individuellen Ebene*. Zugleich geht es um Beziehungsgeschehen, also um gemeinschaftliches Erleben auf *sozialer Ebene*. Und es schwingen in allen vier Perspektiven gesellschaftliche Deutungen und Prägungen mit; auch die *gesellschaftliche Ebene* ist also relevant.

So ergibt sich grafisch als Grundbild für den Radar:

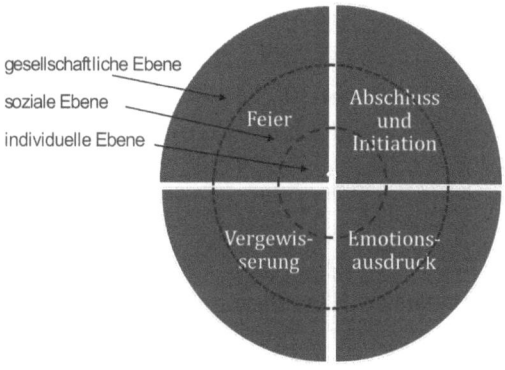

Insgesamt ergeben sich somit zwölf Felder. Nimmt man die beiden hauptsächlichen Anlässe für freie Reden – also Trauerfeiern und Trauungen – hinzu, ergeben sich vierundzwanzig Bereiche, die freie Redner*innen im Blick haben. Möchte man sie zureichend beschreiben, wäre fast ein zweites Buch fällig. Da das meiste aber in den vergangenen Kapiteln immer wieder angesprochen wurde, reicht an dieser Stelle eine zusammenfassende Zuspitzung. Diese setzt allerdings voraus, dass die Leser*innen dieses Buches Teil II dieses Buches über die Grundlagen lebensbegleitender Ritualkunst kennen.

3 Die freie Trauung

3.1 Trauung als Feier und Event

Gesellschaftliche Ebene

Die Dimension des Feierns spielt bei der freien Trauung eine wesentliche Rolle. Wie schon gesagt, ist die Feier der Trauung sozialgeschichtlich einer der zentralen Anlässe zum Feiern. Dass eine Hochzeit gefeiert wird, wird erwartet. Und ebenso, dass es ein Ritual gibt, in dem ein Paar sich öffentlich als Ehepaar präsentiert. Entscheidet sich ein Paar, diese Erwartung durch eine freie Trauung zu erfüllen, nimmt es Teil an einem derzeit immer größer werdenden, kommerzialisierten Trend. Während sich die gesellschaftliche Erwartung an die Trauungsfeier früher auf die Nutzung bewährter kirchlicher Traditionen bezog, sieht sich ein Paar heute mit einer unüberschaubaren Flut an möglichen Dekorations-, Musik-, Kleidungs- und Aktionselementen konfrontiert, die eine gut geölte Hochzeitsbusinessmaschine einem Brautpaar schmackhaft zu machen versucht. Angeblich geht es dabei immer um ein einzigartiges Event. Tatsächlich aber stehen freie Trauungen durch die Orientierung daran, was gerade Hype ist, in zunehmendem Maße und auf neue Weise in Gefahr, uniform zu werden.

Das Ritualdesign nimmt die jeweilige Erwartung jedes Mal auf, prüft sie aber daraufhin, ob ein Designelement wirklich die Lebensdeutung eines Paares aufnimmt oder ob es die Individualität einer Paarbeziehung lediglich mit romantischer Hochzeitssoße übergießt und damit das Ritual verklebt. Ein Beispiel ist das sogenannte »Sandritual«, bei dem die Brautleute unterschiedlich farbigen Sand in ein Glasgefäß gießen, um die Unlöslichkeit ihrer zweieinigen Verbindung zu symbolisieren. Dieses Element wurde lange Zeit im Internet als besonders romantisch dargestellt und infolgedessen von vielen Redner*innen »verkauft«. Tatsächlich ist es für ein Trauungsritual aber nur selten geeignet, da es einer modernen Paarbeziehung widerspricht, die von einem Gegenüber eigenständiger Partner*innen ausgeht, welche ihre erkennbare Individualität behalten möchten. Ich selbst habe das Sandritual in den letzten einhundert Trauungen gerade ein einziges Mal verwendet und dies bei einem Paar mit überkommenem Ehebild. Die Aufgabe des Ritualdesigns ist, genau zu überlegen, in welcher Weise eine Trauung so gestaltet werden kann, dass Paare zugleich an den Gestaltungstrends der Internetcommunity teilnehmen können, darin aber ein Erleben gebahnt wird, welches ihre Paarindividualität symbolisiert. Faustregel ist, dass ein Element nur dann ein geeignetes ist, wenn es in Beziehung zu der besondere Lebensdeutung des Paares gebracht werden und diese ausdrücken kann. Jedes Element, das nur deshalb in das Ritual einzieht, weil »man« das so macht, kostet Authentizität und Strahlkraft des Rituals. Künstlerisches Ritualdesign ist also durchaus gesellschaftskritisch, nicht nur gegenüber den kirchlichen Traditionen, sondern auch gegenüber internetbasierten Eventerwartungen.

Soziale Ebene

Hier liegt der Kern im Perspektivquadranten »Feiern«. Im Unterschied zur kirchlichen Trauung ist die freie Trauung der Hochzeitsfeier nicht als ein fremdes Element vorgeschaltet, sondern die freie Trauung ist selbst ein Teil der Feier. Dabei kommt der freien Trauung eine besondere Bedeutung für die Bildung der Festgemeinschaft zu. Ganz gleich, ob die Trauung den Beginn des Festes markiert oder ob sie nach einem Empfang zum Ankommen ein abendliches Highlight des Festes ist, hat die freie Trauung die Aufgabe, die Gäste zu begrüßen und willkommen zu heißen. Sie hat die Aufgabe, Beziehungen zwischen den oft heterogenen Teilen der Hochzeitsgesellschaft anzubahnen. Sie ist ein Priming für den Stil der Feier und die Erwartung, wie die Feier im Sinne des Brautpaares sein soll. Und sie hat die Aufgabe, die Stimmung zu schaffen, welche die weitere Feier der Hochzeit trägt. Für das Gelingen einer Hochzeitsfeier ist es wesentlich, dass ein Kontakt, ein gemeinsames Gefühl für die Feier und eine zu den Gästen wie zum Paar passende Stimmung entsteht. Tatsächlich kann diese bei einer Hochzeitsfeier nur in der freien Trauung angebahnt werden. Der Entertainmentaspekt der freien Trauung ist also kein Selbstzweck, sondern eröffnet und formt zielgerichtet den Weg des Hochzeitsfestes.

Für das Ritualdesign heißt dies, dass es große Aufmerksamkeit darauf legt, wie Gäste begrüßt, einbezogen, unterhalten und begeistert werden. Der Weg, den das Ritualdesign vorgibt, ist jedes Mal so zu gestalten, dass es die Gästebedürfnisse mitnimmt. Voraussetzung für das Gelingen ist eine klare Vorstellung, wohin die Reise in der Feier gehen soll. Wie sollen sich – in der Intention des Brautpaares – die Gäste in und nach der Trauung fühlen? Was sollen sie erlebt haben? Und wie sollen Sie sich in der anschließenden Feier verhalten? Das Ritualdesign gestaltet einen Weg, der es Gästen ermöglicht, dort auch anzukommen. Dies ist eine Voraussetzung nicht nur für ein gelingendes Fest, sondern auch für die Sozialität in den anderen Perspektivquadranten.

Individuelle Ebene

In der freien Trauung feiert ein Paar nicht nur mit den Gästen, es feiert auch für sich selbst. Es gibt eine persönliche, intime Beziehungsdimension, indem ein Ehepaar sich selbst feiert, seine Beziehung und das gemeinsame Leben. Die Einladung der Gäste, das große Event haben nicht selten den Kern, sich endlich einmal selbst zu feiern, statt nur den Paar-Alltag zu leben. Es ist eine Feier ihrer Liebe. Zum individuellen Erleben der Feier gehören alle Quadranten des Radars; jede*r wirft ein Licht darauf, was es für ein Paar bedeutet, zu feiern. Dennoch ist das Feiern auch ein eigenes Thema für das Ritualdesign im Blick auf das Paar. Dabei geht es zunächst darum, dass ein Paar überhaupt emotional in seiner Trauung ankommt. Der Hochzeitstag und der Moment des Einzuges sind meist gekennzeichnet von einem hohen Aufregungspegel. Das Ritualdesign hat darum zunächst die Aufgabe, ein Paar achtsam aus dem Stress des Hochzeitstages zu geleiten und in die Spur zu bringen, sich selbst überhaupt spüren zu können. Es geht darum, einen Erlebensweg zu konzipieren, in dem auch wahrgenommen werden kann, was es für das Paar heißt, sich zu feiern. Dabei geht es erst einmal nicht darum, etwas Eventmäßiges zu machen, sondern Momente der Entschleunigung und der Selbstwahrnehmung einzubauen. Dies erhöht die Feierlust. Wenn zum Beispiel eine Braut auf dem Weg nach vorn zu ihrem Bräutigam zugleich 1. ihm das Kleid präsentiert, 2. den Weg ihres Lebens geht und 3. die Gäste zum ersten Mal sieht, dann ist das schlicht eine emotionale Überforderung in der kurzen Zeit. Ebenso ist es für den Bräutigam: Das Auf-sich-zukommen-Sehen als inszenierte Zusammenführung für das Leben reicht schon völlig; oft bleibt nur wenig Raum für die Wahrnehmung, wie sie eigentlich aussieht. Einzüge werden gern so verdichtet umgesetzt, weil Filmsequenzen in den Medien eine Hochzeit meist auf diesen Punkt konzentrieren, so als ob Einzug und Jawort der Kern wären. Demgegenüber geht das Ritual einer achtsam gestalteten Trauung über einen längeren Weg, bei dem sich das Gefühl langsam aufbauen darf und bei dem ein Paar auch mitkommen kann. Sonst zieht die Trauung wie ein Film an ihm vorüber. Also braucht es Momente, einfach da zu sein, sich selbst anzuschauen, zu spüren. Es braucht sie gerade dann, wenn ein Paar sehr fetzig unterwegs ist und etwa in den Einzug hineintanzt. Ritualdesign hat immer vor Augen, wie die emotionale Situation in einem Moment ist. Manches kann man dabei vorplanen, besonders wenn es darum geht, ein Paar mit sehr persönlich auf ihr Beziehungsgefühl abgestimmten Worten abzuholen und immer wieder zu sich zu bringen. Manches ist auch dem Moment überlassen, hier agieren die*der Redner*in mit psychologischem Gespür. Ein Paar in das Erleben ihrer eigenen Feier zu führen geschieht tatsächlich durch eine situativ abgestimmte Mischung von anregenden und zur Ruhe bringenden Momenten. Ein reißerisches Auftreten von Redner*innen mit effekthascherischem Eventgestus ist oft gerade der falsche Weg; es will ein Feiergefühl gewollt erzeugen, statt es aus der Emotionalität des Paares entstehen zu lassen. Tatsächlich trägt ein Paar schon alles in sich, was es braucht, um in der Trauung seine Liebe zu feiern. Es geht in Ritualdesign und Performance darum, Räume zu öffnen für das, was da ist, und eher Druck rauszunehmen als zu befeuern.

Was einem Paar vor allem hilft, in seiner eigenen Feierlust anzukommen, ist, dass sich der*die Redner*in um die Gäste kümmert. Im Blick auf die hochzeitliche Feierstimmung eines Paares hängt sehr viel daran, dass sie spüren: Die Gäste sind da, kommen emotional an, sind fröhlich und haben Lust auf die Feier. Ist das der Fall, entspannt sich auch ein Paar besser und bekommt Feierlaune, weil es merkt: Es läuft! Dafür ist es freilich nötig, dass ein Setting gewählt wird, in dem die Brautleute die Gäste sehen und in Kontakt mit ihnen sind. Ein Aufbausetting, bei dem das Paar mit dem Rücken zu seinen Gästen sitzt, ist bei einer freien Trauung selten eine gute Idee. Zu feiern hat wesentlich mit der Beziehung zu den Gästen zu tun. Es braucht eine Stimmung, die das Brautpaar in der Gemeinschaft trägt. Dann feiert es auch sich selbst.

3.2 Trauung als Erleben von Abschluss und Initiation

Gesellschaftliche Ebene

Im Quadranten »Abschluss und Initiation« geht es um den Übergang im Schwellenritual. Die gesellschaftliche Dimension dieses Quadranten besteht in einer sozialen Statusänderung des Paares. Es wird Ehepaar. Es stellt sich anderen mit »Das ist mein Mann« bzw. »Das ist meine Frau« vor, statt von Partnerin oder Freund zu sprechen. Möglicherweise ist auch eine Namensänderung mit der Heirat verbunden. Das alles wird in der Trauung mitgefeiert, und selbstverständlich gehört in das Ritualdesign eine Aufnahme dessen, was eine solche Statusänderung eigentlich für das Paar bedeutet und wie es sich und seine Ehe sieht. Gegenüber einem früheren Eheverständnis ist die Statusveränderung heute (meist) nicht mehr mit einer vorgegebenen Rollendefinition verbunden. Allerdings geschieht auch heute – je nach Paar, Familientradition oder kulturellem Hintergrund – eine individuelle Veränderung im Rollenverständnis. Welche Bedeutung auch immer ein Paar damit verbindet, nun verheiratet zu sein, immer schwingt eine Auseinandersetzung mit dem gesellschaftlichen, religiösen, familiären und kulturellen Umfeld mit. Diese Dimension wird in einer freien Trauung leicht vergessen, ist aber ein wichtiger Bestandteil. Denn sozialer Status hat etwas mit Identität zu tun, also damit, wie beide Partner*innen sich als Einzelne und als Ehepaar erleben. Wenn ein Paar in der Trauung einen gestalteten Übergang nicht nur in eine vertiefte Beziehung, sondern in ein eigenes Verständnis von *Ehe* erleben soll, dann sind diese Bezüge vorsichtig in das Ritualdesign aufzunehmen. Und zwar so, wie das Paar sie interpretiert. Nicht selten bekommt eine freie Trauung dabei einen sanften gesellschaftskritischen Touch. Allein die Tatsache der freien Trauung setzt sich schon ab von vorgegebenen religiösen Prägungen, wie eine Ehe zu beginnen ist. Wenn dann in der Trauung aufscheint, wie das Paar sich als Ehepaar erleben möchte, dann kommuniziert die freie Trauung ein verändertes Partnerschafts- und Ehebild. Und mitunter, etwa bei kulturübergreifenden oder gleichgeschlechtlichen Ehen, steckt darin auch eine politische Aussage. Alle diese Bezüge schwingen mit. Es bleibt dem Ritualdesign überlassen, ob sie explizit werden oder durch den Vollzug der Trauung kommuniziert werden. Dazu gehören sie immer.

Soziale Ebene

Auf sozialer Ebene bedeutet Initiation die Aufnahme und Anerkennung des Paares als Ehepaar in die Gemeinschaft der Familie und Freund*innen. In der Beziehung des Paares, die der Trauung vorausliegt, haben die Familienmitglieder und Freund*innen jeweils nur Ausschnitte der Beziehung erlebt. Oft kennen sie auch nur einen von beiden näher und haben (noch) keinen näheren Kontakt zum*zur jeweils anderen. Oder es gab Phasen der Beziehung, die miterlebt wurden, und dann wieder Phasen der räumlichen Trennung vom Paar. Hinzu kommt, dass es sowohl die Familien als auch die Freund*innen im Grunde nichts angeht, wie ein Paar sich erlebt und sieht. Die Beziehung gehört dem Paar und nicht dem Umfeld. Nun aber, in der freien Trauung, sind alle eingeladen. Und dass sie eingeladen sind, hat für das Paar einen jedes Mal eigenen Grund. Ganz gleich, welcher das ist, er gehört wesentlich in die freie Trauung hinein. Manche Paare sehen ihre Gäste eher als Adressat*innen ihrer Message: »Wir sind jetzt für immer zusammen.« Andere Paare möchten ihr Glück gern teilen und ihre Gäste emotional an dem Gefühl ihrer eigenen Liebe teilhaben lassen. Wieder andere Paare haben die Gäste eingeladen, weil sie sich ihnen präsentieren möchten in ihrem Stil und ihrem Beziehungskonstrukt. Allen gemeinsam ist aber, dass die Gäste für das Paar zu ihrem Leben in einer besonderen Weise dazugehören und eine Bedeutung hatten, haben und ggf. auch in Zukunft haben sollen. Und diese Bedeutung zu kommunizieren, ist die soziale Aufgabe der freien Trauung.

Dabei spielt die Geschichte des Paares oder einzelner Brautleute mit den Gästen eine entscheidende Rolle. Die Gäste haben die Beziehung in Ausschnitten und Teilen erlebt, haben sich womöglich ihre eigenen Gedanken gemacht über das Paar und es hat sich ein Bild ergeben, wie sie das Paar sehen. Möglicherweise haben auch einige der Gäste einen wichtigen Anteil daran, dass sich beide kennengelernt haben und in ihrer Beziehung den Weg bis zur Hochzeit geschafft haben. Nun sollen alle das Ergebnis sehen, erleben, was daraus geworden ist. Und sie sollen alle – darum sind sie zur freien Trauung eingeladen – das Paar in die Zukunft geleiten.

Die freie Trauung setzt dies um, indem sie den Gästen ein Bild des Paares zeichnet und in der Hochzeitsrede das Beziehungsnarrativ des Paares veröffentlicht. Das Ziel des Rededesigns ist (in dieser

Perspektive), dass die Gäste diese Geschichte anerkennen und mit den eigenen Erlebnissen des Paares in Beziehung setzen. Dadurch vervollständigt sich das Bild des Paares, und zugleich vertieft oder korrigiert sich die Beziehung der Gäste sowohl zu den einzelnen Brautleuten als auch zu beiden als Paar. So bekommt die jeweilige Geschichte mit dem Paar für jede*n der Gäste einen Abschluss.

Das zweite Ziel des Ritualdesigns ist, dass die Gäste das Ergebnis dieser Paargeschichte – also, dass beide jetzt heiraten – akzeptieren, sich nach Möglichkeit riesig darüber freuen und das Paar in ihre Zukunft *entlassen* und *begleiten*. Wie in jedem Neubeginn liegt auch in der freien Trauung ein Moment des Abschieds. Besonders Eltern empfinden diesen teilweise stark, aber auch Freund*innen können das Gefühl haben, dass mit der Eheschließung des Paares eine Zukunft beginnt, in der die Freundschaft zu einem*einer der Partner*innen gegenüber der Paarbeziehung und einer künftigen Familie zurücktreten wird. Insofern gehört zur Begleitung des Paares über die Schwelle der Trauung für manche Gäste auch hinzu, sie in ihre eigene Zukunft zu entlassen. Zugleich ist die Begleitung über die Schwelle der Hochzeit auch der Beginn einer neuen Phase der Freundschafts- und Familienbeziehung. Und nicht selten ist es ein Ziel des Ritualdesigns, auch die zukünftige Verbundenheit zu initiieren.

Alle diese Perspektiven sind wesentliche Dimensionen eines Schwellenrituals. Und alle gehören in eine freie Trauung hinein. Manche Zeichen werden eher in der Begrüßung gesetzt, manche auch eher in der Rede, und manche gehören in eine Aktion zum Ende der Trauung. Eine besondere Bedeutung haben die Elemente des Ritualdesigns, in dem die Gäste ihre Akzeptanz, Freude oder Zugehörigkeit während der Trauung aktiv ausdrücken. Dem Erfindungsreichtum von Aktionen ist dabei keine Grenze gesetzt. Dabei kommt es vor allem darauf an, ob eine Aktion ein geeignetes Mittel ist, genau die Beziehung, Message und Emotionalität auszudrücken, welche das Paar mit seinen Gästen verbindet. Hier braucht es ganz besondere Aufmerksamkeit, um nicht nur etwas Schönes zu machen, sondern eine Beziehungsbedeutung zu gestalten. Gelingt das, wird nicht nur für die Gäste etwas Neues begonnen haben, sondern auch für das Paar. Denn für die persönliche Initiation des Paares braucht es unabdingbar die Anerkennung des sozialen Umfeldes. Kommen die Gäste in einer neuen Phase der positiven Beziehung zum frisch verheirateten Paar an, dann kommt auch das Paar darin an, sich im Freundes- und Familienkreis als Ehepaar zu erleben.

Individuelle Ebene

Für ein Paar ist die freie Trauung ein so besonderer Schritt auf ihrem Weg, dass er das Leben in ein Vorher und ein Nachher unterteilt. Die Trauung ist der Übergang zwischen beidem. Das heißt: Sie schließt die Beziehungsphase, die bis zur Hochzeit geführt hat, ab und gibt ihr eine Deutung als Weg bis zur Hochzeit. Und: Sie eröffnet eine neue Beziehungsphase, die zur Zeit der Hochzeit mit vielen Wünschen und Hoffnungen belegt ist. Beides, sowohl der Rückblick als auch der Ausblick, sind Konstruktionen der Lebensdeutung, die erst durch die Hochzeit so möglich werden. Die Geschichte eines Paares ist ihm selten schon während dieser Geschichte als Weg bis zur Hochzeit erschienen, sie wird erst in der Hochzeit dazu. Und die Aussichten, die sich für das Paar in der Zukunft ergeben, werden erst in dem Moment eröffnet, in dem das Ziel der Hochzeit erreicht ist und nicht die Zukunftsaufmerksamkeit bindet. Aufgabe des Ritualdesigns ist, diesen Übergang zu gestalten.

Bereits der Beginn der Trauung spielt mit der Metapher des Beziehungsweges. Sei es, dass einer von beiden auf den anderen zugeht oder dass beide gemeinsam einziehen: Der Einzug symbolisiert einen Lebensweg. Entsprechend ist er auch so zu gestalten, dass die symbolische Aussage des Einzuges zur Beziehungsdeutung des Paares passt. Wenn etwa eine Braut allein einzieht, weil sie damit ausdrücken möchte: »Ich bin meinen Weg bisher allein gegangen, aber ich gehe gemeinsam mit ihm in die Zukunft«, dann ist das ein starkes Symbol für Abschluss und Neubeginn. Auch bei den anderen Formen des Einzugs ist es wichtig mit dem Paar zu besprechen, was es damit aussagen möchte. Die freie Trauung als Ritual sollte an jeder Stelle Ausdruck der individuellen Lebensdeutung sein.

In der Hochzeitsrede kommt nun ein weiteres Element des Weges in den Blick, nämlich die Beziehungsgeschichte. Entscheidend für die rituelle Bedeutung des Beziehungsnarratives ist, dass die Geschichtserzählung der Traurede nicht nur erzählt, was aus der Sicht des Brautpaares auf dem Weg bis zur Hochzeit geschehen ist, sondern was das mit dem Paar gemacht hat. Es geht darum, wie sich die Lebensgestalt, das Lebensgefühl und die Lebenskonstruktion beider verändert hat. Und es geht darum, welche Muster, Strukturen und Bedeutungen die Beziehung für beide hat. Die Hochzeitsrede zeichnet dem Paar sein eigenes Bild von sich und das nicht im statischen Sinne, sondern in seiner Wirkung und Dynamik für die Zukunft. Das Ziel der Hochzeitsrede ist im Blick auf das Paar, dass es die Bedeutung seines gemeinsamen Lebens und das damit verbundene Beziehungsgefühl bei seiner Trauung *erlebt*. Dies geschieht in einer künstlerischen Sprachgestalt, die eine innere Bewegung auslöst, ein Lebensgefühl freisetzt und ein freudiges Staunen darüber schafft, wie die Liebe das Leben verändert hat. Für die Sprachgestalt der Rede ist dabei wichtig, dass sie die eigenen Worte und Sprachbilder des Brautpaares aufnimmt. Diese schaffen im Hören Verknüpfungen mit der individuellen Emotionalität und lösen Emotionen, Erinnern und neues Verstehen aus. Man darf die Bedeutung der Hochzeitsrede für das Paar nicht unterschätzen. Haben sie vorher miteinander – je nach Reflexionsgrad und Gesprächskultur – Bruchstücke und situative Bewertungen ihrer Beziehung besprochen, erleben sie nun eine Gesamtschau ihres gemeinsamen Lebens. Und sie tun dies zudem nicht im intimen Gespräch, sondern als eine Darstellung von außen. Die rituelle Qualität kommt dadurch zustande, dass dem Paar die eigene Liebe von außen entgegenkommt, in ihrer Gesamtschau und Bedeutung gespiegelt durch die Worte der Rede. Der Effekt ist, dass das Paar auf der Höhe seiner eigenen Beziehungskonstruktion ankommt. Es geht um ein Erleben seines Gesamtgefühls. Und dies ist der Punkt, an dem eine Initiation wirklich neue Wege eröffnet. Im Bild einer Bergwanderung gesprochen kommt das Paar auf dem Gipfel seines bisherigen Weges an, um von dort einen Ausblick in die Welt zu bekommen, in die es aufbricht. Damit das gelingt, ist für das Rededesign wesentlich, dass nicht eigene Deutungen von Redner*innen, fremde literarische Texte oder Symbolgeschichten über die Liebe die Wahrnehmung der eigenen Lebensbedeutung des Paares überdecken. Ein*e versierte*r Redner*in wird immer versuchen, auf solche paarfremden Erzählmittel zu verzichten. Die Erfahrungen und Lebensdeutungen eines Paares, die im Vorbereitungsgespräch erkundet werden, bieten Stoff genug für die Rede. Es versteht sich von selbst, dass eine Rede, die ein Paar emotional mitnimmt, sehr achtsam mit den Schwierigkeiten umgeht, die eine Liebesgeschichte enthält. Vieles geht keinen der Gäste etwas an und soll ungesagt bleiben, manche Beziehungsdimensionen sind auch zu persönlich, als dass sie veröffentlicht werden dürfen. Für das Rededesign ist wichtig, dass solche Bereiche mitgeführt werden, ohne sie auszusprechen. Oft hat eine Rede einen doppelten Boden, sodass das Paar andere Dinge mithört, als es die Gäste tun. Die Kunst der Rede liegt darin, das Paar mit psychologischem Feingefühl bei sich ankommen zu lassen, und zugleich auch die Gäste zu unterhalten, die Stimmung des Festes zu unterstützen und die Gäste für das Paar einzunehmen und zu begeistern.

Da die Hochzeitsrede eine Ritualrede ist (und nicht eine anlassbezogene Laudatio), ist das Rededesign in Zusammenhang mit dem gesamten Ritualdesign zu sehen. Schon die Begrüßung sollte Stichworte der Lebensbedeutung des Paares anklingen lassen, die dann später aufgenommen werden. Und die Rede sollte nicht nur rückblickend konzipiert sein, sondern die Zukunft eröffnen und in die initiatorischen Elemente des Rituals überleiten.

Diese bestehen im Kern aus Worten und symbolischen Handlungen, mit denen das Paar das neue Level ihrer Lebensbeziehung betritt. Es geht bei der Gestaltung der Worte füreinander darum, dass sie genau das enthalten, was ein Paar für diesen Übergang in sich trägt. Und zwar sowohl in der Form als auch im Inhalt. Das Ritualdesign ist hier zurückhaltend und unterstützend. Es ist wichtig, dass ein Paar diesen Schritt selbst geht und auch so erlebt. Demzufolge ist die Weise, wie dieser Schritt vollzogen wird, immer wieder anders. Wichtig ist, dass sich identische Elemente und individuelle Elemente genau auf diese Weise mischen, wie sie dem Beziehungsgefühl und der Beziehungsdeutung entsprechen. Identische Elemente, wie etwa ein Ringtausch oder ein öffentliches Jawort, sind wichtig, weil sie eine rituelle Wiedererkennung schaffen. Allen ist klar, dass es eine Trauung ist. Zugleich sind diese identischen Elemente individuell zu gestalten, etwa mit eigenen Worten des Paares, mit Aktionen, die dem Beziehungsgefühl entsprechen, mit der Einbeziehung von Gästen oder Trauzeug*innen oder mit einer Lieblingsmusik. Der Variantenreichtum ist an dieser Stelle groß. Wichtig ist, auch einen Abschluss des initiatorischen Teils zu designen, der klar macht: »Jetzt seid ihr angekommen.«

Und nicht zu vergessen ist, dass auch der Auszug symbolische Qualität hat. Er ist der erste gemeinsame Weg *in* der Ehe. Und es ist ein Weg, die Liebe gemeinsam mit den Gästen zu feiern. Auch dieser Übergang braucht eine Gestaltung, und manchmal liegt hierauf ein besonderer Fokus.

3.3 Trauung als gestalteter Emotionsausdruck

Gesellschaftliche Ebene

Die Trauung hat besondere emotionale Bedeutung dadurch, dass sie ein gesellschaftlich anerkannter Ort ist, um Beziehungsgefühle öffentlich auszudrücken. Was jemand in seiner Beziehung fühlt oder wie ein Paar sich selbst empfindet, das ist in unserer Kultur reine Privatsache. Es öffentlich auszudrücken, wird nicht selten als peinlich und unpassend empfunden. Auch wenn sich diese Kultur durch soziale Netzwerke und mediale Realityshows zu öffnen scheint, bleibt hier eine Schwelle. Es gibt selten Paare, die gemeinsam posten oder ihr Beziehungsgefühl öffentlich kommunizieren. Dagegen ist die Hochzeit ein Ort, an dem es akzeptiert ist, dass ein Paar den Schleier über der Emotionalität seiner Beziehung ein wenig hebt. Bei der Trauung dürfen Männer wie Frauen weinen. Und bei der Trauung wagen auch Paare einen öffentlichen Kuss, die Zärtlichkeiten in der Öffentlichkeit sonst meiden. Kurzum, bei der Trauung darf Emotionalität vorkommen. Es gibt eine gesellschaftliche Erlaubnis. Die Aufgabe des Ritualdesigns ist, diesen Emotionsausdruck zielgerichtet zu ermöglichen und zu gestalten, und zwar so, wie es im Rahmen des Milieus, in dem die Trauung stattfindet, angemessen ist.

Soziale Ebene

Eine gelingende Trauung macht etwas mit den Gefühlen der Gäste und soll etwas mit ihnen machen. Lässt die Trauung Gäste kalt, macht sie diese zu bloßen Zuschauer*innen und nicht Teilhaber*innen an einem Ritual, dann ist auf sozialer Ebene etwas schiefgelaufen. Gäste kommen in eine Trauung mit der positiven Erwartung, die Freude und Lust einer Feier der Liebe zu erleben. Sie kommen mit Gefühlen des Verbundenseins mit dem Paar oder einem*einer der Partner*innen. Und sie spüren auch, dass sich durch die Einladung zur Trauung wertgeschätzt werden. Dies alles muss das Ritualdesign unterstützen. Das Ankommen der Gäste in der Trauung und das Entstehen einer freudigen Stimmung ist im Wesentlichen ein emotionales Geschehen. Deshalb liegt ein wichtiger Fokus des Ritualdesigns auf der Emotionalität der Gäste. Dabei geht es vor allem darum, Räume für diese Emotionalität zu schaffen. Dazu gehört, dass Gäste in der Begrüßung Wertschätzung erfahren, dass sie Möglichkeiten haben, miteinander zu interagieren oder durch Szenenapplaus oder Jubelrufe ihre Emotionalität auszudrücken. Mitunter ist es auch sinnvoll, einzelne wichtige Gäste hervorzuheben, in der Rede persönlich anzusprechen oder ihnen zum Ende der Trauung hin Raum zu geben, etwas auszudrücken oder zu gestalten. Aktionen von Gästen eignen sich besonders zum Emotionsausdruck. Je nach Gästezusammensetzung, Kultur und Milieu der Hochzeitsgesellschaft fällt das sehr unterschiedlich aus. Und manchmal ist es auch angesagt, vor allem eine positive Spannung anzubahnen, die sich dann in der anschließenden Feier ausdrückt. Wichtig ist, ein emotionales Erleben zu ermöglichen, das die Verbindung mit dem Brautpaar stärkt. Hier liegt der Fokus. Wesentlich ist, dass dieser Emotionsausdruck wertschätzend ist und zum Stil dessen passt, wie das Paar seine Feier erleben möchte. Fehlen darf im Gesamtkunstwerk der Trauung der Emotionsausdruck der Gäste nicht. Die Beziehung der Gäste zum Brautpaar ist immer eine emotionale. Bekommen diese Emotionen Raum in der Trauung, dann bekommt die gesamte Hochzeitsfeier eine Seele. Sie ist dann nicht nur eine Feier anlässlich einer Eheschließung, sondern feiert wirklich das Paar und seine Liebe.

Individuelle Ebene

Eine Trauung bedeutet für ein Paar schon vom Moment des Einzugs an eine emotionale Überflutung. So wurde schon zur Thematik des Feierns darauf hingewiesen, dass es Räume braucht, um während der Trauung anzukommen und »runterzukommen«. Dies ist eine Voraussetzung dafür, dass ein Paar seine Emotionalität selbst erleben kann. Dieses Erleben geschieht zu einem guten Teil im Hören der Traurede, in der erinnernden Vergegenwärtigung des Erlebten und in der damit verbundenen Aktivierung der Emotionalität. Das Erleben der Traurede bringt die Emotionalität zum Bewusstsein und leitet zum Selbstausdruck des Paargefühls über. Weil die beiden wissen, dass dieser im Jawort, Ringtausch oder alternativen Ritualen bald kommt, wächst die Anspannung. Es ist die Aufgabe von Redner*innen, diesen Weg der steigenden Emotionalität zu gestalten, Räume dafür zu schaffen (etwa durch Musikeinspielungen) und immer wieder Druck herauszunehmen, um dann zu dem Punkt überzuleiten, an dem das Paar sich symbolisch selbst inszeniert. Dabei sind es nicht nur die Worte des Paares, die es achtsam einzuleiten gilt. Auch die Bewegungen, das veränderte Setting, wenn beide sich vor allen gegenüberstehen, möglicherweise eine Ermutigung sich an den Händen zu fassen, der Augenkontakt des Paares – all das öffnet den Raum für das, was kommt. Wie die individuelle Gestaltung im Einzelnen auch aussieht, immer ist der emotionale Kern ein Commitment der Partner*innen zueinander. Um Wege zu finden, dies auszudrücken, ist die begleitende Expertise der Rednerin*des Redners im Vorfeld ebenso wichtig wie eine zurückhaltende Präsenz, die den Rahmen hält. Es geht um die Gestaltung eines emotionalen Momentes, der sowohl intim ist als auch öffentlich. Redner*innen unterstützen, dass ein Paar in diesem Moment sein Ja zueinander zelebriert. Diese Unterstützung geschieht durch die Inszenierung der Trauung vom ersten Moment an bis zu diesem emotionalen Höhepunkt. Der (an dieser Stelle rituelle) Kuss des Paares besiegelt das Geschehen mit öffentlicher Intimität und der Applaus und Jubel der Gäste bestätigt, dass beide nun in einer neuen Qualität ihrer Beziehung angekommen sind.

3.4 Trauung als inszenierte Vergewisserung

Gesellschaftliche Ebene

Sich der sozialen Anerkennung zu vergewissern, ist ein Grundbedürfnis von Menschen. Besonders bei Statusübergängen, wie sie eine Eheschließung bedeutet, ist es wichtig, dass die Gesellschaft diesen Status auch anerkennt. Der gesellschaftliche Ort dafür ist die Trauung. In ihr vergewissert die Gemeinschaft das Paar in seinem neuen Status als Ehepaar. Im Unterschied zur kirchlichen Trauung, in der die Gesellschaft dies durch eine Institution tut, repräsentieren in der freien Trauung die Gäste das gesellschaftliche Ganze. Sie stehen nicht nur für sich selbst, sondern – soziologisch gesehen – für alle. Sie sind die Vertreter*innen der Öffentlichkeit. Wie gesagt ist die freie Trauung durch diesen Zusammenhang nicht nur eine Privatveranstaltung, sondern ein Teil des gesellschaftlichen Zusammenhalts. Die Gäste übernehmen die Rolle der früher kirchlichen Institution, um die Heiratenden in ihrem Stand zu vergewissern. Die Trauung macht dies etwa deutlich, indem sie einen größeren Zusammenhang anklingen lässt, etwa mit einem Abschlussspruch wie: »Ihr seid nun – vor euren Familien und Freund*innen, dem Leben und der ganzen Welt – Mann und Frau.« Sollte ein*e Redner*in einen solchen Satz sprechen, steht sie*er in diesem Moment stellvertretend für das große Ganze der kollektiven Konstruktion des Lebens.

Soziale Ebene
Diese gesellschaftliche Anerkennung drückt sich aus in der Bestätigung, Anerkennung und Feier des Paares durch die beiden Herkunftsfamilien sowie die Freund*innen und ggf. auch Nachbar*innen und Kolleg*innen. Es ist eine wichtige Aufgabe des Ritualdesigns, diese Vergewisserung des Paares auch zu gestalten. Nur wenn die Message, ein Ehepaar zu sein, von den Gästen reflektiert, beklatscht, beglaubigt, gutgeheißen und angenommen wird, kommt auch das Paar für sich auf dieser neuen Ebene an. Das besondere an der freien Trauung ist, dass diese Vergewisserung sich nicht nur auf einen formalen Akt der Eheschließung bezieht, sondern auf die Selbstdeutung des Paares. Das Paar wird nicht nur anerkannt im Blick auf eine nun konstituierte Institution der Ehe, sondern es wird anerkannt im Blick darauf, wie das Paar sich selbst sieht.

Es ist Aufgabe des Ritualdesigns, in der freien Trauung eine Inszenierung dafür zu schaffen, dass die Gäste dem Paar diese Anerkennung geben, aussprechen und symbolisieren. Möglicherweise geschieht das durch traditionelle Elemente, indem Vertreter*innen der Hochzeitsgesellschaft etwas sagen. Vielleicht erscheinen auch kreativere Elemente sinnvoll, etwa die Ringe an einem Band durch die Hand eines jeden Gastes dem Brautpaar zuzuleiten oder Wünsche für das Paar zu gestalten und aufzuschreiben. Mitunter kann es auch richtig sein, die Gäste direkt anzusprechen und zu fragen, was sie eigentlich davon halten, dass beide geheiratet haben. Dies kann dann eine kreative Aktion einleiten, in der die Gäste ihr Commitment zum Paar ausdrücken. Vielleicht passt dies alles aber auch nicht zu einem Paar und es möchte es lieber beim Applaus belassen und die Bestätigung durch die Gäste in Form von persönlichen Glückwünschen entgegennehmen. In jedem Fall ist es wichtig, dass das Ritualdesign einen Raum für das Feedback der Gäste schafft. Dies ist nicht nur wichtig für das Paar. Dies ist auch wichtig für die Beziehung zwischen dem Paar und seinen Gästen. Die mit der Einladung zur Hochzeit verbundenen Beziehungshoffnungen zu den Gästen kommen erst zum Ziel, wenn die Gäste diese auch beantworten können. Die freie Trauung ist ein hervorragender Ort, dies zu inszenieren.

Individuelle Ebene

Auf individueller Ebene vergewissern sich die Partner*innen gegenseitig ihrer Liebe. Besonders bei Paaren, die mit ihrer Ehe sehr bewusst eine lebenslange Beziehung intendieren, ist die freie Trauung ein Schritt, vor allen zu erklären, dass man zueinander steht, komme, was wolle. Für manche Paare begründet diese gegenseitige Versicherung die Perspektive einer Familiengründung. Für andere Paare schließt die Vergewisserung der Trauung auch eine lange Lebensphase ab, nach dem Motto: »Wir sind zehn Jahre zusammen, haben zwei kleine Kinder und haben ein Haus gebaut. Wir sind durch dick und dünn gegangen und wissen nun, wir können und wollen für unser Leben zusammen sein.« In jedem Fall ist diese Vergewisserung für das Paar konstitutiv, um den künftigen Weg zu beschreiten. Wenn das Ritualdesign diese gegenseitige Vergewisserung gestaltet, kommt dabei die Zukunftsbedeutung der Beziehung zur Sprache. Wie auch bei den anderen Perspektiven des Radars kann es dafür unterschiedliche Orte und Ausdrucksweisen geben. Von einer Begrüßung, die diese Vergewisserung etwa mit einem Zitat aus den Vorgesprächen an den Beginn der Zeremonie stellt, über die Rede, bis hin zu dem Commitment, das sich die Partner*innen in einem Versprechen oder einem Bekenntnis zueinander für ihre Zukunft geben möchten. Für das Paar selbst liegen die Selbstvergewisserung, die gemeinsame Initiation und der Emotionsausdruck sehr nah beieinander.

4 Die Trauerfeier

Kommen wir nun zur Trauerfeier. Der Anlass ist zwar gegenüber der Trauung grundverschieden, die Perspektiven für das Ritualdesign folgen aber dem gleichen Radar. Wie auch schon bei der freien Trauung geht es darum, den Blick für die Dimensionen des emotionalen Weges zu schärfen, der im Ritualdesign eine künstlerische Gestaltung bekommt. Die Umsetzung wird dabei von einer Trauerfeier zur anderen unterschiedlich sein und ebenso – darin äußert sich die künstlerische Freiheit – von einem*einer Redner*in zur*zum anderen.

4.1 Trauerfeier als Lebensfeier

Gesellschaftliche Ebene

Eine Trauerfeier ist auf gesellschaftlicher Reflexionsebene eine kulturell institutionalisierte Weise, eine*n Verstorbene*n aus der Sozialgemeinschaft der Lebenden zu entlassen. Sie ist in dieser Hinsicht nicht nur eine Privatfeier, sondern ein kulturelles Angebot, das die Gesellschaft nach dem Tod eines ihrer Mitglieder anbietet und dafür auch an Friedhöfen öffentlich finanzierte Trauerhallen zur Verfügung stellt. Wer dieses Angebot nutzen möchte, wählt mit der freien Trauerfeier zwar eine moderne Alternative, befindet sich aber im gesellschaftlichen Mainstream, der eine Trauerfeier erwartet. Es ist auffällig, dass auch bei der freien Trauerfeier im Regelfall kulturelle Traditionen intakt bleiben, etwa der Ort der Feier in einer Kapelle, die Gestaltung mit Blumen und Kränzen oder die öffentliche Einladung mit einer Zeitungsanzeige. Dies alles würde auch anders gehen, und ein Blick auf die Sepulkralkultur zeigt, besonders im interkulturellen Vergleich, auch andere Wege. Deutschland ist hier vergleichsweise konservativ aufgestellt, sowohl in den Köpfen der Menschen als auch in den Bestattungsgesetzen, welche die Beisetzung an einen Friedhof binden. Zwar gibt es eine zunehmende Verlagerung von Trauerfeiern aus der Kirche in kommunale Friedhofskapellen sowie in die Trauerkapellen der Bestattungshäuser. Auch auf die früher übliche öffentliche Einladung wird oft verzichtet. Dennoch bleibt der Rahmen vergleichsweise traditionell. Dies mag auch daran liegen, dass die Trauerhallen in Architektur und Ausstattung immer so gestaltet sind, dass sie auch von Religionsgemeinschaften benutzt werden können. Als die Familie eines Verstorbenen (vor gar nicht langer Zeit) dessen Wunsch umsetzten wollte, bei der Abschiedsfeier an Stehtischen zu stehen, bei Musik über den Verstorbenen ins Gespräch zu kommen, gemeinsam den Sarg zu verzieren und – vor allem! – mit einem Glas Sekt auf ihn anzustoßen, da stieß dieses Ansinnen zwar nicht beim Bestatter, wohl aber bei der kommunalen Friedhofsverwaltung auf Widerstand. Ein kleiner Ausweg ergibt sich, wenn Bestatter*innen für kreative Gestaltungen in eigenen Trauerhallen offen sind oder wenn Trauerfeiern in Friedwäldern oder privaten Ruhewäldern gestaltet werden. Allerdings sind gänzlich freie Gestaltungen selten. Und es zeigt sich: Trauerfeiern, auch freie Trauerfeiern, folgen einer unausgesprochenen Tradition.

Die freie Trauerfeier geht in ihrem Ritualdesign mit den gegebenen Traditionen um. Sie nutzt dieselben Räume, und sie nutzt auch das traditionelle Wort »Trauerfeier« (und »Trauerredner*innen«), obwohl es weder um die Feier der Trauer geht noch um die Feier anlässlich der Trauer, sondern um die Feier eines Lebensübergangs, der durchaus auch dankbare, fröhliche, ermutigende und in der ästhetischen Wirkung »schöne« Seiten hat. Was im Ritualdesign passiert und auch passieren soll, ist eine vorsichtige Weiterentwicklung und Neuinterpretation der Feier im Sinne der Bedürfnisse der Menschen, die eine*n Verstorbene*n verabschieden. Und diese zielen im Regelfall darauf, dass die Feier im Ton menschlich und nicht so steif ist, im Inhalt persönlich sowie in der Stimmung positiv und nicht so traurig. Kurzum: Die Bedürfnisse der Trauernden zielen auf die Gestaltung einer Lebensfeier, die im Stil und Inhalt das Leben des*der Verstorbenen repräsentiert und vergegenwärtigt. Indem das Ritualdesign diese Bedürfnisse künstlerisch umsetzt, interpretiert sie die traditionellen Trauerrituale neu, ohne den Rahmen zu sprengen. Tatsächlich ist das die Kunst. Sie wird in der Gestaltung der Rede, im Ton der Performance und in erneuerten, frischeren rituellen Elementen umgesetzt, behält aber den Rahmen im Grundsatz bei.

Ein besonders gutes Mittel dies umzusetzen, ist die Musik. Sie bringt das ganze Spektrum der gesellschaftlich-kulturellen Lebensdeutung zum Klingen und trägt auf diese Weise entscheidend dazu bei, dass eine Trauerfeier wirklich eine Feier ist und auch so empfunden wird. Dabei gerät klassische Trauermusik (was »man« so spielt) in den letzten Jahren zunehmend in den Hintergrund. Untersuchungen haben gezeigt, dass prinzipiell jede Musik Trauermusik sein kann. Sie muss nur eines der drei Kriterien erfüllen, nämlich entweder 1. zum verstorbenen Menschen passen oder 2. zu den Trauernden und ihrer eigenen Lebenswelt passen oder 3. eine musikalische Interpretation des Anlasses der Feier sein. Im Idealfall kennen sich Trauerredner*innen gut in der Musik aus, sowohl in der zeitgenössischen als auch in der Musik der vorangegangenen Generation. Auch Kenntnisse der klassischen Musik sind bei kulturell entsprechend sozialisierten Kund*innen nicht verkehrt. Die Aufgabe des Ritualdesigns besteht darin, Musik vorzuschlagen oder Musikvorschläge stimmig zu integrieren. Um ein Beispiel zu geben: Nach einer einleitenden Bitte um Nachsicht an die Älteren der Familie begann eine Trauerfeier mit den »Hells Bells« von AC/DC und endete mit einem gemeinsamen Gang zum Grab, bei dem »Stairway to heaven« von Led Zeppelin aus der Bluetooth-Box den Weg begleitete. Keine Frage, dass die Trauerfeier wirklich als Gesamtkunstwerk erlebt wurde. Auch während der Grablegung ist Musik manchmal eine gute Idee, sei es der geliebte Jazz der Verstorbenen oder das gemeinsam angestimmte Bergmannslied bei der Beisetzung eines alten Bergmanns. In der Musik bekommt die Trauerfeier den Charakter einer wirklich erlebten Feier mitten im Leben. Gutes Ritualdesign wird diese Feierlichkeit immer fördern und gestalten, zugleich aber die gesellschaftlichen Vorgaben respektieren und (wo dies zu den Bedürfnissen der Angehörigen passt) bestätigen.

Soziale Ebene

Um es kurz zu sagen: Die soziale Bedeutung der Dimension des *Feierns* ist, die Bedeutung der*des Verstorbenen in der Gemeinschaft und für sie zu zelebrieren. Das Ritualdesign hat die Aufgabe, dieses Feiern des Lebens mit der*dem Verstorbenen zu gestalten. Alle bei einer Trauerfeier anwesenden Freund*innen, Bekannten und Familienmitglieder haben mit dem verstorbenen Menschen zu dessen Lebzeiten gefeiert. Sei es bei Geburtstagen, Familienfeiern, Weihnachten, Diskobesuchen, Betriebsweihnachtsfeiern, Straßenfesten und so fort. Feiern war immer ein Ausdruck der Zusammengehörigkeit. Nun, da er*sie verstorben ist, feiern sie wieder – und ein wesentliches Motiv dieses Bedürfnisses ist, den Zusammenhalt zu symbolisieren und zu erneuern. Den Zusammenhalt miteinander als Trauernde. Aber damit auch den Zusammenhalt als Gemeinschaft, in der ein verstorbener Mensch seinen Platz hat. Das Ritual- und Rededesign einer Trauerfeier wird immer darauf achten, dass diese Zugehörigkeit der*des Verstorbenen zur Gemeinschaft weiter besteht. Er*Sie wird zwar auf der einen Seite *als* Mitglied der Gemeinschaft verabschiedet. Aber er*sie wird nicht *aus* der Mitgliedschaft verabschiedet. Er*Sie gehört dazu als zwar verstorbener, nicht aber als vergessener Teil der Gemeinschaft. Die Entlassung aus dem Leben bedeutet nicht die Entlassung aus der gemeinschaftlichen Verbindung. Dies ist die Kernbedeutung des Feierns auf der sozialen Ebene, die im nächsten Quadranten »Abschluss und Initiation« noch weiter erläutert werden wird.

Individuelle Ebene

Viele Angehörige haben keinerlei Bedürfnis, angesichts des Todes eines geliebten Menschen zu feiern. Weder allein noch in Gemeinschaft. Naturgemäß ziehen sich Menschen bei starker Trauer eher zurück. Und mitunter wird eine größere Zahl von Trauergästen als Zumutung erlebt. Entsprechend entscheiden sich viele Trauernde, auf eine Trauerfeier völlig zu verzichten und wählen nur eine stille Beisetzung. Wird eine Trauerfeier geplant, ist die Emotionalität dagegen eine andere. Es besteht zumindest ansatzweise ein Bedürfnis, zu feiern. Mitunter ist dies auch stärker ausgeprägt, weil es dem Lebensgefühl eines*einer Verstorbenen oder seiner*ihrer Angehörigen entspricht. Es besteht dann der Wunsch, die Trauerfeier moderner und je nach Situation frischer zu gestalten. Durchaus feierlich, aber eben nicht in gedrückter Stimmung, sondern so, dass die Trauergefühle einen Ort finden, ohne zusätzlich zu beschweren. Das Ritualdesign kommt in Stil, Stimmfarbe, Inhalt und Musikauswahl dieser Intention nach. Mitunter kann die Thematik des Feierns auch explizit angesprochen werden, beispielsweise mit Sarah Connors Lied »Das Leben ist schön«: »Ich will das ihr feiert, ich will, dass ihr lacht. Mit 'nem Lächeln im Blick und 'nem Drink in der Hand ... Das Leben ist schön, auch wenn es vergeht«. Auch wenn der Auftrag, den Abschied als Feier zu erleben, nicht immer so explizit ist, ist die Feierdimension in freien Trauerfeiern fast immer gegeben. Sie umzusetzen gelingt auf individueller Ebene besonders dann, wenn Erinnerungen aktiviert werden können, die ein freudiges Gefühl erzeugen. Etwa wenn in einer Trauerrede angedeutet wird, wie die (heute trauernde) Frau ihren Mann vor sechzig Jahren kennengelernt hat. Man sieht an dem Lächeln, welches über das traurige Gesicht huscht, dass ein Mensch begonnen hat, das gemeinsame Leben auch in der Trauer zu feiern. Und wenn man dann vielleicht noch die Tanzmusik spielt, die damals lief, dann ist der Effekt perfekt. Und dies ist umso wichtiger, wenn die Ehe nicht nur eitel Sonnenschein war. Es ist im Ritual dann gelungen, etwas von der Liebe zu feiern, die das gemeinsame Leben schön gemacht hat. Oder, wenn ein verstorbener Mensch lustige und humorvolle Seiten hatte: Wenn diese Erinnerungen aufgerufen werden, lachen Menschen gern auch bei einer Trauerfeier. Die gedrückte Stimmung wird aufgebrochen, alles fühlt sich leichter an und es wird durch die Trauerfeier nicht noch schwerer gemacht, als es ohnehin ist. Soll die Trauerfeier ein Lebensschwellenritual sein, das den ganzen Menschen mitnimmt, dürfen Trauernde nicht nur in ihrer Traurigkeit angesprochen werden. Auch die anderen, fröhlichen und lebensbejahenden Anteile des Lebens mit dem verstorbenen Menschen sollen auftauchen. Dies entlastet und öffnet den Blick für das ganze Spektrum des Lebens mit dem Menschen, um den es geht. Es entsteht die lebendige Ästhetik einer Lebensfeier. Sie zu unterstützen, ist eine Voraussetzung dafür, dass auch die anderen Dimensionen der Feier gelingen.

4.2 Trauerfeier als Erleben von Abschluss und Initiation

Gesellschaftliche Ebene

Im Quadranten »Abschluss und Initiation« geht es um den Übergang im Schwellenritual. Die gesellschaftliche Dimension dieses Quadranten ist der Umgang mit kollektiven Abschiedstraditionen. Diese spiegeln sich vor allem in den Deutungen und Erfahrungen von Bestattungen, die die Trauergäste bereits erlebt haben und unbewusst oder bewusst zur Trauerfeier mitbringen. Dabei stehen in erster Linie Erfahrungen im Vordergrund, die eine Trauerfeier als den *traditionellen Abschluss* eines Lebensweges inszenieren. So geistern im kollektiven Bewusstsein selbst erlebte (oder in Filmen gesehene) Bilder schwarz gekleideter Trauerzüge herum, die eine*n Mitbürger*in auf einem »letzten Weg« begleiten. Oder es gibt kollektive Erwartungen an ein Ritual, im traditionellen Sinne »würdig« zu sein, was oft im Sinne einer Mischung aus feierlich, formal und ernst verstanden wird. Zumindest, so will es die überkommene Tradition, soll am Ende des

Lebens über eine*n Verstorbene*n nichts Schlechtes gesagt werden. Der Spruch *de mortuis nihil nisi bene* hat seit zweieinhalb Tausend Jahren ein Bewusstsein dafür geprägt, wie man von Verstorbenen zu sprechen habe, nämlich *bene*, also *auf gute Weise*. Allerdings ist daraus im Regelfall geworden, dass man nur Gutes zu sagen habe – und die Erfahrungen solcher lobenden statt authentischen Trauerfeiern prägen das Bewusstsein. Ebenso prägt die Erinnerung an kirchliche Feiern, die einen Menschen aus diesem Leben in ein jenseitiges entlassen, versehen mit der Hoffnung, dass man es bei Gott nun gut habe. Und nicht zuletzt prägt die noch immer vorhandene Vorstellung, dass ein Mensch nach der Beisetzung nun »weg« sei und man das möglichst schnell zu überwinden habe – wie es die Nachkriegspsychologie forderte. Alle diese Erfahrungen und Prägungen bringen Menschen in eine Trauerfeier mit, und es ist Aufgabe des Ritualdesigns, den Umgang mit ihnen zu gestalten.

Dieser Umgang mit solchen traditionellen Prägungen ist in der freien Trauerfeier in aller Regel *kritisch*. Die freie Trauerfeier ist keine bruchlose Fortsetzung der Bestattungstradition, sondern wird fast ausschließlich gewählt, weil Angehörige eine Möglichkeit suchen, den Abschluss des Weges mit einer*einem Verstorbenen auf andere als die herkömmliche Weise zu feiern. Die freie Trauerfeier ist bereits als solche *traditionskritisch*. Auch darin ist sie Teil einer gesellschaftlichen Bewegung, in der es mehr um authentische Darstellung, lebensweltorientierte Sprache und individuelle Bedürfnisse geht. Trauerredner*innen gestalten das Design einer Rede und der Feier in einem Feld, das starke Umbrüche erlebt. Jede einzelne Trauerfeier ist ein Beitrag dazu, diesen Umbruch zu gestalten und Rituale für spezifische Situationen und individuelle Bedürfnisse neu zu erfinden.

Das Ritualdesign ist von dieser Thematik mehr geprägt, als sich Redner*innen oft bewusst sind. Der Ton, die Klangfarbe einer Darstellung, die Aufnahme oder auch der bewusste Verzicht auf traditionelle Elemente, all dies geht mit Tradition um. Immer wird dabei die Fragestellung bearbeitet, was ein gemeinschaftlicher ritueller Abschluss des Lebensweges eines Menschen heute sein kann. Warum nimmt ein*e Redner*in ein bestimmtes traditionelles Element auf oder lässt es weg? Warum wählt er*sie eine bestimmte Stimmung, Stimmfarbe und Sprache? Wie verhält sich ein*e Redner*in darin zur Tradition? Dies alles sollte immer wieder neu reflektiert werden.

Ritualdesign geschieht niemals im luftleeren Raum, als wäre sie die erste Bestattung, die Menschen erleben. Immer gilt es zu spüren, welches Erleben von kultureller Transformation darin angebahnt werden soll.

Ein wesentlicher Punkt von freien Reden, die sich als Ritualkunst verstehen, ist dabei (noch immer) die Überwindung der auf Abschied, Loslassen und Hinter-sich-Lassen fokussierten Nachkriegspsychologie. Stattdessen geht es darum, einen Raum zu schaffen, in dem die innere Repräsentanz des*der Verstorbenen in den Hörer*innen eine für die Zukunft wichtige Bedeutung bekommt. Es geht um Initiation einer Präsenz des*der Verstorbenen in der Lebensdeutung seiner*ihrer Mitmenschen. Einer Präsenz, die nicht nur war, sondern die auch ist und sein wird. Ein bekannter Spruch, der oft auf Trauerkarten gewählt wird, lautet: »Wenn ihr an mich denkt, seid nicht traurig. Erzählt lieber von mir und traut euch ruhig, zu lachen. Lasst mir einen Platz zwischen euch, so wie ich ihn im Leben hatte«. Der Spruch ist Ausdruck eines veränderten gesellschaftlichen Bewusstseins. An die Stelle der Entlassung eines Menschen zu Gott tritt der Übergang eines Menschen in die Erinnerung seiner Gemeinschaft. Die frei gestaltete Trauerfeier ist der Ort, an dem dieser Übergang kollektiv inszeniert wird. Hier wird exemplarisch von dem*der Verstorbenen erzählt, durchaus auch gelacht und der »Platz zwischen euch« initiiert.

Im Ritual- und Rededesign kann es durchaus wichtig sein, die Veränderung gesellschaftlicher Fokussierung anzusprechen. Die Frage »Was ist es eigentlich, was wir bei einer Trauerfeier tun?« bewegt die Trauernden ebenso wie (hoffentlich) auch eine*n Redner*in. Mitunter ist es sinnvoll, konkret zu sagen, was wir tun. Etwa einer*einem Verstorbenen einen Platz geben in unserem Inneren. Oder – bei der Beisetzung – ihm*ihr einen Ort zu geben, um an sie*ihn zu denken. Eine rituelle Inszenierung braucht immer auch ein Verstehen, um zu wirken. Ohne Verständnis wird nicht vollzogen, was geschieht, und die Ästhetik verliert ihre Wirkung.

Soziale Ebene

Das Leben eines Menschen ist immer sein Leben in einer Gemeinschaft – wie auch immer diese geartet und zusammengesetzt ist. Wie schon ausgeführt, bildet sich Identität nur in Gemeinschaft. Jedes

Individuum, das zu einer Gemeinschaft gehört, hat sowohl Bedeutung für jedes andere Mitglied der Gemeinschaft als auch für die Gemeinschaft als Ganze. Bei der Trauerfeier treffen verschiedene soziale Beziehungssysteme zusammen, für die dies gilt: Familie, verschiedene Freundesgruppen, Nachbar*innen, Kolleg*innen. Der verstorbene Mensch ist für diese Gruppen ein Teil des Lebens. Und die Gemeinschaft fühlt sich durch den Tod eines ihrer Mitglieder für alle anders an. Er*Sie »fehlt«. Unabhängig davon, ob man darüber traurig ist oder dies als Erleichterung erlebt, ist diese Veränderung da. Es gibt darüber kollektive Trauer. Die freie Trauerfeier inszeniert einen gemeinschaftlichen Weg für diese kollektive Trauer, indem sie zweierlei tut:

Zum einen bildet sie einen Raum, in dem die Gemeinschaft sich ihr (ehemaliges) Mitglied vergegenwärtigen kann. Wie sonst vielleicht nur an Weihnachten oder großen Festen sind nun alle da, die kommen konnten, und versammeln sich bewusst um diesen Menschen. Seine Gegenwart wird durch den Sarg oder die Urne repräsentiert. Die Rede der Trauerfeier schafft nun einen Erfahrungsraum für die gemeinschaftliche Erinnerung. Die Message ist: *Wir sind diesen Weg gemeinsam gegangen. Auch heute gehen wir ihn gemeinsam. Du gehörst bis heute dazu.*

Zum anderen inszeniert die Trauerfeier einen kollektiven Übergang. Wenn nach der Trauerrede etwa die versammelten Menschen für einen gemeinsamen Abschied aufstehen, stehen sie nicht nur einfach da. Sondern sie stehen gemeinsam vor diesem Menschen, um ihren Dank, ihren Respekt und ihre Verbundenheit auszudrücken. Sie haben sich auch als Gemeinschaft zueinander gestellt, sei es als Familie oder als Freund*innen und Wegbegleiter*innen, die sich zur trauernden Familie stellen. Und nicht zuletzt ist das Aufstehen auch ein Zeichen des Weges: Jede*r steht auf den Füßen, die sie*ihn durch das Leben mit dem verstorbenen Menschen getragen haben, und gemeinsam gehen sie von dieser Trauerhalle weiter – sei es, um einen gemeinsamen Gedenkort am Grab zu schaffen oder als Gemeinschaft nun einen Kaffee zu trinken. Die Trauerrede und Ritualgestaltung tut gut daran, die Metapher des Lebensweges aufzunehmen und dem Erfahrungsraum darin eine Deutungsrichtung zu geben. Wie das Aufstehen und Gehen so haben auch alle anderen Elemente, die mit dem Körper geschehen, symbolischen Charakter für die Gemeinschaft. Ob der Sarg gemeinsam mit Abschiedsworten beschriftet wird, ein Teelicht beim Ausgang entzündet wird oder jede*r eine Rose bekommt, die er*sie am Grab hinterlässt – immer wird Gemeinschaft gestaltet und inszeniert. Die gesprochenen Worte einer Rednerin*eines Redners haben immer die Aufgabe, den gemeinschaftsstiftenden Weg zu bahnen und zu deuten.

Dabei ist es wichtig, darauf zu achten, dass die Bedeutung des verstorbenen Menschen für die Gemeinschaft durch seine Beerdigung nicht erlischt. Selbstverständlich bleibt sie*er als Verstorbene*r präsent und Mitglied der Gemeinschaft. Das gilt besonders für die Familie, in der verstorbene Väter, Mütter, Omas, Opas und Ehepartner*innen fraglos auch nach dem Tod eine wichtige Rolle spielen. Mitunter wird von Hinterbliebenen über die Bedeutung von Verstorbenen für die Familie sogar gestritten. »Papa hätte nicht gewollt, dass du jetzt ...« oder »Oma würde sich wünschen, dass ...« sind Sätze, die diese Bedeutung zeigen. Die Trauerfeier vergegenwärtigt einen verstorbenen Menschen nicht nur, um seiner Bedeutung bisher zu gedenken. Sondern sie vergegenwärtigt den verstorbenen Menschen, um seine Bedeutung für die Zukunft zu bahnen. Die Trauerfeier ist nicht nur kollektiver Abschluss, sondern auch Beginn eines gemeinschaftlichen Beziehungsgeschehens mit dem verstorbenen Menschen. Die Trauerfeier hat damit auch initiatorische Bedeutung, die im Ritualdesign gestaltet werden will. Sie initiiert die Gemeinschaft der Familie (oder auch eines Freundeskreises) als zukünftige Gemeinschaft mit dem*der Verstorbenen als eines darin gleichwohl präsenten Mitglieds. Die Ästhetik der Trauerfeier, also das bewusste und unbewusste Lebensdeutung vernetzende Gesamterleben, zielt auf eine gemeinschaftliche Gestaltung der Zukunft. Für das Ritualdesign stellt sich die Aufgabe, diese Perspektive in der Gestaltung umzusetzen. Wie das geschieht, hängt – wie schon gesagt – auch mit der Persönlichkeit einer Rednerin*eines Redners zusammen, mit der Fähigkeit und Bereitschaft, Menschen mitzunehmen, vielleicht in der Rede konkret anzusprechen oder sie als Gemeinschaft in ihre Zukunft mit dem*der Verstorbenen einzuladen.

Individuelle Ebene

Obwohl bei einer Trauerfeier immer eine Gemeinschaft präsent ist, geht jede*r Trauernde doch einen eigenen Weg. Jede*r kommt zur Feier mit eigenen Erinnerungen, Bildern und Gedanken. Jede*r bringt ein eigenes Erleben der*des Verstorbenen mit. Und jede*r hat auch eigene emotionale Bewertungen des Lebens mit ihm*ihr. So ist die Trauerfeier nicht nur ein gemeinsamer Abschluss eines Lebensweges, sondern auch ein individueller. Die zukünftige Beziehung zum*zur Verstorbenen in der eigenen Erinnerung ist ebenfalls individuell. Das Thema »Abschied und Neubeginn« hat also für jede*n Anwesenden eine eigene Bedeutung.

Hauptaufgabe des Ritualdesigns ist deshalb, einen Erfahrungsraum zu eröffnen, in dem jede*r Anwesende den Weg eines eigenen Abschieds gehen kann. Dazu ist es nicht sinnvoll, in der Rede eine Lebensgeschichte oder gar einen Lebenslauf zu konstruieren, der darauf abzielt, »richtige« Darstellungen des Lebens eines Menschen in schöne Worte zu fassen. Für die Emotionalität von Hörer*innen einer Rede ist es unerheblich, was ein Mensch in seinem Leben gemacht hat. Es geht darum, was dies mit jedem seiner ihn umgebenden Menschen *gemacht* hat. Und das kann völlig verschieden sein, auch widersprüchlich. Da mag etwa eines der Kinder einer Verstorbenen die Mutter als sehr liebevoll in Erinnerung haben, ein anderes Kind dagegen bringt negativ bewertete Erinnerungen mit. Manch eine*r wird von der eigenen Familie ganz anders (oft schwieriger) wahrgenommen als von seinen Freund*innen. Und Enkel*innen haben ein völlig anderes Bild als Ehepartner*innen. Jede*r hat und kennt seine*n eigene*n Verstorbene*n. Jede*r trägt eine eigene und unverwechselbare Repräsentanz des*der Verstorbenen in sich. Und jede*r steht vor der Aufgabe, im Abschluss des Lebensweges mit dem*der Verstorbenen ein eigenes Narrativ zu bilden. *Die Trauerrede hat deshalb nicht zum Ziel, ein Lebensbild des*der Verstorbenen zu liefern, sondern einen Deutungsraum zu eröffnen, in den jede*r Hörer*in das eigene Erleben mit dem verstorbenen Menschen eintragen kann.* Das Bild der*des Verstorbenen entsteht also nicht in der Rede, sondern im *Hören* der Rede. Das Redesign wird darum immer darauf achten, dass es Leerstellen gibt, die Hörer*innen mit ihren eigenen Erfahrungen füllen können. Die Rede regt zu eigenen Lebensdeutungen an, indem sie Erfahrungsmomente mit dem*der Verstorbenen anspricht. Sie definiert sie aber nicht abschließend, sondern lässt Raum für ein inneres Weitererzählen und andere Deutungen. Man kann ein gelungenes rituelles Redesign mit einem Gemälde vergleichen, das scharfe, unscharfe und leere Stellen hat.

Schaut man dieses Bild an, so vervollständigt das Gehirn das Bild. Dabei sieht jede*r etwas anderes und doch meint jede*r, dasselbe Bild zu sehen. So funktioniert auch die Rede. Der eine Hörer erkennt darin die strenge Mutter, die andere Hörerin die fürsorgliche Mutter, die immer da ist, wieder ein anderer die liebe Oma, die zickige Kollegin, die lebensfroh feiernde Freundin, die dominante Ehefrau und die hilfsbereite Nachbarin. Wer ist diese verstorbene Frau nun wirklich? Die Antwort, die die Rede gibt, ist: Sie darf alles sein und für jede*n das Ihre*Seine. Jede*r darf ein eigenes Empfinden haben.

Damit dieser Erfahrungsraum entsteht, ist es wichtig, dass eine Trauerfeier Ehrlichkeit eröffnet. Der Spruch *de mortuis nihil nisi bene* bedeutet nicht, dass man als Redner*in nur Gutes über eine*n Verstorbene*n zu sagen habe. Eine solche Darstellung würde eigene Deutungen versperren statt eröffnen. Sondern es geht darum, *auf gute Weise (bene)* von einem Menschen zu reden. Ein als streitsüchtig empfundener Mensch, der seine Kinder nach deren Aussage geschlagen und seine Frau erniedrigt hat, aber von seinen Freund*innen als offenherzig und charmant erlebt wurde, muss mit allen seinen Seiten in einer Trauerrede vorkommen dürfen. Manches braucht dabei Worte, die verbergen, was wirklich geschehen ist (weil es niemanden etwas angeht), es aber andeuten, sodass Betroffene ihre Geschichte eintragen können. Manches braucht auch eine Interpretation in der Rede, die eine Brücke zum Verstehen bildet, etwa bei traumatisierten oder psychisch kranken Verstorbenen. Das Ziel ist, dass Menschen für sich selbst auf gute Weise Abschied nehmen. Es ist nicht unbedingt ein harmonisches Bild, das eine Rede zeichnet. Es ist ein freundliches Bild.[61]

Hier ist viel Achtsamkeit vonnöten, Sprachkreativität, auch fachliches Wissen, um erzählte Begebenheiten einordnen zu können. Die letzte Verantwortung dafür, was in einer Rede Bedeutung erhält, liegt bei der*dem Redner*in. Er*Sie wird immer und unbedingt den Persönlichkeits- und Datenschutz wahren, der es verbietet Dinge zu erzählen, für die keine Veröffentlichungserlaubnis besteht. Dennoch bestimmt nicht ein*e Kund*in das Bild, das beschrieben wird. Sondern dies liegt in der künstlerischen und freien Gestaltung einer Rednerin*eines Redners. Es handelt sich bei einer Ritualrede eben nicht um eine anlassbezogene Auftragsrede, die Informationen seitens der Auftraggeber*innen veröffentlicht. Redner*innen sind nicht

Vollzugsgehilfen für die Deutungshoheit einzelner Kund*innen über ihre Familienmitglieder. Sondern es handelt sich um eine Rede, die in der unwiederholbaren Situation der Trauerfeier ein individuelles Hören eröffnet, in der jede*r ein eigenes Bild erhält. Nur so kann ein Erleben von Abschluss wirklich erreicht werden.

Gelingt dies, ist das Erleben von Abschluss nicht nur rückblickend, sondern auch vorausweisend. Wenn Hörer*innen in der Rede dazu angeregt werden, ihr eigenes Narrativ der Beziehung zu einem*einer Verstorbenen zu bilden, dann gehen sie mit dem weiterentwickelten Bild dieses Menschen in ihre Zukunft. Wie schon beschrieben sind Erinnerungen keine feste Größe, sondern werden im Erinnern umgeformt und neu verankert. Wer in einer Trauerfeier die eigene Beziehung zum*zur Verstorbenen aktualisiert, bricht in eine Zukunft auf, die die Geschichte integriert. Dieser Prozess wird in der Trauerfeier gebahnt und initiiert. Es ist ein längerer Prozess, nichts, dass in einer Trauerfeier abgeschlossen werden könnte oder sollte. Indem die Feier diesen Prozess aber anregt, initiiert sie die zukünftige innere Verbindung mit einem*einer Verstorbenen. Eine Trauerfeier hat also immer eine positive, Zukunft eröffnende Tonlage. Dies ist nicht im Sinne von tröstenden Worten gemeint – eine freie Trauerrede ist keine Seelsorge in diesem Sinne. Tröstende Worte können verschließend, hinderlich, bewertend und unehrlich wirken. Es geht nicht darum, eine mitunter furchtbare Leiderfahrung mit schönen Worten zu überdecken. Die positive Haltung einer Rednerin*eines Redners ist vielmehr ein Mittel dafür, die eigenen Lebenskräfte der Trauernden zu unterstützen, um das Ritualerleben durchzustehen, sich dem Erleben der Feier mit ihrer Ästhetik anzuvertrauen und mit einer guten Erfahrung aus der Trauerfeier zu gehen, die Zukunft eröffnet und nicht verschließt.

4.3 Trauerfeier als gestalteter Emotionsausdruck

Gesellschaftliche Ebene

Trauerfeiern gehören zu den ganz wenigen gesellschaftlich akzeptierten und öffentlichen Räumen für den Ausdruck individueller und kollektiver Trauergefühle. Während Trauer, Traurigkeit und Tränen sonst meist in den privaten Raum gehören, wird hier ein öffentlicher Raum eröffnet. Hier darf geweint werden. Hier können Familienmitglieder und Kolleg*innen gemeinschaftlich Trauer ausdrücken. Hier ist der Ort, um Angehörige von Institutionen, Firmen oder Mitglieder des öffentlichen Lebens gemeinsam zu verabschieden, ihnen zu danken oder ihren Verlust zu beklagen. Indem die Gesellschaft – allein schon durch die Bereitstellung öffentlicher Trauerhallen auf Friedhöfen – diese Möglichkeit eröffnet, gibt sie der Emotionalität von Menschen einen Ort. Zugleich macht sie deutlich, dass der*die Verstorbene ein Teil des Lebens aller ist und die Emotionalität einzelner Trauernder ein öffentliches Daseinsrecht hat. So ist es für die Gestaltung der Feier wesentlich, im Blick zu behalten, dass die Feier möglicherweise der *einzige* Ort ist, an dem die Trauergefühle – Traurigkeit, Dankbarkeit, Liebe, Verzweiflung, Entsetzen, aber auch Erleichterung über einen gnädigen Tod – einmal öffentlich gezeigt werden können. Entsprechend sollte eine Trauerfeier auch die Möglichkeit bieten, dass die jeweilige Emotionalität Gestaltung finden kann. Besonders bei Trauerfeiern, in denen über Familie und Freund*innen hinaus auch Nachbar*innen, Kolleg*innen, Abgesandte von Vereinen, Institutionen, Firmen oder der Politik anwesend sind, haben Trauerfeiern auch die Dimension eines gesellschaftlichen Abschieds. Nicht nur eine Familie, sondern das Gemeinwesen drückt kollektive Trauer aus. Entsprechend ist Aufgabe von Redner*innen, hier zum stellvertretenden Sprachrohr aller zu werden, um dem Gefühl des Kollektivs Ausdruck zu verleihen. Alternativ kann es auch angemessen sein, dass Vertreter*innen der Öffentlichkeit im Rahmen der Trauerfeier oder der Grablegung selbst die Möglichkeit bekommen, etwas zu sagen. Die besondere Herausforderung liegt dann darin, diese Beiträge in ein künstlerisches Gesamtdesign einzubinden.

Soziale Ebene

Ein Mensch ist immer ein Teil des sozialen Systems, in dem er lebt. Er hat eine Rolle, Aufgabe und Bedeutung darin. Eben deshalb kommen auch Menschen zur Trauerfeier, die einem*einer Verstorbenen nicht persönlich verbunden sind, wohl aber zu demselben sozialen System gehören. Diese systemische Verbundenheit kann man sich mit der *Metapher eines Mobiles* ausmalen. Die voneinander entfernteren Teile eines Mobiles haben unmittelbar nicht viel miteinander zu tun. Dennoch hängen sie zusammen. Wird eines dieser Teile herausgenommen, gerät alles in Schwingung. Das System des Mobiles kommt in Schieflage. Diese Metapher erläutert, weshalb der Tod eines Mitarbeiters*einer Mitarbeiterin etwa im Kolleg*innenkreis ebenso wie in der Familie oft größere Kreise zieht. Manche Menschen kommen zur Trauerfeier, mit deren Betroffenheit kaum jemand gerechnet hat. Das primäre System, das in einer Trauerfeier angesprochen ist, wird zumeist die Familie sein. Der Tod eines Familienmitglieds ist immer ein unersetzlicher Verlust, der das Familiengefüge nachhaltig verändert. Es gibt keinen Weg zurück in die systemische Situation vor dem Tod. Streng genommen gilt das auch für die Systeme der Nachbarschaft, des Teams auf der Arbeit, der Freund*innen etc. Manchmal geschieht hier zwar eine schnelle Veränderung, indem etwa ein Teammitglied ersetzt wird, sodass die systemische Trauer schnell abflaut und nur die individuelle Trauer bei denen zurückbleibt, die mit dem*der Verstorbenen enger verbunden waren. Für die Situation der Trauerfeier gilt aber, dass diese Veränderungsprozesse meist noch nicht geschehen sind. Es nimmt also immer ein System Abschied bzw. mehrere Systeme und Subsysteme in der Familie.

Die Emotionalität systemischer Trauer zu gestalten, bedeutet zunächst, die systemischen Bezüge anzusprechen. Sie sind eine Dimension in dem facettenreichen Bild, das eine Trauerrede malt. Auch hierbei geht es nicht um die Sachinformation, dass jemand eine Funktion gehabt habe. Sondern es geht um das *Erleben* des Menschen *als* Gemeinschaft und *in* der Gemeinschaft. Dies sachgerecht zu erspüren und einzubeziehen, ist für Redner*innen nicht leicht. Gleichwohl aber ist es notwendig, um eine Bild zu zeichnen, das nicht nur diesem Menschen, sondern auch den ihn umgebenden Menschen als Gemeinschaft gerecht wird. Systemische Fragetechniken im Vorbereitungsgespräch sind hier hilfreich (etwa: »Was würden Kolleg*innen über sie*ihn sagen?«). Ebenso kann man manche Gruppen in der Rede konkret ansprechen und sie fragen, wie sie diesen Menschen im Team, bei der Feuerwehr, im Freundeskreis etc. erlebt haben. So wird das System in Schwingung gebracht und die gemeinsame Trauer erhält einen Raum.

Wichtig ist dann, gemeinsame Symbole zu schaffen. Etwa sich gemeinsam von den Plätzen zu erheben als Zeichen des Respekts und des Zueinanderstehens. Abschiedsworte zu zelebrieren, welche die*der Redner*in für alle spricht. Alles, was die Trauernden gemeinsam tun, tun sie auch als die Gemeinschaft, die Abschied nimmt. Auch hier kann es sein, dass eine*r der Trauernden als Repräsentant*in eines Systems selbst etwas sagen möchte; und das ist in Ordnung, solange der Text mit der*dem Redner*in abgestimmt ist und das Gesagte nicht nur die eigene Betroffenheit des*der Beitragenden wiedergibt, sondern zu einem Blick auf das Ganze beiträgt. Ebenso kann auch die Musik nicht nur eine persönliche, sondern auch eine systemische Funktion haben – weil es ein Lied ist, das in der Familie oder unter den Freund*innen oder auf der Arbeit eine gemeinsame Tradition hat. Das kann durchaus auch die Hymne eines Fanclubs, einer Berufsgruppe oder eine ausländische Nationalhymne sein. Oder ein Lied, mit dem ein*e Verstorbene*r immer ihre*seine Familie beschallt hat oder das sie*er mit seinen Bandkolleg*innen selbst gespielt hat. Manchmal ist es auch ein Kirchenlied, das in der Familie Tradition hat. Immer geht es um eine Melodie mit möglichst vielen Bezügen für die Systeme, in denen die anwesenden Menschen mit dem*der Verstorbenen unterwegs waren.

Individuelle Ebene

Auf der individuellen Ebene geht es beim Emotionsausdruck um die Gefühle, die einzelne Anwesende mit dem verstorbenen Menschen verbinden. Wie schon dargelegt, ist diese Emotionalität für jede*n Anwesenden etwas Eigenes und Persönliches. Jede*r erlebt jede*n anders. Als Ehepartner*in, Tochter, Sohn, Enkel*in, Urenkel*in, Elternteil, Freund*in, Kolleg*in, Nachbar*in, Kumpel, Patenkind, Bruder, Schwester, Mutter, Vater oder Oma eines*einer Verstorbenen ergibt sich jeweils ein individuelles Erleben der Verbundenheit. Allein diese verschiedenen Bezeichnungen der Verbindung deuten daraufhin. Bedenkt man, dass es noch viele weitere Bezüge gibt (Stiefvater, Adoptivtochter, Exfrau, Chef etc.), so wird sichtbar, dass in jeder Trauerfeier ein kaum überschaubares Patchwork von Emotionalitäten danach sucht, Ausdruck zu finden. Die Aufgabe (und die Kunst) der Trauerrede ist es, einen Raum zu schaffen, in dem jede*r der Anwesenden das eigene Beziehungserleben für sich aktualisieren und spüren kann. Dabei ist regelmäßig zu berücksichtigen, dass die Emotionalitäten disparat, oft auch widersprüchlich sein können. Die zweite Ehefrau eines Verstorbenen hat eine andere Emotionalität als die anwesende Exfrau und Mutter der Kinder. Ein Sohn aus erster Ehe fühlt sich möglicherweise vom verstorbenen Vater zurückgesetzt und missachtet, während die Tochter aus zweiter Ehe eine innige Beziehung zu ihm pflegte. Enkel*innen erleben ihre Großeltern mitunter als liebevolle Bezugspersonen, während die Kinder derselben Verstorbenen oft negativ bewertete Erinnerungen an Strenge und Bevormundung haben. Nicht selten finden sich widersprechende Emotionen auch in derselben Person, die zwischen Liebe und Hass, Wut und Vermissen, Dankbarkeit und Zorn schwankt. Besonders, wenn Angehörige eine Gewalterfahrung durch eine*n Verstorbene*n erfahren haben, wenn eine psychische Krankheit, eine Suchterkrankung oder ein Suizid vorlag, löst der Tod eines Menschen in nur einem*einer Angehörigen ein unsortiertes Ineinander von Bewertungen aus, die jeweils unterschiedliche Gefühle nach sich ziehen.

Die Trauerrede hat, ganz gleich wie kompliziert die emotionale Lage ist, die Aufgabe, einen Raum zu schaffen, in dem diese Gefühle *aufgehoben* sind. Emotionsausdruck in der Trauerfeier heißt nicht, diese Gefühle zu inszenieren, sondern sie so aufzunehmen, dass sich jede*r Trauernde mit der eigenen Emotionalität gesehen fühlt. Es bedarf also einer zugleich vorsichtigen wie auch ehrlichen Sprache, welche die unterschiedlichen emotionalen Aspekte einer Beziehung zu der*dem Verstorbenen *andeutet*. Auch hier geht es um eine systemische Anregung, nämlich um eine Anregung der emotionalen Systeme in jedem*jeder der Anwesenden. Gefühle, die das Erleben eines*einer Verstorbenen ausgelöst hat, dürfen durchaus vorsichtig angesprochen werden. Zu vermeiden ist dabei aber, Gefühle durch ihre Benennung festzulegen; die Intention ist vielmehr eine Eröffnung der emotionalen Bewegung in den Hörer*innen. Wie schon dargelegt, geht es in der Kunst der Trauerrede um die *Anregung* von bewussten und unbewussten Deutungen und Gefühlen der Beziehung zum*zur Verstorbenen. Das Ziel ist die Entstehung eines je eigenen emotionalen Bildes. Ein*e Redner*in, der*die dies im Blick hat, wird immer darauf achten, diese innere Bewegung nicht zu verschließen. Verschließende Formulierungen sind festlegende Deutungen ebenso wie eine Fokussierung auf Fakten oder gar Daten eines Lebenslaufes. Öffnende Formulierungen dagegen sprechen an und fragen Anwesende nach ihrem eigenen Erleben. Sie sind eine Erlaubnis auch unterschiedliche Gefühle wahrzunehmen und ihnen einen Platz im eigenen Erleben zu geben.

Da der Ausdruck der Emotion individuell ist, ist es weiterhin wichtig, dafür einen Raum zu schaffen, der frei ist von Input durch Sprache und Musik. Diese Räume entstehen in den Zwischenräumen des Ritualgeschehens, den Redepausen, in den symbolischen Handlungen und Bewegungen. Es braucht Momente der Stille, in der sich Angehörige und Freund*innen den verstorbenen Menschen vorstellen, in der Imagination vor sich sehen und ihm noch etwas sagen. Auch die stillen Momente einer Grablegung und die Worte, mit denen Redner*innen einen persönlichen Abschied einleiten, laden zu einem solchen persönlichen Beziehungsgeschehen ein. Das gesamte Ritual, vom ersten Wort der Begrüßung bis dahin, dass die Menschen aufbrechen, um den Friedhof (oder die Trauerhalle) zu verlassen, hat die Intention, einen gestalteten Raum für individuellen Emotionsausdruck zu schaffen.

4.4 Trauerfeier als inszenierte Vergewisserung

Gesellschaftliche Ebene

Dass Tote nicht in ihrer Menschenwürde verletzt werden oder einer pietätlosen Entsorgung des Leichnams zum Opfer fallen, wird in Deutschland durch die Bestattungsgesetze der Länder sichergestellt. So unterschiedlich diese Gesetze sind und so sehr sie auch, vor allem wegen des Friedhofszwangs, immer wieder zum Gegenstand der Kritik werden, so ist doch ihr Ziel klar: Verstorbene Menschen »sind so zu behandeln, dass die gebotene Ehrfurcht vor dem Tod gewahrt wird und das sittliche, religiöse und weltanschauliche Empfinden der Allgemeinheit nicht verletzt wird«.[62] Es geht um die Würde des Menschen, die im Grundgesetz garantiert und in den Bestattungsgesetzen nun für den Umgang mit Leichen formuliert wird. Den Kommunen obliegt es, für diesen angemessenen Umgang Grabplätze zur Verfügung zu stellen. Und die Bestatter*innen übernehmen die konkrete hygienische Versorgung und Organisation der Beisetzung. So gibt es ein gut strukturiertes und regelbasiertes System zum Umgang mit Toten. In dem allen vergewissert sich die Gesellschaft selbst der

Bedeutung und der Würde jedes*jeder einzelnen Bürgers*Bürgerin, unabhängig von dessen*deren sozialer Stellung oder den zur Verfügung stehenden finanziellen Mitteln.

Diese gesellschaftliche Selbstvergewisserung bildet einen wichtigen Teil des kollektiven Empfindens von Menschenwürde. Wäre es erlaubt, die Asche eines Menschen in den Müll zu werfen oder mit einer Leiche nach Belieben zu verfahren, dann würde das zurückwirken darauf, wie sich ein sterbender Mensch fühlt. Er müsste dafür kämpfen, dass ein Mindestlevel an Würde eingehalten wird. So aber ist klar: Es gibt eine Würde des Menschen über seinen Tod hinaus. Diese ist nicht abhängig davon, ob die Hinterbliebenen diese Würde anerkennen. Sie ist gesetzlich garantiert.

Die Trauerfeier hat, auf der gesellschaftlichen Ebene gesehen, ihren »Sitz im Leben« innerhalb dieser Ordnungen. Sie macht den würdigen Umgang mit einem verstorbenen Menschen für die mit ihm verbundenen Menschen konkret. Damit trägt sie zur Selbstvergewisserung aller über den Umgang mit Verstorbenen bei. So ist der Akt der Trauerfeier schon an sich ein bewusstseinsbildendes Geschehen.

Freie Redner*innen bewegen sich in diesem gesellschaftlichen Rahmen und bestätigen diesen allein dadurch, dass sie eine Trauerfeier gestalten. Auch wenn sie dies nicht als Repräsentant*innen einer Institution tun (wie etwa Pastor*innen), stehen sie dennoch nicht nur für sich, sondern für das gesellschaftliche Ganze. Gleichwohl interpretieren sie das Ritualgeschehen neu und schaffen ein individuelles Design. Sie tragen – wie schon mehrfach ausgeführt – zur Entwicklung der Bestattungskultur bei. Dabei können sich durchaus leichte Spannungen ergeben zwischen den individuellen Bedürfnissen, in denen sich Hinterbliebene ihrer eigenen Lebensdeutung in Bezug auf die*den Verstorbene*n vergewissern möchten (was manchmal durchaus auch mit Freude, Event, Feier und Partymusik zu tun haben kann) und dem »Empfinden der Allgemeinheit«[63] über den würdigen Umgang mit dem Tod. Redner*innen stehen, auch wenn sie sich besonders ihren Kund*innen verpflichtet fühlen, immer auf beiden Seiten. Sie sind mit ihrem Ritualdesign Vermittler*innen im Wandel der Sepulkralkultur. Sie übersetzen in eine moderne, individualisierte Welt, was würdige Bestattung jeweils sein kann. Und damit tragen sie zum kollektiven Bewusstsein von

Humanität bei. Das ist die gesellschaftliche Perspektive und die sollten Redner*innen immer auf dem Schirm haben.

Soziale Ebene

Auf sozialer Ebene vergewissert sich die Gemeinschaft, in der ein Mensch gelebt hat, angesichts des Todes eines ihrer Mitglieder ihrer selbst. Dies gilt insbesondere für die Familie, im weiteren Sinne aber auch für Freund*innen, Kolleg*innen, Nachbar*innen oder auch für das ganze Dorf. Nehmen wir noch einmal die systemische Metapher des Mobiles auf. Wird aus einem Mobile ein Teil entfernt, kommt das Ganze in Schwingung. Das Gleichgewicht wird fragil. Es gibt eine systemische Veränderung, bis alles wieder auf neue Weise ein Gleichgewicht findet. Dies geschieht in jedem System, in welchem ein Mensch verstirbt. Besonders spürbar und eklatant ist es in einer Familie, die beispielsweise plötzlich den Vater, Opa, Onkel, Cousin und Ehepartner verliert. Die Familie ist nicht mehr, was sie war. Und sie wird es niemals wieder in der früheren Weise sein. In dieser unsicheren Situation gibt es eine Reaktion, die alle autopoietischen Systeme aufweisen: Sie versuchen sich zu stabilisieren und sich ihrer selbst zu versichern. Dies ist der Grund, weshalb zu einer Trauerfeier meist alle erreichbaren Familienmitglieder kommen, und nicht nur diejenigen, die mit dem verstorbenen Mitglied einen qualifizierten Kontakt unterhielten.

Für das Erleben der Trauerfeier ist es wesentlich, dass diese gemeinsame Selbstversicherung der Familie oder Gemeinschaft auch erfahren wird. Die unausgesprochene Message ist: »Wir sind auch angesichts des Todes von N.N. seine Familie, seine Menschen, seine Freund*innen. N.N. hat weiter einen Platz bei uns. Und wir gehen gemeinsam den Weg weiter. Beginnend mit dem Weg, den wir heute gehen, wenn wir gemeinsam Abschied nehmen.« Natürlich ist diese Message nicht jedes Mal die gleiche. Jedes (Familien-)System würde es anders formulieren, mit jeweils eigenen Intentionen. Und manche Systeme brechen auch nach der Trauerfeier auseinander, etwa wenn das Bindeglied verstorben ist, das die Beziehungen geknüpft und Unstimmigkeiten geschlichtet hat. In mancher Trauerfeier sieht sich die Familie absehbar zum letzten Mal. Aber auch dann gibt es eine Message der Vergewisserung, sei es darüber, einen Weg zum letzten Mal gemeinsam zu gehen, bevor sich Familienteile danach für immer trennen. Sei es, dass sich Teile des zerbrechenden Systems ihrer selbst als Teilsystem vergewissern möchten.

Es ist für Redner*innen eine Überlegung wert, die Message, die sich eine Familie in einer Trauerfeier selbst gibt, einmal zu erspüren und zu formulieren. Denn selbstverständlich gehört diese Message, ausgesprochen oder unausgesprochen, in ein Ritualdesign hinein. Wie möchte ein*e Redner*in damit umgehen? Welche Mittel, Worte, Aktionen möchte er*sie zur Verfügung stellen, um eine Selbstvergewisserung der Gemeinschaft anzuregen? Das Gesamtkunstwerk einer Trauerfeier ist immer ein Ineinander nicht nur von bewussten und unbewussten, sondern auch von individuellen und kollektiven Deutungen und Bedürfnissen. Und so profitiert das Ritualerleben (und damit die künstlerische Qualität) einer Feier davon, dass diese Dimension einbezogen wird.

Individuelle Ebene

Auf individueller Ebene vergewissert sich ein trauernder Mensch angesichts des Todes eines nahen Menschen seiner selbst. Ein Teil der Selbstvergewisserung ist die im Quadranten Initiation angesprochene Selbstvergewisserung einer bleibenden Beziehung zum*zur Verstorbenen im Erinnern. Ein anderer Teil aber ist die Selbstvergewisserung als Ich-Selbst. Neben dem äußeren System ist vor allem auch das innere System eines Menschen durch den Tod eines*einer Angehörigen instabil geworden. Was es heißt, Sohn zu sein, verändert sich, wenn der Vater stirbt. Was es heißt, Frau zu sein, verändert sich, wenn der*die Partner*in stirbt. Was heißt Mutter zu sein, verändert sich, wenn ein Kind stirbt, und so fort. Sich der Beziehung zum*zur Verstorbenen zu versichern, der*die (im Bild gesagt) »einen Platz im Herzen behält«, bedeutet auch, sich bewusst zu werden, weiterhin das Ich zu sein, das ich vorher war – auch wenn die Beziehung kein äußeres Gegenüber mehr findet. Diese Selbstvergewisserung hat immer mit der Beziehung zum*zur Verstorbenen zu tun. Sie hat ihren Schwerpunkt aber auf dem Individuum, das trauert. Mitunter ist die Beziehungsdeutung zum*zur Verstorbenen auch abgrenzend, mit der Intention, sich nun (endlich) auf die eigenen Füße zu stellen, nachdem man sich vorher lange um die*den nun Verstorbene*n gekümmert und sie*ihn nicht selten auch mühsam ertragen hat.

Das Design einer freien Trauerfeier inszeniert einen Raum, in dem sich die einzelnen Trauernden »auf ihre eigenen Füße stellen« (durchaus auch im wörtlichen Sinne) und einen selbstbestimmten und selbstgedeuteten Weg gehen in einer vergewisserten und zugleich auch sich verändernden Beziehung zu einem verstorbenen Menschen. Dies zu ermöglichen, gelingt Redner*innen einerseits durch menschliches Feingefühl in den Worten einer Trauerrede. Andererseits sind es inszenatorische Mittel, in denen Einzelne eingeladen werden, in der Stille etwas zu denken, sich auf die Füße zu stellen, die durch das Leben getragen haben und tragen werden, bis hin zur Einladung, eine Kerze anzuzünden, eine Blume abzulegen oder auch einen Luftballon steigen zu lassen. Am Ende des Tages geht jede*r auf dem Boden, in dem ein* Verstorbene*r beigesetzt wurde, eigene Schritte ins Leben. Er*Sie ist über die Schwelle gegangen in eine neue Zeit. Und das Schwellenritual hat einen Raum eröffnet, darin bei sich zu sein.

Zum Schluss

Am Ende dieses Buches möchte ich den Leser*innen danken. Mir ist bewusst, dass dieses Buch – so sehr ich auch versucht habe, komplizierte Fachfragen vereinfacht darzustellen – nicht für jede*n leicht zu lesen ist. Besonders an den Stellen, an denen ich einen fachlichen Anspruch formulieren musste, hat mich die Sorge begleitet, dies könne dazu führen, dass sich Redner*innen entmutigt fühlen. Meine Hoffnung und meine Intention sind dagegen, dieses Buch möge freie Redner*innen anregen und unterstützen. Nun ist, wenn Sie als Leser*in dieses Schlusswort lesen, die Lektüre im Idealfall geschafft. Wie geht es nun weiter?

Die Zukunft des Berufes freier Redner*innen ist derzeit offen. Der Weg, den fachliche Professionalisierung nehmen wird, lässt sich schwer für die Zukunft prognostizieren. Soll Ritualdesign in Trauer- und Hochzeitsreden eine Kunstform sein, die Freiheit lässt für die individuelle Ausdruckskraft und Kreativität jedes Kollegen*jeder Kollegin, so bedeutet das zunächst: Die Übersetzung der beschriebenen fachlichen Grundlagen in ein Ritual- und Redesign bleibt die freie Aufgabe des*der Redner*in. Zugleich ist mir bewusst, dass es eine kaum zu bewältigende Aufgabe ist, wenn jede*r Redner*in die fachliche Tiefe dieses Buches – quasi im Alleingang reflektiert – in die tägliche Arbeit überführen soll. Damit ein solcher Transfer gelingt, sind Vertiefungsseminare für Redner*innen unverzichtbar, die einem wissenschaftlichen Niveau gerecht werden. Vermutlich braucht es auch eine Menge mehr: Akademieausbildungen, Supervision und berufsfachliche Ausbildungen. Im Idealfall gibt es einmal die Anbindung an eine Hochschule. Dies alles ist aus fachlicher Sicht wichtig und nötig. Aber derzeit ist es lediglich eine Zukunftsperspektive. So bleibt für den Moment nur, den Weg Stück für Stück weiterzugehen, Ritualreden als künstlerischen Fachberuf zu etablieren. Meine Hoffnung ist, dass die Lektüre weiterhelfen kann, das Verständnis zu vertiefen und den Horizont zu öffnen.

Ich möchte nicht schließen, ohne zwei Freunden zu danken, die bei diesem Buch Geburtshelfer waren: Dr. Helge Wulsdorf, der bereits für die Idee zu diesem Buch Pate gestanden und als Sozialethiker viel zu dem systemischen Blick auf die Materie beigetragen hat. Und Dr. Uwe Kienzel, der als Psychiater und Psychotherapeut einen wohltuend nüchternen Blick auf die seelischen Thematiken eingebracht hat. Ihr beide habt mich von Beginn an bereichert und ermutigt. Danke euch!

Anmerkungen

1 BFH Urteil vom 03.12.2015 – V R 61/14.
2 Ebd.
3 Ebd.
4 Ebd.
5 Im Jahr 2017 wurden 514.980 Bestattungen kirchlich begleitet. Dies sind 55 % der 932.272 Todesfälle. Der Anteil der kirchlichen Bestattungen sinkt allerdings ständig (vgl. https://de.statista.com/statistik/daten/studie/1102222/umfrage/anzahl-der-kirchlich-begleiteten-bestattungen/). Der Anteil kirchlicher Trauungen ist naturgemäß kleiner, da eine kirchliche Trauung im Regelfall nur in Betracht kommt, wenn beide Partner*innen einer Kirche angehören. Von 449.466 Eheschließungen im Jahr 2018 wurden 42.744 von der katholischen Kirche begleitet (vgl. https://de.statista.com/statistik/daten/studie/200034/umfrage/trauungen-in-der-katholische-kirche-in-deutschland/), in der evangelischen Kirche waren es 44.191 Trauungen (vgl. https://www.ekd.de/ekd_de/ds_doc/Broschuere-gezaehlt-2018.pdf, S. 12). Das sind insgesamt 19 % aller Eheschließungen in Deutschland.
6 Vgl. Deutsche Bischofskonferenz und Rat der Evangelischen Kirche in Deutschland (Hg.): Gemeinsame Feier der kirchlichen Trauung für konfessionsverschiedene Paare, 2. Aufl., Leipzig/Hannover 1997, S. 7.
7 Vgl. zur Entwicklung in der DDR Schulz, Felix R.: Death in East Germany 1945–1990, Oxford 2013.
Es wäre schön, wenn man einen genauen Ursprung freier Redner*innen in Deutschland benennen könnte. Leider ist das (noch) nicht möglich; entsprechende historische Studien stehen noch aus. So ist die Lokalisierung zur Mitte des 20. Jahrhunderts noch nicht ausreichend belegt. Die Ursprünge in den freigeistigen und humanistischen Vereinen dürften deutlich früher liegen. Vermutlich haben die Redner*innen dieser Vereine zunächst Feiern für die eigenen Mitglieder gestaltet und dies dann nach und nach ausgeweitet.
8 BFH Urteil vom 03.12.2015 – V R 61/14.
9 Lag der Rückgang der evangelischen und katholischen Kirchenmitgliedschaft im Jahr 2017 noch bei knapp 660.000 Kirchenmitgliedern, stieg er 2018 auf 704.000 und 2019 auf einen Rekordwert von 829.143, davon verließen 542.771 Menschen die Kirche durch Kirchenaustritt (vgl. https://www.ekd.de/gezaehlt-2019-statistik-kirchenmitgliedschaft-48222.htm; https://www.kirchenaustritt.de/statistik; https://www.kirchenaustritt.de/statistik/religionszugehoerigkeit).
10 FG Rheinland-Pfalz, Urteil vom 26.09.2017, Az. 3K 1461/16.
11 Genauer gesagt geht es um den Prozess von Ritualkritik und Ritualdynamik, der »quer durch alle Kulturen, zu allen Zeiten und in jeder Gesellschaftsschicht« zu finden ist und zur Erneuerung der Ritualität des Lebens führt, vgl. Hotz, Stephan: Ritualkritik, in: Ambos, Claus/Hotz, Stephan/Schwedler, Gerald/Weinfurter, Stefan (Hg.), Die Welt der Rituale. Von der Antike bis heute, Darmstadt 2005, S. 221–224.

12 Vgl. zu den neuesten Ritualtheorien Belliger, Andréa/Krieger, David J. (Hg.): Ritualtheorien. Ein einführendes Handbuch, 5. Aufl., Wiesbaden 2013. Das Thema »Ritual« hat in den letzten Jahrzehnten immer größere Bedeutung gewonnen und im angelsächsischen Raum zu einem eigenen interdisziplinären Forschungszweig, den »ritual studies«, geführt (Vgl. ebd. 7 f.). Auf den drei Handlungsebenen, die das vorliegende Buch entsprechend der sozialwissenschaftlichen Unterscheidung von Mikro-, Meso- und Makroebene als individuelle, soziale und gesellschaftliche Ebene durchziehen, kann man »Drei Ebenen ritueller Praxis« ausmachen, die mit »Mikroriten«, »Mesoriten« und »Makroriten« die »rituelle Ordnung« des Lebens codieren (vgl. Bergesen, Albert: Die rituelle Ordnung, in: Belliger, Andréa/Krieger, David J. (Hg.), Ritualtheorien, S. 49–75). Hochzeits- und Trauerfeiern sind vor allem auf der Mesoebene angesiedelt, überspannen als rituelle Handlungen jedoch das gesamte Spektrum.

13 Die Rede ist von der »experience dependent plasticity« unseres Gehirns, d. h. der Erkenntnis, dass sich unser Gehirn fortwährend durch menschliche Erfahrung konstruiert und neuronale Strukturen generiert, auf denen unsere motorischen, sensorischen und affektiven Muster beruhen, die unser Sehen, Fühlen oder Handeln leiten. Vgl. dazu Hüther, Gerald: Biologie der Angst, 11. Aufl., Göttingen 2012 und Ders.: Etwas mehr Hirn, bitte, Göttingen 2015.

14 Vgl. z. B. Kiesel, Andrea: Verarbeitet das Gehirn 95 Prozent aller Informationen unbewusst?, in: Gehirn & Geist, Heft 02/2019, Heidelberg 2019, S. 30–31. Man schätzt den Anteil der unserem Bewusstsein von unserem Gehirn vorenthaltenen Informationen auf 90 % bis (bei Stress) 99 %. Genau quantifizierbar ist dies, wie Kiesel zeigt, aber nicht.

15 Zur Metapher des Straßensystems für neuronale Netzwerke vgl. Hüther, Gerald: Biologie der Angst, S. 7 ff.

16 Vgl. z. B. Bauer, Joachim: Wie wir werden, wer wir sind. Die Entstehung des menschlichen Selbst durch Resonanz, 2. Aufl., München 2019.

17 Inzwischen kann die herausragende »Bedeutung von Ritualen für die Identitätskonstruktion als Konsens der Forschung betrachtet werden« (Belliger, Andréa/Krieger, David J. (Hg.): Ritualtheorien, S. 31). Diese Bedeutung liegt darin, dass die Welt »nicht beschrieben, sondern rituell ›gestaltet‹, durch rituelles Handeln ›artikuliert‹« wird. Das »rituelle Wissen«, was Menschen (in diesem Fall Paare) in die Trauung einbringen, wird »mit der Ausführung des Rituals ›erschlossen‹ oder ›konstruiert‹. Die Tat ist der Beweis selbst. Die rituelle Aussage ist zugleich ihre Geltung und nicht bloß ein Anspruch darauf. Die Handlung […] ist ihre Geltung«. »Bei der rituellen Kommunikation handelt es sich um die Entdeckung und die Mitteilung von Selbstwissen, d. h. um Identitätskonstruktion. Das, was man durch rituelles Handeln ›weiterzumachen‹ lernt, ist die eigene Selbsterschließung auf persönlicher, sozialer, kultureller und schließlich ontologischer Ebene« (ebd. S. 26).

18 Zur Bedeutung von Trancezuständen für die Veränderung des Erlebens vgl. Schmidt, Gunther: Einführung in die hypnosystemische Therapie und Beratung, 5. Aufl., Heidelberg 2013.

19 Vgl. Kachler, Roland: Hypnosystemische Trauerbegleitung, 3. Aufl., Heidelberg 2014, S. 96: »auch die Transformation der Trauernden in ihrem neuen sozialen und psychisch erlebbaren Status – zum Beispiel als Witwe oder verwaiste Eltern – ist Ergebnis des Rituals«.
20 Vgl. Kachler, Roland: Hypnosystemische Trauerbegleitung, S. 35–52.
21 Vgl. zum Konzept von Ich-Anteilen, sog. Ego-States, Riesbeck, Helmut: Einführung in die hypnodynamische Teiletherapie, Heidelberg 2013.
22 Man kann das komplexe Beziehungsgeschehen auch mit dem neueren Begriff der Resonanz beschreiben, der alle körperlichen, psychischen und gesellschaftlichen Dimensionen umfasst, vgl. Rosa, Hartmut: Resonanz. Eine Soziologie der Weltbeziehung, 2. Aufl., Berlin 2019.
23 Das Thema ist ein riesiger Forschungsbereich, der vor allem durch die neuesten neurobiologischen Erkenntnisse Auftrieb gewonnen hat; vgl. dazu exemplarisch Bauer, Joachim: Wie wir werden, wer wir sind. Die Entstehung des menschlichen Selbst durch Resonanz, 2. Aufl., München 2019.
24 Das Experiment von Andrew Meltzoff und Keith Moore aus dem Jahr 1977 findet sich sehr schön beschrieben und mit Fotos illustriert bei Parianen, Franca: Woher soll ich wissen, was ich denke, bevor ich höre, was ich sage? Die Hirnforschung entdeckt die großen Fragen des Zusammenlebens, Reinbek 2017, S. 25 ff.
25 Dass jede*r nur in einem sozialen Zusammenhang er*sie selbst ist, bedeutet nicht, dass die Erfahrungen, durch die wir Identität gebildet haben, uns fremdbestimmen müssen. Die Umbaufähigkeit einmal entstandener neuronaler Verhaltensmuster durch neue Erfahrungen besteht zeitlebens. Vgl. Hüter, Gerald: Etwas mehr Hirn, bitte, S. 134 ff.; vgl. auch Furman, Ben: Es ist nie zu spät eine glückliche Kindheit zu haben, 7. Aufl., Dortmund 2013.
26 Wie sehr Körper und Psyche unlöslich zusammenhängen, zeigt Bauer, Joachim: Das Gedächtnis des Körpers. Wie Beziehungen und Lebensstile unsere Gene steuern, 2. Aufl., Frankfurt a. M. 2013.
27 Vgl. zur Grundlegung Simon, Fritz B.: Einführung in Systemtheorie und Konstruktivismus, 5. Aufl., Heidelberg 2011. Zur systemischen Familientherapie vgl. Schlippe, Arist von/Schweitzer, Jochen: Lehrbuch der systemischen Beratung und Therapie, 10. Aufl., Göttingen 2007. Zur Verbindung von innerpsychischem und sozialem System vgl. Schmidt, Gunther, Einführung in die hypnosystemische Therapie und Beratung. Eine verständliche Einführung in systemisches Denken allgemein (ohne therapeutischen Bezug) gibt Meadows, Donella H.: Die Grenzen des Denkens. Wie wir sie mit System erkennen und überwinden können, München 2010.
28 Vgl. Hüter, Gerald: Biologie der Angst, S. 13 f.
29 Vgl. ebd. S. 134.
30 Vgl. ebd. (die Straßenmetapher zieht sich durch das ganze Buch des Hirnforschers).
31 Vgl. insbesondere Kachler, Roland, Hypnosystemische Trauerbegleitung.
32 Dies ist ein Grundgedanke bei Kachler, Roland: Hypnosystemische Trauerbegleitung, der sich durch das gesamte Buch zieht.
33 Vgl. zum Folgenden ebd. S. 35–52.

34 Freud, Siegmund: Trauer und Melancholie [1917]. Gesammelte Werke X, Frankfurt a. M., S. 430.
35 Vgl. Kachler, Roland: Hypnosystemische Trauerarbeit, S. 39 ff.
36 Vgl. zum Folgenden Shaw, Julia: Das trügerische Gedächtnis. Wie unser Gehirn Erinnerungen fälscht, München 2016.
37 Vgl. ebd. S. 17–43.
38 Vgl. ebd. S. 85.
39 Vgl. ebd. 241 ff. Shaw arbeitet selbst als Rechtspsychologin.
40 »Narrativ« ist ein ursprünglich sozialwissenschaftlicher Begriff für sinnstiftende Erzählungen, der sich seit den 1990er-Jahren durchgesetzt hat und seit dem verstärkten Interesse an Neurowissenschaften mehr und mehr die öffentliche Diskussion bestimmt. Von Narrativen spricht man sowohl auf gesellschaftlicher Eben, etwa um die Selbstdeutung einer Kultur oder einer Gruppe zu beschreiben, als auch auf individueller Ebene. Hier bezeichnet er die deutende Selbsterzählung der Geschichte eines Menschen. Die Bedeutung von Narrativen für die individuelle Lebensdeutung führte zur Bildung des narrativen Ansatzes in der systemischen Therapie; vgl. Denborough, David: Geschichten des Lebens neu gestalten: Grundlagen und Praxis der narrativen Therapie, Göttingen 2017.
41 Die Möglichkeit, die Erzählfäden der eigenen Geschichte zu verändern, enthält die Chance, »Erzähllinien der Identität neu [zu] gestalten« und damit positiv zu verändern; vgl. ebd. S. 33.
42 Vgl. Jarass, Hans/Pieroth, Bodo: Grundgesetz für die Bundesrepublik Deutschland. Kommentar, 12. Aufl., München 2012, Art. 5 GG, Rdn. 106, S. 225: »Die Bestimmung des Kunstbegriffs hat mit der Schwierigkeit zu kämpfen, dass eine Definition der Kunst ihrem Wesen widerspricht, eine Abgrenzung in der Rechtsanwendung aber unausweichlich ist«.
43 Vgl. zum formalen, materiellen und offenen Kunstbegriff Jarass, Hans/Pieroth, Bodo: Grundgesetz für die Bundesrepublik Deutschland, S. 226, sowie Pieroth, Bodo/Schlink, Bernhard: Grundrechte Staatsrecht II, 29., von Kingreen, Thorsten und Poscher, Ralf neu bearb. Aufl., Heidelberg 2013, S. 163 f.
44 Vgl. BVerfG, Beschluss v. 24.02.1971–1 BvR 435/68.
45 § 2 KSVG; Hervorhebungen durch den Autor.
46 Vgl. FG Rheinland-Pfalz vom 26.09.2017, Az.3K1461/16.
47 Begriff »performativ« stammt aus der Sprechakttheorie; vgl. zu seiner Bedeutung für das Ritualverständnis Rappaport, Roy: Ritual und performative Sprache, in: Belliger, Andréa/Krieger, David J. (Hg.): Ritualtheorien, S. 189–208.
48 Die katholische Messe beispielsweise ist ein uraltes, fein komponiertes, inszenatorisches Gesamtkunstwerk, das durch die Verbindung von symbolischen Worten und Handlungen, durch Farbsprache, Körpersprache, Klangsprache, Bild- und Objektsprache, durch Raumcodes, durch olfaktorische Erfahrung (Weihrauch) sowie durch Geschmack (Eucharistie) als Ritualkunst alle Sinne anspricht. Entsprechend fließen in die Liturgik Erkenntnisse der Ästhetik, der Musikwissenschaft und der Theaterwissenschaft ein – die allesamt genuine Kunstwissenschaften sind.

49 So das Bundesverfassungsgericht in einem Urteil vom 17.07.1984; 1 BvR 816/82.
50 Vgl. zum sog. »offenen Kunstbegriff« Jarass, Hans/Pieroth, Bodo: Grundgesetz für die Bundesrepublik Deutschland, zu Art. 5 GG, Rdn. 106, S. 225.
51 Religiöse und weltliche Rituale kann man bis in die Neuzeit hinein dabei ebenso wenig voneinander trennen wie religiöse und weltliche Kunst; vielmehr haben sich die sog. »weltlichen« Rituale aus den religiösen entwickelt und mit ihnen auch die dazugehörige Kunst (vgl. zur Ritualgeschichte Ambos, Claus et al.: Die Welt der Rituale, S. 1 f.). So entwickelten sich szenische Darstellungen in religiösen Ritualen und wurden zu rituellem Schauspiel, noch bevor man von weltlichem Theater überhaupt reden kann. Rituell verwendete Skulpturen und Bilder von Göttern, Heiligen sowie von religiösen und mythologischen Szenen befeuerten die Entwicklung der figurativen Kunst. Ebenso ist die Geschichte der Musik nicht denkbar ohne die Entwicklung und die Einflüsse der Kirchenmusik, die durchweg Ritualmusik ist.
52 Vgl. Belliger, Andréa/Krieger, David. J. (Hg): Ritualtheorien, S. 26–29. Vgl. zu vor- und außerchristlichen Ritualformen Ambos, Claus et al.: Die Welt der Rituale.
53 Ebd. S. 7–11. Besonders zu nennen sind vor allem die Kunstformen, die mit Performance zu tun haben und teils explizit als »Ritual- und Performancekunst« firmieren (ebd.). Vgl. auch Fischer, Saskia/Mayer, Birgit (Hg.): Kunst-Rituale – Ritual-Kunst. Zur Ritualität von Theater, Literatur und Musik in der Moderne, Würzburg 2019.
54 Belliger, Andréa/Krieger, David J. (Hg.): Ritualtheorien, S. 29.
55 Ebd. S. 11 f.
56 Als »Sitz im Leben« bezeichnet man in der Formgeschichte die Entstehungssituation eines Textes, die ggf. wichtige Aufschlüsse für die Interpretation einer Aussage gibt.
57 Ernst Barlach im Gespräch mit Friedrich Schult; zit. Nach: http://www.kunstverein-zwickau.de/kunstverein.htm (Zugriff am 03.08.2020).
58 Vgl. Schulz von Thun, Friedemann: Miteinander reden 1, Reinbek 1981.
59 Vgl. zur mediativen Gesprächsführung Klappenbach, Doris: Mediative Kommunikation, Paderborn 2011, darin zum »aktiven Zuhören« S. 125 ff., zur »Allparteilichkeit« S. 78 ff.
60 Vgl. zu achtsamen, charmanten und klugen Fragetechniken für den*die Interviewer*in Kindl-Beilfuß, Carmen: Fragen können wie Küsse schmecken, 2. Aufl., Heidelberg 2010.
61 Ein solches freundliches Bild, das unschöne Erfahrungen integriert und ihnen einen Platz gibt, regt an ein entlastendes Narrativ des Lebens mit einem Verstorbenen zu bilden. Es hat – wie jedes gute Übergangsritual – therapeutische Wirkung. Für die Hörer*innen entsteht dadurch ein positives, hoffnungsvolles Erleben. Die Trauerfeier wird zum Impuls, die Erzähllinie einer Lebens- und Beziehungsgeschichte positiv zu verändern. Vgl. zum therapeutischen Umgang mit den Erzähllinien des Lebens Denborough, David: Geschichten des Lebens neu gestalten, S. 18 ff., zur Trauer 175 ff.
62 Niedersächsisches Bestattungsgesetz vom 08.12.2005, § 1.
63 Ebd.

Literatur und weiterführende Literatur

Ambos, Claus/Hotz, Stephan/Schwedler, Gerald/Weinfurter, Stefan (Hg.): Die Welt der Rituale. Von der Antike bis heute, Darmstadt 2005
Bauer, Joachim: Das Gedächtnis des Körpers. Wie Beziehungen und Lebensstile unsere Gene steuern, 2. Aufl., Frankfurt a. M. 2013
Bauer, Joachim: Wie wir werden, wer wir sind. Die Entstehung des menschlichen Selbst durch Resonanz, 2. Aufl., München 2019
Belliger, Andréa/Krieger, David J. (Hg.): Ritualtheorien. Ein einführendes Handbuch, 5. Aufl., Wiesbaden 2013
Bergesen, Albert: Die rituelle Ordnung, in: Belliger, Andréa/Krieger, David J. (Hg.): Ritualtheorien. Ein einführendes Handbuch, 5. Aufl., Wiesbaden 2013, S. 49–75
Denborough, David: Geschichten des Lebens neu gestalten: Grundlagen und Praxis der narrativen Therapie, Göttingen 2017
Deutsche Bischofskonferenz und Rat der Evangelischen Kirche in Deutschland (Hg.): Gemeinsame Feier der kirchlichen Trauung für konfessionsverschiedene Paare, 2. Aufl., Leipzig/Hannover 1997
Fischer, Saskia/Mayer, Birgit (Hg.): Kunst-Rituale – Ritual-Kunst. Zur Ritualität von Theater, Literatur und Musik in der Moderne, Würzburg 2019
Freud, Siegmund: Trauer und Melancholie [1917]. Gesammelte Werke X, Frankfurt a. M.
Furman, Ben: Es ist nie zu spät eine glückliche Kindheit zu haben, 7. Aufl., Dortmund 2013
Kindl-Beilfuß, Carmen: Fragen können wie Küsse schmecken. Systemische Fragetechniken für Anfänger und Fortgeschrittene, 2. Aufl., Heidelberg 2010
Hotz, Stephan: Ritualkritik, in: Ambos, Claus/Hotz, Stephan/Schwedler, Gerald/Weinfurter, Stefan (Hg.), Die Welt der Rituale. Von der Antike bis heute, Darmstadt 2005, S. 221–224
Hüther, Gerald: Biologie der Angst, 11. Aufl., Göttingen 2012
Hüther, Gerald: Etwas mehr Hirn, bitte. Eine Einladung zur Wiederentdeckung der Freude am eigenen Denken und der Lust am gemeinsamen Gestalten, Göttingen 2015
Jarass, Hans/Pieroth, Bodo: Grundgesetz für die Bundesrepublik Deutschland. Kommentar, 12. Aufl. München 2012
Kachler, Roland: Hypnosystemische Trauerbegleitung. Ein Leitfaden für die Praxis, 3. Aufl., Heidelberg 2014.
Kiesel, Andrea: Verarbeitet das Gehirn 95 Prozent aller Informationen unbewusst?, in: Gehirn & Geist, Heft 02/2019, Heidelberg 2019, S. 30–31
Klappenbach, Doris: Mediative Kommunikation. Mit Rogers, Rosenberg & Co. konfliktfähig für den Alltag werden, Paderborn 2011
Meadows, Donella H.: Die Grenzen des Denkens. Wie wir sie mit System erkennen und überwinden können, München 2010
Parianen, Franca: Woher soll ich wissen, was ich denke, bevor ich höre, was ich sage? Die Hirnforschung entdeckt die großen Fragen des Zusammenlebens, Reinbek 2017

Pieroth, Bodo/Schlink, Bernhard: Grundrechte Staatsrecht II, 29., von Kingreen, Thorsten und Poscher, Ralf neu bearb. Aufl., Heidelberg 2013

Rappaport, Roy: Ritual und performative Sprache, in: Belliger, Andréa/Krieger, David J. (Hg.): Ritualtheorien. Ein einführendes Handbuch, 5. Aufl., Wiesbaden 2013, S. 189–208

Rosa, Hartmut: Resonanz. Eine Soziologie der Weltbeziehung, 2. Aufl., Berlin 2019

Riesbeck, Helmut: Einführung in die hypnodynamische Teiletherapie, Heidelberg 2013

Schlippe, Arist von/Schweitzer, Jochen: Lehrbuch der systemischen Therapie und Beratung, 10. Aufl., Göttingen 2007

Schmidt, Gunther: Einführung in die hypnosystemische Therapie und Beratung, 5. Aufl., Heidelberg 2013

Schulz, Felix R.: Death in East Germany 1945–1990, Oxford 2013

Shaw, Julia: Das trügerische Gedächtnis. Wie unser Gehirn Erinnerungen fälscht, München 2016

Schulz von Thun, Friedemann: Miteinander reden 1. Störungen und Klärungen. Allgemeine Psychologie der Kommunikation, Reinbek 1981

Simon, Fritz B.: Einführung in Systemtheorie und Konstruktivismus, 5. Aufl., Heidelberg 2011